古典ギリシア語入門

池田黎太郎

白水社

「この本を Mark Naoumides 先生の御霊に
感謝と共にお捧げします。」

序 文

ギリシア語は叙事詩，叙情詩，悲劇，喜劇，歴史，哲学，科学などの分野において優れた作品を古典時代に生み出し，人類の文化を豊かにしてきました．学問や芸術をその起源から論じようとする時には，この時代から説き起こさなければならないほど高度な水準にまで古典時代の文化は到達していました．しかしその作品を少しでも原典に当たって調べようとするときに私たちは大きな困難にぶつかります．それはこれらの原典が“It's Greek to me.”と言う表現でも分かるように非常に難解な言語で書かれているためです．

古典ギリシア語を修得する時に経験する困難はその語形変化の複雑さと文章法の多様性が原因となっています．語形変化の複雑さは，単語の形を変化させてその単語の文中における位置を規定しようとする印欧語の特徴によるものですが，この性質はギリシア語において特に顕著です．そしてそうした複雑さを反映した言語による作品がそれぞれの分野での第一級の水準にあるものであり，またそれを生みだした時代の各地の方言が混在して書かれていることが理解を一層困難にしています．

しかしこういう困難を克服して作品を原典で読み，それを生みだした作者と時代の精神を直接に味わうときに得られる喜びと満足には非常に大きなものがあります．特にギリシア語はあらゆる西欧の文化と学問の源泉であり，それらに多大な影響を与えてきたために，現在もさまざまな分野で使われる術語を語源から理解できるとその背景の理解がいっそう深まります．

この文法書は初学者の負担を軽くするために，文法事項は出来るだけまとめて全体の概観が得られ易くなるよう工夫し，練習問題には文例ごとに単語の意味と語形変化の説明をつけて理解を助けるようにしてあります．手助けをし過ぎて勉強にならないという批判があるかも知れませんが，初歩の段階であまり苦しまずに早く原典に親しむのも学習方法のひとつです．解答例を参考にしながら学習を進めて下さい．

私がギリシア語を学ぶときに国際基督教大学時代の神田盾夫先生，東大大学院時代の高津春繁先生には厳しくも懇切な御指導をいただきましたが，なかでもイリノイ大学において四年間指導教授として教えて下さったM. ナウミデス先生には心からの感謝をお捧げします．この本の例文の多くは先生の添削で真っ赤になった文法と作文のノートに基づいています．この入門書が少しでも後学の方のお役に立てるなら先生は喜んで下さるでしょう．

目　次

第1課

- ギリシア語のアルファベット
- 発音

CD 2

● ギリシア語の **Alphabet**

大文字	小文字	名称	音価
Α	α	アルファ	[ā, ă][1]
Β	β	ベータ	[b]
Γ	γ	ガンマ	[g]
Δ	δ	デルタ	[d]
Ε	ε	エプシーロン	[ĕ][2]
Ζ	ζ	ゼータ	[zd, dz][3]
Η	η	エータ	[ē]
Θ	θ	テータ	[th]
Ι	ι	イオータ	[ī, ĭ][1]
Κ	κ	カッパ	[k]
Λ	λ	ラムダ	[l]
Μ	μ	ミュー	[m]
Ν	ν	ニュー	[n]
Ξ	ξ	クシー，（クセイ）	[ks][4]
Ο	ο	オミクロン	[ŏ]
Π	π	ピー，（ペイ）	[p]
Ρ	ρ	ロー	[rh]
Σ	σ, ς	シグマ	[s][5]
Τ	τ	タウ	[t]
Υ	υ	ユプシーロン	[y][2]
Φ	φ	フィー，（フェイ）	[ph]
Χ	χ	ヒー，（ケイ）	[kh]
Ψ	ψ	プシー（プセイ）	[ps][4]
Ω	ω	オーメガ	[ō]

［注］1. 音の長短はそれぞれの単語の中で判断されます．
2. ε, υ は後代（ビザンチン時代）に同じ音価を持つようになった αι, οι と区別して「単なる（プシーロン）ε, υ」と呼ばれました．
3. ζ は［zd］あるいは［dz］という音価を持ち二重子音とみなされます．
4. ξ［ks］，ψ［ps］は二重子音です．
5. ς は語末において用い，語頭，語中においては σ を用います．

●ギリシア語の発音

母音

短母音　ᾰ, ε, ῐ, ο, ῠ［ア，エ，イ，オ，ユ］

長母音　ᾱ, η, ῑ, ω, ῡ［アー，エー，イー，オー，ユー］

ただし，α, ι, υ の長短記号はふつう記しません．

二重母音　αι［アイ］，ει［エイ］，οι［オイ］，υι［ユイ］

αυ［アウ］，ευ［エウ］，ου［ウー］，ηυ［エーウ］

「下書きの ι」(iota subscriptum) は母音の下に添えられますがふつう発音しません（ᾳ, ῃ, ῳ）．しかし大文字の時には横に並べ，AI, HI, ΩI となり，これを「横書きの ι」(iota adscriptum) と呼びます．これは紀元前一世紀頃には発音されぬために表記されなくなっていたものを中世になって文法学者が復活させたものです．

子音

黙音（stops, mutes）は次のように区分します．（それぞれの音は［　］内に示した音に相当します．）

唇音（labials）　π［p］，β［b］，φ［ph］

口蓋音（palatals）　κ［k］，γ［g］，χ［kh］

歯音（dentals）　τ［t］，δ［d］，θ［th］

流音（liquids）λ［l］，μ［m］，ν［n］，ρ［r］．（μ, ν は鼻音 nasals ともいう）

歯擦音（sibilant）σ, ς［s］

鼻音の γ（gamma-nasal）：κ, γ, χ, ξ［ks］の前の γ は鼻音化して［ŋ］の音になります．

例：ἄγγελος（使者，天使），Σφίγξ（スフィンクス），

二重子音は次の3つです．：ξ [ks]，ψ [ps]，ζ [zd, dz]

●有気記号／無気記号

[h] の音価を表わす文字は無く，語頭において有気記号（ʽ）を，小文字の場合はその上に，大文字の場合は左肩に記します．[h]を伴わぬ時は無気記号（ʼ）を同様に記します．

例：ʼΑθηναῖος　アテーナイオス（アテナイ人）　ἥλιος　ヘーリオス（太陽）

語頭のρにもこの記号がつねに付されます．例：ῥυθμός　リュトゥモス（リズム）

●アクセント

ギリシア語のアクセントは，置かれる時には語末の3つのシラブルのいずれかの上に常にあります．それらは鋭アクセント(acute)(´)，重アクセント(grave)(`)，曲アクセント(circumflex)(^)です．その法則は複雑なので，必要に応じて少しずつ述べていきます．

●ローマ字音訳

ギリシア文字をローマ字に音訳する時には慣用的に次の表わし方があります．

ζ=z，κ=c，ξ=x，語頭のρ=rh，χ=ch，ψ=ps，γγ=ng，αι=ae(ai)，οι=oe (oi)，ει=ei, i, e，ου=u，υ=y，語末のος=us (os)，語末のον=um（on）

練習問題 1　CD 3

I. 次のギリシア語をローマ字で書き表わしなさい. 長短記号は無視します.

1. Ζεῦς　2. Ἥρα　3. Ἀθήνη　4. Ποσειδῶν　5. Ἀφροδίτη
6. Ἡρακλῆς　7. ἄγγελος　8. βάρβαρος　9. δένδρον
10. ὕδωρ　11. ὄνομα　12. φιλίᾱ

II. 次のローマ字をギリシア文字で書き表わしなさい. アクセント記号は無視します.

1. Olympia　2. Dēlos　3. Xerxēs　4. Solōn　5. Hippias
6. Leōnidas　7. drama　8. nectar　9. analysis　10. hippos
11. sophia　12. chronos

第2課

- 屈折変化
- 動詞変化
- 現在時制

屈折変化（Inflection）

ギリシア語は印欧語の特徴である屈折（inflection）によって単語の文中における働きを表わすため，屈折言語（inflectional language）と呼ばれます．それはラテン語も同様です．

Inflection には名詞変化（declension）と動詞変化（conjugation）とがあり，declension は名詞，代名詞，形容詞の性，数，格の違いを語形変化で表わします．conjugation は動詞の時制，法，態，数，人称の違いを語形変化で表わします．

文（sentence）は主語（subject）と述語（predicate）とから成りますが，古典語は動詞の語形変化によって主語の数と人称も表わすので，主語を省略することも可能です．それ故，動詞一語で文を構成することもできるので，できるだけ早く実際の文に慣れるために動詞変化から入っていくことにしましょう．

●動詞変化（Conjugation）

動詞は法（mood），態（voice），時制（tense），数（number），人称（person）に従って変化します．

［注］「相」は aspect の訳語として用いるので，voice には「態」を用います．

法には直説法（indicative），接続法（subjunctive），希求法（optative），命令法（imperative）があり，不定法（infinitive）を加えることもあります．

態には能動態（active），中動態（middle）（→注１），受動態（passive）があります．数には単数（singular），双数（dual）（→注２），複数（plural）があります．人称には一人称（first），二人称（second），三人称（third）があります．

［注１］　中動態は能動と受動の中間の意味を持ち，動作が自分に返って来ることを表わします．

［注２］　双数は「両眼，両輪」のように，二つで一組みになるものを表わしますが，

古典散文で使われることは稀なので，この文法書の本文では省略し，巻末に記します．

時制には現在（present），未来（future），未完了過去（imperfect），アオリスト（aorist），現在完了（perfect），過去完了（pluperfect），未来完了（future perfect）の七時制があります．この中，現在と未来に属するものを本時制（primary tense），過去に属するものを副時制（secondary tense）といいます．時制の間には次のような関係があります．

<table>
<tr><td rowspan="2">本　時　制
primary tense</td><td>現　在</td><td colspan="2">現　在　時　制</td><td>(現在)完了時制</td></tr>
<tr><td>未　来</td><td colspan="2">未　来　時　制</td><td>未来完了時制</td></tr>
<tr><td>副　時　制
secondary tense</td><td>過　去</td><td>未完了過去
時制</td><td>アオリスト
時制</td><td>過 去 完 了
時制</td></tr>
</table>

● **現在時制**（Present Tense）

動詞は時制幹（tense stem）と人称語尾（personal ending）を加えたものから成り，それは動詞の意味と法，態，時制，人称，数を表わします．時制幹は動詞の基本的な意味を表わす動詞幹（verb stem, theme）を，それぞれの時制に応じて変形して作ります．動詞の形から人称と数が分りますから，主語を特に明示せずに動詞だけでも文を作ることができます．

現在時制は現在進行中の出来事や反復されたり習慣的である行為，あるいは普遍的な真理などを表わします．「〜する」，「〜している」と訳します．

● **直説法能動態現在時制**（Indicative Active Present Tense）

	λῡ́ω 解く，解放する (λῡ-)	γρᾰ́φω 書く (γραφ-)	人称語尾
単数1人称	λῡ́ω	γρᾰ́φω	-ω
単数2人称	λῡ́εις	γρᾰ́φεις	-εις
単数3人称	λῡ́ει	γρᾰ́φει	-ει
複数1人称	λῡ́ομεν	γρᾰ́φομεν	-ομεν
複数2人称	λῡ́ετε	γρᾰ́φετε	-ετε
複数3人称	λῡ́ουσι(ν)	γρᾰ́φουσι(ν)	-ουσι(ν)
不定法*	λῡ́ειν	γρᾰ́φειν	

［注］ **動詞は人称語尾の形によってω動詞とμι動詞のグループに大別できます．**人称語尾は動詞の主語の人称と数を示す語尾です．

動詞は本来（μι, ς, σι, μεν, τε, νσι）という本時制能動態の人称語尾を持っていますが，これは印欧語の古い形を残していて，古典期にはこれはμι動詞という僅かな動詞に残っています．

大部分の動詞は上のような（ω, εις, ει, ομεν, ετε, ουσι(ν)）という本時制能動態の人称語尾を持ちω動詞と呼ばれます．

動詞から動詞の人称語尾を取り去った形を動詞幹と呼びますが，その動詞幹と本来の人称語尾の間にある母音を幹母音（thematic vowel）と呼び -ο/ε-，（-ω/η-）で示します．

三人称複数の（ν）は附加音のν（movable ν）と呼び，その動詞が文や節の終りに来る時や，次に母音が続く時に加えます．

動詞は辞書の見出しには直説法能動態現在一人称単数の形で記されます．

＊不定法については第4課23ページを参照．

● εἰμί と φημί

μι動詞の中でも εἰμί（～である）と φημί（言う）は重要な動詞なので，ここにその変化形を記しておきます．(以下sは単数，plは複数，数字は人称を表します．)

		εἰμί（～である）	φημί（言う）	人称語尾
s	1	εἰμί	φημί	-μι
	2	εἶ	φῄς	-ς
	3	ἐστί(ν)	φησί(ν)	-σι
pl	1	ἐσμέν	φαμέν	-μεν
	2	ἐστέ	φατέ	-τε
	3	εἰσί(ν)	φᾱσί(ν)	-νσι
不定法		εἶναι	φάναι	

［注］ εἰμί には，A＝Bの意味の“AはBである．”という繋辞（けい）（copula）の用法と，“Aは存在する，Aが有る．”という存在を表わす用法の二つがあります．ἐστί は文頭に置く時と存在や可能性を表わす時には ἔστι というアクセントになります．

ギリシア語は動詞の形で人称を表わすので，特に必要がある場合の他は主語を示しません.

λῡ́ω.私は解く.　γρᾰ́φεις.あなたは書く.　ἔστιν.彼，彼女，それは存在する.

γρᾰ́φομεν.私たちは書く.　φᾱσίν ;彼ら，彼女らは言いますか？(；は？を表わす)

練習問題 2 CD 4

次の文を下記の動詞を参考にして和訳あるいは作文しなさい.

1. ἄγομεν.
2. θῡ́εις.
3. πέμπετε ;
4. κόπτομεν.
5. ἔχουσιν.
6. βουλεῡ́εις.
7. φῄς.
8. 彼は説得する.
9. 彼女たちは計画する.
10. あなた方は犠牲を捧げますか？

ἄγω 導く，連れて行く.	πείθω 説得する
βουλεῡ́ω 計画する	πέμπω 送る
ἔχω 持つ	πιστεῡ́ω 信ずる
κόπτω 切る	θῡ́ω 犠牲を捧げる

[注　実際の文には長音記号をつけませんが練習のために記しておきます.]

第3課

- 名詞変化
  （第一・第二変化）
- 冠詞
- 未来時制

●名詞変化（Declension）

名詞変化には性（gender），数（number），格（case）による変化があります．性には男性（masculine），女性（feminine），中性（neuter）の区別があります．数には単数（singular），双数（dual），複数（plural）の区別があります．格には主格（nominative），呼格（vocative），属格（genitive），与格（dative）対格（accusative）があります．主格，呼格以外の格を斜格と総称します．

印欧語の古い形にはその他に奪格（ablative），具格（instrumental），地格（locative）と呼ばれる格がありましたが，これらは他の格によって代用されてほとんど使われなくなりました．

主格は主語を示し「～は，～が」を意味します．呼格は呼びかける相手を示しふつう「（おお）～よ」と訳します．属格はそれぞれが修飾する名詞などとの所属関係を示す「～の」を意味し，また奪格の代用として「～から」も意味します．与格は間接目的語を示して「～に，～へ」を意味します．与格はまた具格の代りに「～を用いて，～によって」を，地格の代りに「～に於いて，～で」をも意味します．対格は動詞の直接目的語を示して「～を」を意味します．

名詞変化の型には幹末音によって母音幹変化と子音幹変化とがあり，母音幹変化はA変化（第一変化）とO変化（第二変化）とに分け，子音幹変化は第三変化と称します．

●冠詞（Article）

ギリシア語には定冠詞 ὁ 男性，ἡ 女性，τό 中性がありますが，不定冠詞はありません．定冠詞は指示代名詞が意味を弱めて形も変わり，名詞の前に添えてその性・数・格を表わすようになったものです．これらは名詞と同じように性・数・格に応じて変化しますので，名詞の変化形と共に記しておきます．（冠詞については第7課参照）

● A 変化（第一変化）名詞

A 変化（第一変化）名詞には単数主格が-ᾱ, -η, -ᾰ で終るもの（女性名詞）と-ᾱς, -ης で終るもの（男性名詞）があります．主格と呼格は同形なので一緒に記します．

	定冠詞（女性）	①	②	③	④
単・主/呼	ἡ	χώρᾱ 国	κώμη 村	γέφῡρᾰ 橋	θάλαττᾰ 海
属	τῆς	χώρᾱς	κώμης	γεφῡ́ρᾱς	θαλάττης
与	τῇ	χώρᾳ	κώμῃ	γεφῡ́ρᾳ	θαλάττῃ
対	τὴν	χώρᾱν	κώμην	γέφῡρᾰν	θάλαττᾰν
複・主/呼	αἱ	χῶραι	κῶμαι	γέφῡραι	θάλατται
属	τῶν	χωρῶν	κωμῶν	γεφῡρῶν	θαλαττῶν
与	ταῖς	χώρᾰις	κώμαις	γεφῡ́ραις	θαλάτταις
対	τὰς	χώρᾱς	κώμᾱς	γεφῡ́ρᾱς	θαλάττᾱς

A 変化の語尾(女性名詞)			
①	②	③	④
ᾱ	η	ᾰ	ᾰ
ᾱς	ης	ᾱς	ης
ᾳ	ῃ	ᾳ	ῃ
ᾱν	ην	ᾰν	ᾰν
ᾰι	ᾰι	左に同じ	
ῶν	ῶν		
ᾰις	ᾰις		
ᾱς	ᾱς		

① 単数主格が-ᾱ で終れば単数の全ての格語尾は-ᾱ-.
② 単数主格が-η で終れば単数の全ての格語尾は-η-.
③ 単数主格が-ᾰ で終り，その前の文字が（ε, ι, ρ）のいずれかの時.
④ 単数主格が-ᾰ で終り，その前の文字が（ε, ι, ρ）以外の文字の時.

	定冠詞（男性）	①		②	
単・主	ὁ	νεᾱνίᾱς	若者	στρατιώτης	兵士
属	τοῦ	νεᾱνίου		στρατιώτου	
与	τῷ	νεᾱνίᾳ		στρατιώτῃ	

語尾(男性名詞)	
①	②
ᾱς	ης
ου	ου
ᾳ	ῃ

				語尾	
対	τὸν	νεᾱνίᾱν	στρατιώτην	ᾱν	ην
呼		νεᾱνίᾱ	στρατιῶτᾰ	ᾱ	ᾰ, η
複・主/呼	οἱ	νεᾱνίαι	στρατιῶται	αι	αι
属	τῶν	νεᾱνιῶν	στρατιωτῶν	ῶν	ῶν
与	τοῖς	νεᾱνίαις	στρατιώταις	αις	αις
対	τοὺς	νεᾱνίᾱς	στρατιώτᾱς	ᾱς	ᾱς

［注］ 単数属格の-ου は ο 変化（後述）の影響.
　① 単数主格の-ᾱς の前の文字は必ず（ε, ι, ρ）のいずれか.
　② 単数主格の-ης の前の文字は必ず（ε, ι, ρ）以外の文字.
　単数呼格が-ᾱ となるのは主格が-ᾱς の時.
　単数呼格が-ᾰ となるのは主格が-της か国民名の時，それ以外は-η.

● O 変化（第二変化）名詞

O 変化（第二変化）名詞には単数主格が-ος で終るもの（男性名詞，女性名詞）と-ον で終るもの（中性名詞）があります．それぞれを冠詞（男性 m. ὁ，女性 f. ἡ，中性 n. τό）で示します．

	ことば		道		人間		贈物		語尾 m.f.	語尾 n.
単数主格	ὁ	λόγος	ἡ	ὁδός	ὁ, (ἡ)	ἄνθρωπος	τὸ	δῶρον	ος	ον
属格	τοῦ	λόγου	τῆς	ὁδοῦ		ἀνθρώπου	τοῦ	δώρου	ου	
与格	τῷ	λόγῳ	τῇ	ὁδῷ		ἀνθρώπῳ	τῷ	δώρῳ	ῳ	
対格	τὸν	λόγον	τὴν	ὁδόν		ἄνθρωπον	τὸ	δῶρον	ον	
呼格		λόγε		ὁδέ		ἄνθρωπε		δῶρον	ε	ον
複数										
主/呼格	οἱ	λόγοι	αἱ	ὁδοί		ἄνθρωποι	τὰ	δῶρᾰ	οι	ᾰ
属格	τῶν	λόγων	τῶν	ὁδῶν		ἀνθρώπων	τῶν	δώρων	ων	
与格	τοῖς	λόγοις	ταῖς	ὁδοῖς		ἀνθρώποις	τοῖς	δώροις	οις	
対格	τοὺς	λόγους	τὰς	ὁδούς		ἀνθρώπους	τὰ	δῶρᾰ	ους	ᾰ

［注］ O 変化名詞だけは，男性と女性の単数・呼格の語尾が-ε という形になります．

● **直説法能動態未来時制**（Future Tense）

未来時制は動詞幹に-σ-を加えて作ります.「〜するだろう」,「〜しているだろう」と訳します. 人称語尾は現在と同じです. 動詞によっては幹末の子音との間に綴字や音韻の変化を生じることがあります.

(π, β, φ＋σ → ψ), (κ, γ, χ＋σ → ξ), (τ, δ, θ＋σ → σ)

例　πέμπω → πέμψω, ἄγω → ἄξω, κόπτω → κόψω,　[π＋σ → ψ]

	λῦ́ω(解く)	ἄγω(導く)
s 1	λῦ́σω	ἄξω
2	λῦ́σεις	ἄξεις
3	λῦ́σει	ἄξει
pl 1	λῦ́σομεν	ἄξομεν
2	λῦ́σετε	ἄξετε
3	λῦ́σουσι(ν)	ἄξουσι(ν)
不定法*	λῦ́σειν	ἄξειν

	εἰμί	φημί
1	ἔσομαι	φήσω
2	ἔσει, ἔσῃ	φήσεις
3	ἔσται	φήσει
pl 1	ἐσόμεθα	φήσομεν
2	ἔσεσθε	φήσετε
3	ἔσονται	φήσουσι
不定法	ἔσεσθαι	φήσειν

［注］(s_1, s_2, s_3) は単数一人称, 二人称, 三人称を, (pl_1, pl_2, pl_3) は複数の各人称を表わします. ＊不定法については第4課23ページ参照.

(εἰμί の未来形は不規則です.)
(φημί の未来形は規則的です.)

練習問題 3　CD 5

（ ）内, 単数主格形の後に, 活用の型を示すために単数属格形の語尾を, また性を示すために冠詞を添えて示します.　〈例〉ἀδελφός, οῦ, ὁ

1. ὁ ἀδελφὸς γράφει.　(ἀδελφός, οῦ, ὁ 兄(弟), ἀδελφή, ῆς, ἡ 姉(妹))
2. ἡ θεὰ πείσει.　(θεά, ᾶς, ἡ 女神)［πειθ•σ → πεισ］
3. οἱ πολέμιοι διώξουσιν ;　(πολέμιος, ου, ὁ 敵, διώκω 追う)
4. αἱ παρθένοι θῦ́σουσιν.　(παρθένος, ου, ἡ 乙女)
5. πέμψετε τοὺς στρατιώτας ;　［πεμπ•σ → πεμψ］
6. 国は村（pl.）を持っている.
7. 兄弟（pl.）は贈物を姉妹（pl.）に送る.
8. 乙女は女神に犠牲を捧げるだろう.
9. 兵士（pl.）は橋を壊すことを計画する.（λῦ́ω 解く, 解体する, 壊す, βουλεῦ́ω 計画する）

第4課

- 未完了過去時制
- 形容詞の変化
- 形容詞の位置
- 不定詞（不定法）の用法 I

●直説法能動態 未完了過去時制（Imperfect Tense）

これはフランス語の imparfait に相当する時制で，英語の過去進行形に等しい用法です．過去の進行動作を表わし「～しつつあった，～していた」の他に「～したものだった，～するのが習慣だった」という反復・習慣的動作，さらに「～しようとしていた，～し始めた」という起動動作も示します．

	λῡ́ω	ἄγω	εἰμί	φημί	人称語尾
s 1	ἔλῡον	ἦγον	ἦν, ἦ	ἔφην	-ν
2	ἔλῡες	ἦγες	ἦσθα	ἔφησθα, ἔφης	-ς
3	ἔλῡε(ν)	ἦγε(ν)	ἦν	ἔφη	～
pl 1	ἐλῡ́ομεν	ἤγομεν	ἦμεν	ἔφαμεν	-μεν
2	ἐλῡ́ετε	ἤγετε	ἦτε	ἔφατε	-τε
3	ἔλῡον	ἦγον	ἦσαν	ἔφασαν	-ν, σαν

未完了過去には不定法（後述）はありません．未完了過去は過去に属する時制として副時制能動態人称語尾（-ν, -ς, ～, -μεν, -τε, -ν（又は-σαν））を用います．語頭には加音（augment）を行います．

加音は過去時制を表わす方法で，それには次の二とおりがあります．

1) 音節の加音(syllabic augment)．子音で始まる動詞は語頭に ἐ- を加えます．πέμπω → ἔπεμπον, ρ は重ねて ἐ を加えます．ῥίπτω → ἔρριπτον

2) 母音延長の加音（temporal augment)．母音で始まる動詞は，その母音を延ばします．(α, ε → η　ο → ω　ι → ῑ　υ → ῡ　αι, ει → ῃ　αυ, ευ → ηυ　οι → ῳ)．長音はそのままにします．

例	ἄρχω	支配する	ἦρχον	αἱρέω	捕える	ᾕρεον
	ἐσθίω	食べる	ἤσθιον	αὐδάω	声を出す	ηὔδων

ἱκετεύω	嘆願する	ἱκέτευον	ὁρίζω	区分する	ὥριζον
ὑβρίζω	傲慢にふるまう	ὕβριζον	εὑρίσκω	見出す	ηὕρισκον

●形容詞，第一・第二変化

形容詞にも母音幹変化と子音幹変化とがあります．母音幹変化の形容詞は母音幹名詞（第一・第二変化）と同じ変化をします．それを次に学びましょう．

ἀγαθός　良い　　　　ἄξιος　価値がある

	男性	女性	中性	男性	女性	中性
単・主	ἀγαθός	ἀγαθή	ἀγαθόν	ἄξιος	ἀξίᾱ	ἄξιον
属	ἀγαθοῦ	ἀγαθῆς	ἀγαθοῦ	ἀξίου	ἀξίᾱς	ἀξίου
与	ἀγαθῷ	ἀγαθῇ	ἀγαθῷ	ἀξίῳ	ἀξίᾳ	ἀξίῳ
対	ἀγαθόν	ἀγαθήν	ἀγαθόν	ἄξιον	ἀξίᾱν	ἄξιον
呼	ἀγαθέ	ἀγαθή	ἀγαθόν	ἄξιε	ἀξίᾱ	ἄξιον
複・主/呼	ἀγαθοί	ἀγαθαί	ἀγαθᾰ́	ἄξιοι	ἄξιαι	ἄξιᾰ
属	ἀγαθῶν	ἀγαθῶν	ἀγαθῶν	ἀξίων	ἀξίων	ἀξίων
与	ἀγαθοῖς	ἀγαθαῖς	ἀγαθοῖς	ἀξίοις	ἀξίαις	ἀξίοις
対	ἀγαθούς	ἀγαθᾱ́ς	ἀγαθᾰ́	ἀξίους	ἀξίᾱς	ἄξιᾰ

［注］ 女性形の語尾は ε, ι, ρ の後では ᾱ,それ以外の場合は-η で終ります．見出語においてその違いを次のように示します．ἀγαθός, ή, όν, ἄξιος, α, ον

●形容詞の位置

形容詞が名詞を修飾する時，冠詞と名詞の間に置かれます．これを属性的位置といいます(attributive position)．この形容詞は冠詞を繰り返して名詞の後に置くこともできますが，この場合前の冠詞を省略できます．

ὁ σοφὸς ἀνήρ 賢い男→(ὁ) ἀνὴρ ὁ σοφός

形容詞が冠詞と名詞の外に置かれる時，この形容詞は名詞に対して述語の働きをします．この位置を述語的位置といいます(predicate position)．この場合名詞と形容詞を結ぶ繋辞（copula）の「である」（ἐστί(ν)＝is, εἰσί(ν)＝are)が省略されているとも考えられます．

ὁ ἀνὴρ σοφός　(ἐστίν).その男は賢い．→ σοφὸς ὁ ἀνήρ　(ἐστίν).

形容詞は名詞と性・数・格において一致しなければなりません．

●不定詞（不定法）の用法

不定詞は動詞と名詞の両方の働きをして「〜する・こと」の意味を表わし，実名詞（substantive）として扱われます．

不定詞は

1. 動詞の主語または目的語になることができます．

οἱ στρατιῶται ἤθελον τοῖς θεοῖς θῦειν.兵士たちは神々に犠牲を捧げたいと望んでいた．（ἤθελον : ἐθέλω（欲する）の未完了過去，三人称複数）

χαλεπὸν ἦν τὴν κώμην εὑρίσκειν.（不定詞は中性単数として扱う）
村を見出すことは困難だった．

2. 中性単数の冠詞を付けることができます．

τὸ τοῖς θεοῖς πιστεύειν ἀγαθόν （ἐστίν）.
神々を信ずることは善いことだ．

3. 間接の命令を表わすことができます．

ὁ στρατηγὸς κελεύει τὴν γέφυραν λῦειν.
将軍は橋を壊すことを命じる．

●アクセントの規則（1）

アクセントには鋭アクセント（´），重アクセント（`），曲アクセント（ˆ）の三種があり，それらは単語の終りの三つのシラブルのいずれかにあることは既に述べましたが，曲アクセントはさらにその終りの二つのシラブルのいずれかに置かれます．そして一番終りのシラブルに鋭アクセントが置かれる時その語は oxytone 鋭調語と呼ばれ，そこにいかなるアクセントも無い語は barytone と呼ばれます．

- oxytone の語に他の語が続く時，鋭アクセントは重アクセントに変えます．しかし文末の鋭アクセントはそのままです．（次ページ練習問題 1，6 ἐστί → ἐστὶ, ἐπιστολή → ἐπιστολὴ）
- 終りから三番目のシラブルに鋭アクセントが置かれるのは，一番終りのシラブルが短かい時だけです．一番終りが長い時には語末の方へ一つ移動します．
（例 ἄνθρωπος, ἀνθρώπου ; ἄξιος, ἀξίων）
- 終りから二番目のシラブルが長く，そこにアクセントを置く時はそれは曲アクセントになりますが，それは一番終りが短かいシラブルの時に限ります．
（例，δῶρον, δώρου）［シラブルの長短については後で更に説明します．］

- 複数の主格と呼格の-οι, -αι は短かいものとみなします．
（例　ἄνθρωποι, πολῖται）
- 動詞のアクセントには規則の許すかぎりできるだけ語末から遠ざかろうとする (recessive) 性質があります．
- 名詞，形容詞の斜格（属格，与格，対格）には規則の許すかぎりできるだけ主格のアクセントを保とうとする (persistent) 性質があります．

練習問題　4　CD 6

1. ἡ χώρα ἐστὶ μῑκρά. (μῑκρός, ά, όν 小さい)
2. οἱ λόγοι τοῦ νεᾱνίου ἀγαθοί.
3. ἡ τῆς οἰκίᾱς θύρα καλή. (καλός, ή, όν 美しい，οἰκίᾱ, ᾱς, ἡ 家 θύρᾱ, ᾱς, ἡ 戸，扉，名詞・代名詞の属格形は属性的位置を取り得る．)
4. δεινὰ ἦν τὰ ὅπλα τῶν πολεμίων. (δεινός, ή, όν 恐ろしい　ὅπλα, ων, τά 武器，複数主格．中性の複数形は単数の述語動詞で受けることが多い．)
5. ἐθέλουσι τοὺς νεανίας φεύγειν. (φεύγω 逃げる　ἐθέλω 望む，願う 不定法の意味上の主語は対格形で表わす．)
6. ἡ τῆς ἀδελφῆς ἐπιστολὴ ἦν μακρά. (ἐπιστολή, ῆs, ἡ 手紙 μακρός, ά, όν 長い)
7. οἱ θεοὶ φίλιοι τοῖς σοφοῖς. (φίλιος, α, ον 親しい)
8. 乙女の髪は美しかった．(κόμη, ης, ἡ 髪)
9. 長い手紙を書くことは困難だった．(書く γράφω)
10. 良い教師は神々を信じることを命じるだろう．(教師 διδάσκαλος, ου, ὁ, ἡ)
11. 長い道が敵たちを妨げていた．(敵 πολέμιος, ου, ὁ　妨げる κωλῡ́ω)

第5課

- アオリスト時制
- 流音幹のアオリスト
- 第三変化名詞

●直説法能動態 アオリスト時制 (Aorist Tense)

未完了過去が過去の進行動作，反復動作を表わすのに対して，アオリストは過去の一点的な (punctual)，瞬時的な (momentary) 動作を表わします．これはある動作をまとまった一つのものとして把える考え方の表現で，このような動作の表現方法を相(aspect)と言います．アオリスト相は継続でも完了でもない独自の相です．これを過去の時制として表わす時に「〜した」と言い表わします．

	λῡ́ω	γράφω	ἄρχω
s 1	ἔλῡσα	ἔγραψα	ἦρξα
2	ἔλῡσας	ἔγραψας	ἦρξας
3	ἔλῡσε(ν)	ἔγραψε(ν)	ἦρξε(ν)
pl 1	ἐλῡ́σαμεν	ἐγράψαμεν	ἤρξαμεν
2	ἐλῡ́σατε	ἐγράψατε	ἤρξατε
3	ἔλῡσαν	ἔγραψαν	ἦρξαν
不定法	λῦσαι	γράψαι	ἄρξαι

[注] 過去時制のしるしとして語頭に加音をするのは未完了過去時制と同じです．動詞幹に-σ-を加えてアオリスト時制幹を作りますが，その時その前の黙音との間に次のような変化が生じます．これは未来時制の場合と同じです．このσを加えて作るものをσのアオリストまたは第一アオリストといいます．

(κ, γ, χ＋σ → ξ)，(π, β, φ＋σ → ψ)，(τ, δ, θ＋σ → σ)

πλέκω → ἔπλεξα 織る　　πέμπω → ἔπεμψα 送る

πείθω → ἔπεισα 説得する　　λέγω → ἔλεξα 言う

βλάπτω(βλαβ-) → ἔβλαψα 損う　　φράζω(φραδ-) → ἔφρασα 語る

●**流音幹（-l-, -m-, -n-, -r-）のアオリスト**

流音幹のアオリストは流音の次の-σ-を失い，-σα-の代りに-α-だけを用います．これも第一アオリストです．

	φαίνω（φαν-）示す	στέλλω（στελ-）遣わす
s 1	ἔφηνα	ἔστειλα
2	ἔφηνας	ἔστειλας
3	ἔφηνε(ν)	ἔστειλε(ν)
pl 1	ἐφήναμεν	ἐστείλαμεν
2	ἐφήνατε	ἐστείλατε
3	ἔφηναν	ἔστειλαν,
不定法	φῆναι	στεῖλαι

［注］ この時，その前の母音は次のように変えます．（α → η, ᾱ），（ε → ει），（ῐ → ῑ），（ῠ → ῡ）

φαίνω（φαν-），［ἐφανσα → ἐφανα］ἔφηνα
στέλλω（στελ-），［ἐστελσα → ἐστελα］ἔστειλα
ἀγγέλλω（ἀγγελ-）→ ἤγγειλα 知らせる　μιαίνω（μιαν-）→ ἐμίᾱνα 汚す
νέμω（νεμ-）→ ἔνειμα 分つ　κρῑ́νω（κριν-）→ ἔκρῑνα 裁く

●**第三変化名詞**

第一，第二変化名詞は母音幹変化（幹末に母音がある名詞の変化）でしたが，第三変化名詞は主として子音幹変化です．幹末に ι や υ が来てもこれらは半母音（半子音）ですから，A 変化や O 変化とは違った変化をします．その特徴は幹末音が次に来る語尾の音と様々な音韻変化や，文字の上での変化をすることです．第三変化の語尾も独自の変化をします．

第三変化名詞は変化のタイプが多く，一見複雑に見えますが，その性質を理解すればそれほど難かしくありません．まず幹末の文字によって分類します．

●黙音幹名詞，幹末に黙音（π, β, φ ; κ, γ, χ ; τ, δ, θ）が来るもの．
　それを p 黙音（π, β, φ），k 黙音（κ, γ, χ），t 黙音（τ, δ, θ）に分けます．
●流音幹名詞，幹末に流音（λ, ρ, μ, ν,鼻音の γ）が来るもの．
　（μ, ν, γ は鼻音と呼ぶこともあります．）

●σ 幹名詞，（-ες-, -ας-）が幹末に来るもの．

●ι, υ,幹名詞，（-ι-, -υ-）が幹末に来るもの．

●二重母音名詞，（-αυ-, -ευ-, -ου-）が幹末に来るもの．

第三変化名詞の格語尾（ς, ος, ι, α ; ες, ων, σι, ας）は，それぞれの型の名詞の幹末音との間で特別な変化をします．

代表的な第三変化の名詞は以下のようなものです．

ὁ κλώψ，（κλωπ-）盗人，ὁ ὄνυξ，（ὀνυχ-）爪，ὁ λέων（λεοντ-）ライオン，ὁ θήρ 野獣

単・主	-ς, ～	κλώψ	ὄνυξ	λέων	θήρ
属	-ος	κλωπός	ὄνυχος	λέοντος	θηρός
与	-ι	κλωπί	ὄνυχι	λέοντι	θηρί
対	-α, -ν	κλῶπα	ὄνυχα	λέοντα	θῆρα
複・主	-ες	κλῶπες	ὄνυχες	λέοντες	θῆρες
属	-ων	κλωπῶν	ὀνύχων	λεόντων	θηρῶν
与	-σι	κλωψί(ν)	ὄνυξι(ν)	λέουσι(ν)	θηρσί(ν)
対	-ας	κλῶπας	ὄνυχας	λέοντας	θῆρας

［注］ 語幹の形は単数属格形から判断できます．だから辞書や語彙集などには必ず単数属格形が併記されています．単数主格形の語尾-ς と，複数与格形の語尾-σι は，その直前の幹末音と一緒になって音韻変化をします．［法則（π, β, φ）＋σ → ψ，（κ, γ, χ）＋σ → ξ，（τ, δ, θ）＋σ → σ］

●**アクセントの規則 (2)**

第三変化名詞のアクセントは主格の位置を保ちますが，語末の音が長くなると一つ右のシラブルに移動します．単音節語は単複ともに，属格と与格において語尾の上にアクセントが来ます．語末が短かいシラブルで，その直前が長くてその上にアクセントが来る時には，それは必ず曲アクセントになります．（...... ⌒ ˇ）

練習問題　5 - I　CD 7

次の名詞の複数与格を書きなさい．

	主格	属格			主格	属格	
1.	ὁ φύλαξ	φύλακος	門番	6.	ὁ ὀδούς*	ὀδόντος	歯
2.	ὁ Ἄραψ	Ἄραβος	アラビア人	7.	ὁ ὄρνῑς	ὄρνῑθος	鳥
3.	ἡ σάλπιγξ	σάλπιγγος	ラッパ	8.	τὸ γάλα	γάλακτος	牛乳
4.	ἡ ἀσπίς	ἀσπίδος	楯	9.	τὸ νέκταρ	νέκταρος	神々の飲物
5.	ἡ χάρις	χάριτος	恵み	10.	ὁ δαίμων	δαίμονος**	神霊

［注］ *　σ の前の-ντ-は脱落して，その直前の母音を長音化します．
　　ὁ λέων, λέοντος ライオン（λέουσι）
**　σ の前の-ν-は脱落してもその直前の母音はそのままです．
　　ὁ ἡγέμων, ἡγεμόνος 指導者（ἡγεμόσι）

練習問題　5 - II　CD 8

1. ὁ νεανίας ἔλυσε τὸν ἵππον.（νεανίας, ου, ὁ 若者　ἵππος, ου, ὁ 馬）
2. οἱ Ἀθηναῖοι ἔθυσαν τῷ ποταμῷ.（θύω 犠牲をささげる　ποταμός, οῦ, ὁ 河）
3. ὁ ἰατρὸς ἐθεράπευσε τὴν νόσον τοῦ δούλου.（ἰατρός, οῦ, ὁ 医者　θεραπεύω 治療する）
4. ἡ τοῦ ποιητοῦ ἐπιστολὴ ἐκέλευσεν εἰρήνην ἄγειν.（εἰρήνη, ης, ἡ 平和　εἰρήνην ἄγειν 平和を守ること）
5. ὁ δεσπότης ἔκρουσε τὸν τοῦ ῥήτορος δοῦλον.（κρούω 打つ，叩く　ῥήτωρ, ορος, ὁ 雄弁家）
6. ὁ ῥήτωρ ἔπεισε τοὺς νεανίας ἡσυχίαν ἄγειν.（ἡσυχία ἡ 静粛）
7. τῇ σοφίᾳ ὁ διδάσκαλος ἔσωσε τὸν παῖδα.（διδάσκαλος ου, ὁ 教師　σῴζω 救う aor.1 ἔσωσα）
8. 門番たちは若者を解放した．
9. 爪（pl.）が野獣（pl.）を救った．
10. 教師は子供に鳥を解放するよう命じた．

第6課

- 第三変化形容詞
- 現在完了時制
- 過去完了時制
- 命令法能動態

●第三変化形容詞

第三変化形容詞は基本的には第三変化名詞と同じ変化をしますが，音韻変化をするために見かけ上は不規則変化をしているように見えます．だから音韻変化をする前の理論上の変化形（[　]内）を知っておくと，理解しやすくなります．

σαφής, -ές（σαφες-）明らかな　　ἄφρων, -ον（ἀφρον-）わきまえの無い

	m, f.		n.	m, f.	n.
単・主	σαφής		σαφές	ἄφρων	ἄφρον
属	σαφοῦς	[σαφέ・ος]	同左	ἄφρονος	同左
与	σαφεῖ	[σαφέ・ι]	同左	ἄφρονι	同左
対	σαφῆ	[σαφέ・α]	σαφές	ἄφρονα	ἄφρον
呼	σαφές		同左	ἄφρον	同左
複・主/呼	σαφεῖς	[σαφέ・ες]	σαφῆ	ἄφρονες	ἄφρονα
属	σαφῶν	[σαφέ・ων]	同左	ἀφρόνων	同左
与	σαφέσι(ν)		同左	ἄφροσι(ν)	同左
対	σαφεῖς	[σαφέ・ες]	σαφῆ	ἄφρονας	ἄφρονα

[注]

- 男性・女性の単数主格は形容詞幹（σαφες-），（ἀφρον-）に格語尾の-ς を付けずにその前の母音を延ばします．（-ες →-ης），（-ον →-ων）
- 中性単数の主格対格と呼格には形容詞幹が現われます．
- 母音の間にはさまれた σ は消失しますから（σαφέσ・ος）は（σαφέ・ος）となります．他も同様ですが複数与格（σαφέσ・σι）は（σσ → σ）となります．
- これが更に母音の縮約を行って（ε＋ο → ου），（ε＋ε → ει），（ε＋α → η）となります．この法則は良く現われます．（σαφέ・α）→ σαφῆ
- 中性の主格と対格は単数・複数でそれぞれ常に同形です．中性の複数の主格対格は-α で終ることが多いのですが，この α は常に短母音です．

●男性・女性複数形の σαφεῖς は主格と対格が同形です.

練習問題 6-1 CD 9

σαφής と同じ変化をするものに，ἀληθής, -ές 真実の εὐτυχής, -ές 幸運な εὐγενής, -ές 高貴な（生まれの） ἀσθενής, -ές 弱い πλήρης, -ες 満ちた，充足した，などがあります．次の語形を書きなさい．

1.「真実の」男・複・主　2.「幸運な」女・単・対　3.「高貴な」中・複・対
4.「弱い」女・単・属　5.「満ちた」中・複・与

ἄφρων と同じ変化をするものに，εὐδαίμων -ον 幸福な μνήμων, -ον 忘れないで（覚えて）いる ἀγνώμων, ἄγνωμον 無情な πέπων, πέπον 熟した σώφρων, σῶφρον 慎重な，があります．次の語形の性・数・格を言いなさい．

6. ἀγνώμονος　7. πέπονα　8. μνήμονες　9. σώφροσιν
10. εὐδαιμόνων

●混合変化，第一・第三変化の形容詞 χαρίεις, ἑκών, πᾶς

χαρίεις	優美な		ἑκών	自発的な		πᾶς	全ての	
m.	n.	f.	m.	n.	f.	m.	n.	f.
χαρίεις	χαρίεν	χαρίεσσα	ἑκών	ἑκόν	ἑκοῦσα	πᾶς	πᾶν	πᾶσα
χαρίεντος	同左	χαριέσσης	ἑκόντος	同左	ἑκούσης	παντός	同左	πάσης
χαρίεντι	同左	χαριέσσῃ	ἑκόντι	同左	ἑκούσῃ	παντί	同左	πάσῃ
χαρίεντα	χαρίεν	χαρίεσσαν	ἑκόντα	ἑκόν	ἑκοῦσαν	πάντα	πᾶν	πᾶσαν
χαρίεν	χαρίεν	χαρίεσσα	ἑκών	ἑκόν	ἑκοῦσα	πᾶς	πᾶν	πᾶσα
χαρίεντες	χαρίεντα	χαρίεσσαι	ἑκόντες	ἑκόντα	ἑκοῦσαι	πάντες	πάντα	πᾶσαι
χαριέντων	同左	χαριεσσῶν	ἑκόντων	同左	ἑκουσῶν	πάντων	同左	πᾱσῶν
χαρίεσι(ν)	同左	χαριέσσαις	ἑκοῦσι(ν)	同左	ἑκούσαις	πᾶσι(ν)	同左	πάσαις
χαρίεντας	χαρίεντα	χαριέσσᾱς	ἑκόντας	ἑκόντα	ἑκούσᾱς	πάντας	πάντα	πάσᾱς

［注］ 主格では男性はχεριεντ・ςがχαριενς, χαριε__ς, χαριειςとなります．

女性はχαριετ・ιαがχαριεσσαとなります．（τ・ι→ττ＝σσ）．女性形は第一変化をします．

中性はχαριεντ・ですが語尾に（ν, ρ, ς）以外の子音は置けないので，τが脱落します．

●直説法能動態 現在完了時制，過去完了時制　Perfect (Pluperfect) Tense

• 完了時制は完了のアスペクトを示し，ある動作が終了し，完結した状態を意味します．現在完了は現在の完結した状態，過去完了は過去のある時点での完結した状態を表わします．

現在完了	λύω 解く	φεύγω 逃げる	過去完了	
s 1	λέλυκα	πέφευγα	ἐλελύκη	ἐπεφεύγη
2	λέλυκας	πέφευγας	ἐλελύκης	ἐπεφεύγης
3	λέλυκε(ν)	πέφευγε(ν)	ἐλελύκει(ν)	ἐπεφεύγει(ν)
pl 1	λελύκαμεν	πεφεύγαμεν	ἐλελύκεμεν	ἐπεφεύγεμεν
2	λελύκατε	πεφεύγατε	ἐλελύκετε	ἐπεφεύγετε
3	λελύκᾱσι(ν)	πεφεύγᾱσι(ν)	ἐλελύκεσαν	ἐπεφεύγεσαν
不定法	λελυκέναι	πεφευγέναι	不定法なし	不定法なし

• 完了時制は完了幹を用いますが，それは動詞幹の語頭の音に畳音(reduplication) を行って得られます．

• 畳音は，語頭がρ以外の単子音，または（黙音＋流音）の場合，最初の音にεを加えてその前に置き，その場合，帯気音は無気音に変えます．

λύω 解く λέλυκα,　γράφω 書く γέγραφα,
κλίνω 傾く κέκλικα,　βλάπτω 害する βέβλαφα,
φονεύω 殺す πεφόνευκα,　χορεύω 踊る κεχόρευκα

• その他の場合は加音（augment）の場合と同じように扱います．短母音で始まるものはそれを長音化し，（黙音＋流音）以外の複数の子音，二重子音，ρで始まるものには単にἐ-を加えます．

ἄγω 導く ἦχα, ἀγγέλλω 知らせる ἤγγελκα, κτίζω 建設する ἔκτικα,
στρατηγέω 軍を指揮する ἐστρατήγηκα, ζητέω 探し求める ἐζήτηκα

• 現在完了時制は完了幹に-καを語末に加えますが，これを第一完了形といい，単に-α を加えただけのものは第二完了形といいます．この規則は複雑なので，動詞ごとに完了形を覚えた方が早道でしょう．

• 過去完了時制は，完了幹に第一完了形では-κη を，第二完了形では-η を加えます．子音で始まる語は，完了幹の畳音の前に更にἐ-を置いて大過去であることを示し，母音で始まる語は完了幹をそのまま過去完了幹として用います．

●**命令法能動態**　Imperative Active Voice

命令法の人称は二人称と三人称だけで，時制は現在，アオリスト，現在完了の三時制だけです．

	現在	アオリスト	現在完了	人称語尾
s. 2	λῦε	λῦσον	λέλυκε	～, (-θι)
3	λῡέτω	λῡσάτω	λελυκέτω	-τω
pl. 2	λῡ́ετε	λῡ́σατε	λελῡ́κετε	-τε
3	λῡόντων	λῡσάντων	λελυκέτωσαν	-ντων -τωσαν

［注］　命令法の現在完了は上の単純変化形よりも，現在完了の分詞に εἰμί の命令法を加えた複合変化形の方がよく用いられます．　λελυκὼς ἴσθι,…（第 14 課　参照）

練習問題　6 - II　CD 10

1. οἱ στρατιῶται λελῡ́κασι τοὺς αἰχμαλώτους.（αἰχμάλωτος, ου, ὁ 捕虜）
2. ὁ ποιητὴς κεκώλυκε τὸν τοῦ διδασκάλου λόγον.
3. ἡ τοῦ στρατηγοῦ ἀνδρεία νίκην νενίκηκεν.（ἀνδρεία, ας, ἡ 勇気　νίκη, ης, ἡ 勝利 νικάω 勝つ，勝ち取る）
4. οἱ γέροντες πεπαιδεύκασι τοὺς νεανίας τὴν πατρίδα σῴζειν.
   （πατρίς, ίδος, ἡ 祖国　σῴζω 救う，守る）
5. ὁ ἱερεὺς κεκέλευκε τοὺς δούλους τὰ ζῷα θύειν.（ζῷον, ου, τό 動物）
6. ὁ ἀγαθὸς δεσπότης ἐλελῡ́κει τὰ τῶν ἵππων ζυγά.
   （δεσπότης, ου, ὁ 主人　ζυγόν, οῦ, τό くびき）
7. οἱ πολέμιοι ἐκεκωλῡ́κεσαν τὸν ἄγγελον τὴν ἐπιστολὴν φέρειν.
8. οἱ παῖδες λίθοις βεβλήκασι τοὺς ἵππους.（παῖς, παιδός, ὁ, ἡ 子供　λίθος, ου, ὁ 石　βάλλω, 完了　βέβληκα 投げる，打つ（～で，＋与格））
9. μὴ δίδασκε τοὺς παῖδας ἀδικεῖν.
   （διδάσκω 教える ἀδικέω 不正を為す　否定の命令には μή (not) を用いる．）

10. σπεύσατε, ὦ στρατιῶται, καὶ κομίσατε τὰς ἀσπίδας.

(σπεύδω, aor. ἔσπευσα 急ぐ　κομίζω 持って来る　ἀσπίς, ίδος, ἡ 楯)

11. 奴隷は主人の戸（pl.）を叩いた（完了形で）.

12. 馬（pl.）を駆るのは難かしい.

(〜するのは難かしい χαλεπόν ἐστι＋不定詞　駆る ἐλαύνω)

第7課

- 冠詞・指示代名詞・関係代名詞
- 第三変化名詞
- (第一・第三)混合変化形容詞
- 前置詞

●冠詞，指示代名詞，関係代名詞

名詞変化を学ぶ時に冠詞の変化も一緒に覚えましたが，ここでそれをまとめて復習しその用法も学びましょう．また冠詞と似た変化をする指示代名詞，関係代名詞も説明しておきます．

	冠詞			指示代名詞 ὅδε これ			関係代名詞 ὅς		
	m.	f.	n.	m.	f.	n.	m.	f.	n.
単・主	ὁ	ἡ	τό	ὅδε	ἥδε	τόδε	ὅς	ἥ	ὅ
属	τοῦ	τῆς	τοῦ	τοῦδε	τῆσδε	τοῦδε	οὗ	ἧς	οὗ
与	τῷ	τῇ	τῷ	τῷδε	τῇδε	τῷδε	ᾧ	ᾗ	ᾧ
対	τόν	τήν	τό	τόνδε	τήνδε	τόδε	ὅν	ἥν	ὅ
複・主	οἱ	αἱ	τά	οἵδε	αἵδε	τάδε	οἵ	αἵ	ἅ
属	τῶν	τῶν	τῶν	τῶνδε	τῶνδε	τῶνδε	ὧν	ὧν	ὧν
与	τοῖς	ταῖς	τοῖς	τοῖσδε	ταῖσδε	τοῖσδε	οἷς	αἷς	οἷς
対	τούς	τάς	τά	τούσδε	τάσδε	τάδε	οὕς	ἅς	ἅ

冠詞の斜格は皆 τ- で始まりますが，関係代名詞は τ- で始まりません．指示代名詞 ὁ-δε には -δε (here) という後寄辞がついて，手近にあるものを指し示していう時に用います．ふつうに「これ，あれ」という時には οὗτος, ἐκεῖνος を用います．

	指示代名詞 οὗτος (this) これ			ἐκεῖνος (that) あれ		
	m.	f.	n.	m.	f.	n.
単・主	οὗτος	αὕτη	τοῦτο	ἐκεῖνος	ἐκείνη	ἐκεῖνο
属	τούτου	ταύτης	τούτου	ἐκείνου	ἐκείνης	ἐκείνου
与	τούτῳ	ταύτῃ	τούτῳ	ἐκείνῳ	ἐκείνῃ	ἐκείνῳ

対	τοῦτον	ταύτην	τοῦτο	ἐκεῖνον	ἐκείνην	ἐκεῖνο
複・主	οὗτοι	αὗται	ταῦτα	ἐκεῖνοι	ἐκεῖναι	ἐκεῖνα
属	τούτων	τούτων	τούτων	ἐκείνων	ἐκείνων	ἐκείνων
与	τούτοις	ταύταις	τούτοις	ἐκείνοις	ἐκείναις	ἐκείνοις
対	τούτους	ταύτᾱς	ταῦτα	ἐκείνους	ἐκείνᾱς	ἐκεῖνα

●第三変化名詞

（ρ 語幹の特殊な変化）

ὁ πατήρ（πατερ-）父親　　ὁ ἀνήρ（ἀνερ-）男，夫

	ὁ πατήρ	ὁ ἀνήρ
単・主	πατήρ	ἀνήρ
属	πατρός　(πατέρος)	ἀνδρός　(ἀνέρος)
与	πατρί　(πατέρι)	ἀνδρί　(ἀνέρι)
対	πατέρα	ἄνδρα　(ἀνέρα)
呼	πάτερ	ἄνερ
複・主	πατέρες	ἄνδρες　(ἀνέρες)
属	πατέρων	ἀνδρῶν　(ἀνέρων)
与	πατράσι(ν)	ἀνδράσι(ν)
対	πατέρας	ἄνδρας　(ἀνέρας)

［注］ 語中音消失（syncopation）により，単数属格，単数与格，複数与格において ε が脱落します．これと同じ変化をするものに μήτηρ, ἡ 母, θυγάτηρ, ἡ 娘, γαστήρ, ἡ 腹，があります．ἀνήρ の場合は ε が消失した後に δ を補って発音を容易にしたものです．

●（第一・第三）混合変化形容詞，ἡδύς と μέλᾱς

ἡδύς 甘い　　μέλᾱς 黒い

	m.	f.	n.	m.	f.	n.
単・主	ἡδύς	ἡδεῖα	ἡδύ	μέλᾱς	μέλαινα	μέλαν
属	ἡδέος	ἡδείᾱς	ἡδέος	μέλανος	μελαίνης	μέλανος
与	ἡδεῖ	ἡδείᾳ	ἡδεῖ	μέλανι	μελαίνῃ	μέλανι
対	ἡδύν	ἡδεῖαν	ἡδύ	μέλανα	μέλαιναν	μέλαν

呼	ἡδύ	ἡδεῖα	ἡδύ	μέλαν	μέλαινα	μέλαν
複・主	ἡδεῖς	ἡδεῖαι	ἡδέα	μέλανες	μέλαιναι	μέλανα
属	ἡδέων	ἡδειῶν	ἡδέων	μελάνων	μελαινῶν	μελάνων
与	ἡδέσι(ν)	ἡδείαις	ἡδέσι(ν)	μέλασι(ν)	μελαίναις	μέλασι(ν)
呼	ἡδεῖς	ἡδείᾱς	ἡδέα	μέλανας	μελαίνᾱς	μέλανα

［注］ これは男性と中性が第三変化，女性変化が第一変化の混合形です．

- ἡδύς と同じ変化をするのは βαθύς 深い，γλυκύς 甘い，εὐρύς 広い，ὀξύς 鋭い，ταχύς 速い，などです．
- μέλας と同じ変化をするのは τάλᾱς, τάλαινα, τάλαν 哀れな，惨めな，だけです．

●前置詞

前置詞は本来は名詞から独立した副詞であり，文中における名詞の他の語との関係や働きは格によって示されていました．しかし次第に副詞が名詞や動詞との結びつきを強めていくようになり，名詞と結びついた副詞はその前に置かれて前置詞（pre-position）と呼ばれ，名詞の特定の格を支配すると説明されるようになりました．動詞と結びついた副詞は複合動詞を作り接頭辞（pre-fix）となります．これがドイツ語の分離動詞のように離れる現象は tmesis と呼ばれホメーロスによく見られますが，これは本来の副詞的用法との中間の形を示すものと言えます．

前置詞は属格，与格，対格の三つの格を「支配する」ことができますが，これは本来名詞の属格が「〜から，from, of」を，与格が「〜に，to, for」を，対格が「〜を」を意味していたことに基づくものです．前置詞は基本的に空間における位置関係を示しますが，それが発展して「時間関係，原因，理由，手段，様態」なども表わすようになりました．基本的な位置関係を念頭に置いておくと他の用法も理解しやすいので，それを図式化します．

格の基本的な位置関係

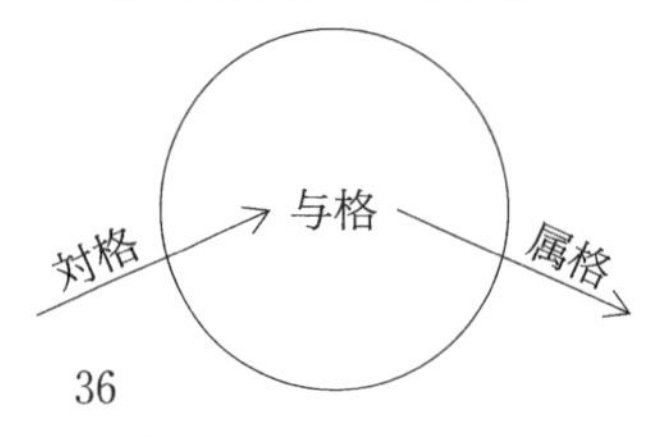

1. 与格はある場所における静止した位置
2. 対格はある場所に向う運動の方向，対象
3. 属格はある場所から出て来る動作，起源・出所・由来を表わします．この1と2の格の用法はドイツ語に残っています．これらを基本にして次のような前置詞の格支配が生じます．

1. 与格「〜に，〜で，〜において，〜の中で」(in, on, at)
2. 対格「〜へ，〜に向って，〜をめがけて」(to, aiming at, against)
3. 属格「〜から，の由来の」(of, out of, from)

前置詞はこの格の幾つを支配するかによって分類します．

a) 三つの格を支配するもの

	対格	与格	属格
παρά	〜の傍へ，	〜の傍で，	〜の傍から
πρός	〜に向って，	〜のもとで，	〜のもとから
περί	〜のまわりに，	〜のまわりで，	〜について
ἐπί	〜の上へ，	〜の上で，	〜の上に，時に
ὑπό	〜の下へ，	〜の下で，	〜の下から

b) 二つの格を支配するもの

	対格	属格
διά	〜の故に，	〜を通って
κατά	〜に対して，	〜から下へ
ὑπέρ	〜を越えて，	〜のために
μετά	〜の後に，	〜と共に

c) 一つの格のみを支配するもの

対格	ἀνά	〜を上って	属格	ἀντί	〜の代りに	与格	ἐν 〜の中に
	εἰς, ἐς	〜の中へ		ἀπό	〜から		σύν 〜と共に
				ἐκ, ἐξ	〜から外に		
				πρό	〜の前に		

●格本来の働きと格支配

名詞の格はそれ自身で文中における名詞の位置や働きを表わすことができます．主格は主語を，対格は直接目的語を，与格は間接目的語を，属格は所属や属性を表わします．印欧語祖語の ablative（「奪格」〜から）はギリシア語では属格によって代用され，印欧語祖語の instrumental（「具格」〜によって）や locative（「地格」〜の場所で）はギリシア語では与格によって代用されます．独立の副詞が名詞と結びつきを強めて前置詞になる時も，これらの用法を含んで「格を支配する」と表現されます．

練習問題 7 CD 11

1. οἱ μὲν ἄνδρες στρατεύουσιν, αἱ δὲ γυναῖκες μένουσιν.
(στρατεύω 遠征する，従軍する　μένω 留まる　γυνή, γυναικός, ἡ 女，妻　μέν...δέ 一方では…他方では…，軽く「…は，…は」と訳してもよい）.
2. ὁ μὲν διδάσκαλος διδάσκει, οἱ δὲ μαθηταὶ μανθάνουσιν.
(διδάσκω 教える　μανθάνω 学ぶ）
3. ὁ γέρων κελεύει τοὺς νεανίας τὴν πατρίδα φυλάττειν.
(πατρίς, ίδος, ἡ 祖国　φυλάσσω アッティカ方言では-ττω 守る）
4. οἱ πολέμιοι ἔκοψαν τὰ τῶν γεωργῶν δένδρα.
(κόπτω 打つ，切り倒す　γεωργός, οῦ, ὁ 農夫　δένδρον, ου, τό 樹）
5. αἱ μητέρες πέμψουσι τὰς χαριέσσας θυγατέρας εἰς τὴν πόλιν.
(χαρίεις 優美な，美しい　εἰς ～の中へ，～へ）
6. οἱ δοῦλοι ἦγον τοὺς μέλανας ἵππους ἐκ τῆς τοῦ δεσπότου οἰκίας.
7. οἱ βάρβαροι ἐθήρευον τὰ θηρία ἐπὶ τῶν ταχέων ἵππων.
8. γλυκύς ἐστιν ὁ τοῦ δένδρου καρπός.
9. 兵士たちは逃げるが，将軍は留まる．(οἱ μὲν..., ὁ δὲ...).
10. 農夫たちは優美な馬 (pl.) をあの国に送った．(指示代名詞は述語的位置に置く．）

第8課

- 人称代名詞　• 強意代名詞
- 所有代名詞・所有形容詞
- 疑問代名詞と不定代名詞
- πολύς, μέγας
- 否定詞
- 基数詞（1～4）とοὐδείς

●人称代名詞

ギリシア語やラテン語のように名詞変化や動詞変化を細かく厳格に行う言語では，動詞の変化形で主語の人称と数が明らかになり，また形容詞が使われる時には性も分りますから，特に主語を強調する時以外は人称代名詞の主格は必要ありません．

	「私」	「あなた，君」	「彼，彼女，それ」
単・主	ἐγώ	σύ	
属	ἐμοῦ, μου	σοῦ, σου	οὗ, οὑ
与	ἐμοί, μοι	σοί, σοι	οἷ, οἱ
対	ἐμέ, με	σέ, σε	ἕ, ἑ
複・主	ἡμεῖς	ὑμεῖς	σφεῖς
属	ἡμῶν	ὑμῶν	σφῶν
与	ἡμῖν	ὑμῖν	σφίσι(ν)
対	ἡμᾶς	ὑμᾶς	σφᾶς

［注］ μου, μοι, με ; σου, σοι, σε ; οὑ, οἱ, ἑ は後寄辞

• 三人称の代名詞には指示代名詞 οὗτος, ἐκεῖνος,あるいは強意代名詞 αὐτός の斜格形の方が使われる．

●所有代名詞，所有形容詞

	m.	f.	n.
「私の（もの）」	ἐμός,	ἐμή,	ἐμόν
「あなたの（もの）」	σός,	σή,	σόν
「彼（彼女，それ）の（もの）」	〔ὅς,	ἥ,	ὅν〕
「我々の（もの）」	ἡμέτερος,	ἡμετέρᾱ,	ἡμέτερον

「あなた方の（もの）」	ὑμέτερος,	ὑμετέρᾱ,	ὑμέτερον
「彼ら（彼女らそれら）の（もの）」	σφέτερος,	σφετέρᾱ,	σφέτερον

［注］・所有代名詞が名詞を修飾すると所有形容詞になります．
・所有代名詞の単数は ἀγαθός, -ή, -όν と同じ変化をします．
・所有代名詞の複数は ἄξιος, -ίᾱ, -ιον と同じ変化をします．
・所有代名詞の三人称単数は，αὐτός, αὐτή, αὐτόν の属格形（αὐτοῦ, αὐτῆς, αὐτοῦ）をふつう用います．

●強意代名詞

	「彼自身」	「彼女自身」	「それ自身」
単・主	αὐτός	αὐτή	αὐτό
属	αὐτοῦ	αὐτῆς	αὐτοῦ
与	αὐτῷ	αὐτῇ	αὐτῷ
対	αὐτόν	αὐτήν	αὐτό
複・主	αὐτοί	αὐταί	αὐτά
属	αὐτῶν	αὐτῶν	αὐτῶν
与	αὐτοῖς	αὐταῖς	αὐτοῖς
対	αὐτούς	αὐτᾱ́ς	αὐτά

●強意代名詞の用法

αὐτός が冠詞と名詞の外の述語的位置にある時は「～自身」という強意代名詞の働きをしますが，冠詞と名詞の間の属性的位置にある時は「同一の，同じ」という意味になります．

αὐτὸς ὁ ἀνήρ, ὁ ἀνὴρ αὐτός「その男自身」

ὁ αὐτὸς ἀνήρ「同じ男，同一人物」，ἡ αὐτὴ γυνή「同じ女性」

τὸ αὐτὸ （χρῆμα）, τὰ αὐτὰ （χρήματα）「同じ事物，同一物」

［注］ ὁ αὐτός, ἡ αὐτή, τὸ αὐτό はそれぞれ αὑτός, αὑτή, ταὐτό と縮約されます．第7課の指示代名詞との違いに注目して下さい．

●疑問代名詞と不定代名詞

疑問代名詞は常に鋭アクセントを保ち，重アクセントには変りません．不定代名詞は後寄辞です．

疑問代名詞　「誰？何？」who ? what ?

不定代名詞　「誰か，何か」someone, something

	m.f.	n.	m.f.	n.
単・主	τίς	τί	τὶς	τὶ
属	τίνος, (τοῦ)	τίνος, (τοῦ)	τινός, (του)	τινός, (του)
与	τίνι, (τῷ)	τίνι, (τῷ)	τινί, (τῳ)	τινί, (τῳ)
対	τίνα	τί	τινά	τὶ
複・主	τίνες	τίνα	τινές	τινά
属	τίνων	τίνων	τινῶν	τινῶν
与	τίσι(ν)	τίσι(ν)	τισί(ν)	τισί(ν)
対	τίνας	τίνα	τινάς	τινά

●不規則変化をする形容詞 πολύς, μέγας

πολύς　多くの

	m.	f.	n.
単・主/呼	πολύς	πολλή	πολύ
属	πολλοῦ	πολλῆς	πολλοῦ
与	πολλῷ	πολλῇ	πολλῷ
対	πολύν	πολλήν	πολύ
複・主/呼	πολλοί	πολλαί	πολλά
属	πολλῶν	πολλῶν	πολλῶν
与	πολλοῖς	πολλαῖς	πολλοῖς
対	πολλούς	πολλάς	πολλά

μέγας　大きな

	m.	f.	n.
単主	μέγας	μεγάλη	μέγα
属	μεγάλου	μεγάλης	μεγάλου
与	μεγάλῳ	μεγάλῃ	μεγάλῳ
対	μέγαν	μεγάλην	μέγα
呼	μεγάλε	μεγάλη	μέγα
複・主/呼	μεγάλοι	μεγάλαι	μεγάλα
属	μεγάλων	μεγάλων	μεγάλων
与	μεγάλοις	μεγάλαις	μεγάλοις
対	μεγάλους	μεγάλᾱς	μεγάλα

[注]　この不規則変化は（πολυ-, πολλο-），（μεγα-, μεγαλο-）という二つの語幹を持つためです．

●否定詞

否定詞には οὐ （οὐκ, οὐχ） と μή があります．次に母音が続く時は οὐκ,

次に帯気音が続く時は οὐχ になります．οὐ は主に直説法と希求法の文で，また ὅτι, ὥς の後の間接話法の文で使われます．μή は主に接続法と命令法で，また条件文などの従属文で使われますが，それについては後で述べます．

否定詞には οὐ と μή との単純否定詞と，それが他の単語と結びついた複合否定詞とがあります．単純否定詞の重複は「否定の否定は肯定」になりますが，複合否定詞は否定を重ねて続けるだけで，「否定のまま」です．

●複合否定詞

以下に οὐ と結ぶ複合否定詞を掲げます：

οὐδέ nor,また～ぬ；οὐδείς no one,誰も～ぬ；οὐδέν nothing,何も～ぬ；
οὔποτε, οὐδέποτε never,決して～ぬ；οὐκέτι no more,もはや～ぬ；
οὔπω not yet,まだ～ぬ；οὔτε...οὔτε neither...nor …も…も～ぬ

οὐδεὶς οὐχ ὁρᾷ. 見ない者は誰も居ない，皆が見ている．
οὐχ ὁρᾷ οὐδείς. 見ている者は誰も居ない，誰も見ていない．
οὐδεὶς οὐδὲν οὐδέποτε γιγνώσκει. 誰も何も決して知らない．
ἀκούει δ' οὐδὲν οὐδεὶς οὐδενός. 誰も誰の言うことも何も聞かない．

μή と結ぶ複合否定詞は次のとおりです．μηδέ, μηδείς, μηδέν, μήποτε, μηδέποτε, μηκέτι, μήπω 以下同様です．

●基数詞（1～4）と οὐδεῖς の変化

「一」			「誰も，何も～ぬ」（οὐδε＋εἷς）		
m.	f.	n.	m.	f.	n.
εἷς	μία	ἕν	οὐδείς	οὐδεμία	οὐδέν
ἑνός	μιᾶς	ἑνός	οὐδενός	οὐδεμιᾶς	οὐδενός
ἑνί	μιᾷ	ἑνί	οὐδενί	οὐδεμιᾷ	οὐδενί
ἕνα	μίαν	ἕν	οὐδένα	οὐδεμίαν	οὐδέν

「二」m.f.n（「二」は双数の変化）

主・対 δύο
属・与 δυοῖν

「三」m.f.	n.	「四」m.f.	n.（「三，四」は複数の変化）
τρεῖς	τρία	τέτταρες	τέτταρα
τριῶν	τριῶν	τεττάρων	τεττάρων
τρισί(ν)	τρισί(ν)	τέτταρσι(ν)	τέτταρσι(ν)
τρεῖς	τρία	τέτταρας	τέτταρα

練習問題 8 CD 12

1. οἱ πολῖται χάριν ἔχουσι τοῖς θεοῖς ἀγαθοῖς.
（πολίτης, ου, ὁ 市民　χάρις, χάριτος, ἡ 恵み，感謝 χάριν ἔχειν 感謝する）

2. οἱ τῶν Περσῶν σύμμαχοι ἦσαν πολλοὶ καὶ ἀγαθοί.
（Πέρσης, ου, ὁ ペルシア人　σύμμαχος, ου, ὁ 同盟者　ἀγαθός, ή, όν 善い，勇敢な）

3. οἱ ναῦται ἔχουσι τὰς μεγάλᾱς καὶ μελαίνᾱς ναῦς.
（ναύτης, ου, ὁ 水夫，船乗り　μέγας, μεγάλη, μέγα 大きな　μέλας, μέλαινα, μέλαν 黒い　ναῦς, ἡ, 〈単・属格 νεώς,複・対格 ναῦς〉 船）

4. δεινὸν ἦν διαβαίνειν τὸν ποταμόν, μέγας γὰρ ἦν.
（διαβαίνω 横切る，渡る　δεινός, ή, όν 恐ろしい　γὰρ～故に［文頭には用いない］）

5. οἱ παῖδες ἔμενον ἐν τῇ ὕλῃ τέτταρας ἡμέρας.
（ὕλη, ης, ἡ 森　［時を表わす名詞の対格は継続した時間を示す，～の間］）

6. οὐδεμία τῶν παρθένων οὔτ᾽ ἐχόρευεν, οὔτ᾽ ᾖδεν.
（οὐδείς, οὐδεμία, οὐδέν 誰も，何も～ない　χορεύω 踊る　ᾄδω 未完了 ᾖδον 歌う）

7. τρεῖς ἱππεῖς ἐθήρευον ἕνα ἔλαφον τὸν μέγαν καὶ καλόν.
（θηρεύω 狩る　ἔλαφος, ου, ὁ, ἡ 鹿）

8. おお王よ，誰の軍隊にあなたは勝ったのですか？
（勝つ νικάω アオリストは ἐνίκησα, 軍隊στρατιά, ᾶς, ἡ）

9. 同盟者自身の希望は大きかった．（希望 ἐλπίς, ίδος, ἡ）

10. 市民たち自身は同じ神々を信じている．（信じる πιστεύω＋与格）

第9課

- 直説法中動態（受動態）
- 命令法中動態
- 再帰代名詞と相互代名詞

●直説法中動態　Indicative Middle Voice

ギリシア語の特徴の一つに中動態があります．これは能動態と受動態の中間の用法で，動作の対象に自分が関わっていることを表わします．中動態にはそれ独自の人称語尾があります．

語尾（本時制）		現在	未来	現在完了
s 1	-μαι	λῡ́ομαι	λῡ́σομαι	λέλυμαι
2	-σαι	λῡ́ει, λῡ́ῃ	λῡ́σει, λῡ́σῃ	λέλυσαι
3	-ται	λῡ́εται	λῡ́σεται	λέλυται
pl 1	-μεθα	λῡόμεθα	λῡσόμεθα	λελῡ́μεθα
2	-σθε	λῡ́εσθε	λῡ́σεσθε	λέλυσθε
3	-νται	λῡ́ονται	λῡ́σονται	λέλυνται
不定法		λῡ́εσθαι	λῡ́σεσθαι	λελῡ́σθαι

［注］ 現在時制のｓ２は λῡ́ε・σαι の母音間の σ が脱落して，λῡ́ε・αι となり，それが約音して λῡ́ῃ あるいは λῡ́ει となります．未来のｓ２も同様．

語尾（副時制）		未完了過去	第一アオリスト	過去完了
s 1	-μην	ἐλῡόμην	ἐλῡσάμην	ἐλελῡ́μην
2	-σο	ἐλῡ́ου	ἐλῡ́σω	ἐλέλυσο
3	-το	ἐλῡ́ετο	ἐλῡ́σατο	ἐλέλυτο
pl 1	-μεθα	ἐλῡόμεθα	ἐλῡσάμεθα	ἐλελῡ́μεθα
2	-σθε	ἐλῡ́εσθε	ἐλῡ́σασθε	ἐλέλυσθε
3	-ντο	ἐλῡ́οντο	ἐλῡ́σαντο	ἐλέλυντο

不定法	なし	λῦσασθαι	なし

［注］ 未完了過去時制の s 2 は ἐλΰε・σο の母音間の σ が脱落して，ἐλΰε・ο となり母音が約音して ἐλΰου となります．アオリストの場合は ἐλΰσασο, ἐλΰσα・ο → ἐλΰσω となります．

●命令法中動態（受動態） Imperative Middle (Passive) Voice

命令法の中動態は現在，アオリスト，現在完了の三時制だけにあり，アオリスト以外は中動態で受動態も兼ねています．

	現在（中・受）	アオリスト（中）	現在完了（中・受）	中動態人称語尾
s 2	λΰου	λῦσαι	λέλυσο	-σο
3	λῡέσθω	λῡσάσθω	λελΰσθω	-σθω
pl 2	λΰεσθε	λΰσασθε	λέλυσθε	-σθε
3	λῡέσθων	λῡσάσθων	λελΰσθων	-σθων

［注］ 中受動態現在単数二人称の-σο は（λΰε・σο→λΰε・ο →λΰου）となります．アオリストの λῦσαι は不規則です．

●中動態と受動態

現在，未完了過去，現在完了，過去完了の時制には特別な受動態の形は無く，中動態の形で受動態をも表わしますから，用法は文脈で判断しなければなりません．

●未来完了時制（Future Perfect Tense）

未来完了時制には能動態の単独の形はほとんど無く大部分中動態だけですが，多くは中動態で受動の意味を表わします．この時制は現在完了中動態に -σο/ε- を加えて作ります．

	(λε・λυ・σο/ε-)		
s 1	λελΰσομαι	pl 1	λελῡσόμεθα
2	λελΰσει, λελΰσῃ,	2	λελΰσεσθε
3	λελΰσεται	3	λελΰσονται
	不定法 λελΰσεσθαι		

未来完了時制は未来のある時までに完了している動作やその結果としての状態を表わします．現在完了が現在の状態を表わす動詞は，未来完了で未来の状態を表わします．

（例：τέθνηκα I have been dead.＝I am dead.
　←私は死んでしまった＝私は死んでいる
　τεθνήξω I shall have been dead.＝I will be dead.
　←私は死んでしまうだろう＝私は死んでいるだろう）

●中動態の用法

まず大きく分けて二つの主要な用法があります．

1. 直接再帰中動態，「自分を～する」（他動詞）→「～する」（自動詞）

παύω	止める	παύομαι	自分を止める→	止める
γυμνάζω	訓練する	γυμνάζομαι	自分を鍛える→	運動する
φαίνω	示す	φαίνομαι	自分を現わす→	現われる，見える

2. 間接再帰中動態．「自分のために～する」

γράφω	書く	γράφομαι	自分のために書く，書きとめる
αἱρέω	取る	αἱρέομαι	自分のために取る，選び取る
φέρω	運ぶ，担う	φέρομαι	自分のために運ぶ，獲得する

この2の用法は更に発展して「自分のために～させる」，「～してもらう」という使役用法や，複数形の主語を取って「お互いに～する」という相互用法も表わします．相互用法の時は「お互いに」ἀλλήλων という相互代名詞や再帰代名詞（次項　参照）を用いて，意味を明確にすることがあります．これらの用法は動詞によって異りますから，それぞれの用法を確かめる必要があります．

δανείζω 金を貸す／δανείζομαι 金を貸してもらう，借金する

μισθόω 賃貸する／μισθοῦμαι 賃貸させる，雇う

διαλεγόμεθα ἀλλήλοις（又は πρὸς ἀλλήλους）私たちはお互いに話し合う．

διαλεξόμεθα ἡμῖν αὐτοῖς 私たち自身でお互いに話し合うでしょう．

●再帰代名詞と相互代名詞

中動態だけでも動作が自分に作用する再帰用法や，自分を含む複数の人や物

の間の相互の動作を示す相互用法を表わすことができますが，その時に再帰代名詞や相互代名詞が使われると意味がもっと明確に具体的に表現されます．再帰代名詞は人称代名詞に αὐτός「自身」の斜格形を加えたもの，相互代名詞は ἄλλος「他の」を重ねたものの斜格形．「お互い」というのですから相互代名詞の単数形はありません．

• 再帰代名詞

	「私自身」m.	f.	「あなた自身」m.	f.
単・属	ἐμαυτοῦ	ἐμαυτῆς	σεαυτοῦ, (σαυ-)	σεαυτῆς (σαυ-)
与	ἐμαυτῷ	ἐμαυτῇ	σεαυτῷ (σαυ-)	σεαυτῇ (σαυ-)
対	ἐμαυτόν	ἐμαυτήν	σεαυτόν, (σαυ-)	σεαυτήν (σαυ-)
複・属	ἡμῶν αὐτῶν	ἡμῶν αὐτῶν	ὑμῶν αὐτῶν	ὑμῶν αὐτῶν
与	ἡμῖν αὐτοῖς	ἡμῖν αὐταῖς	ὑμῖν αὐτοῖς	ὑμῖν αὐταῖς
対	ἡμᾶς αὐτούς	ἡμᾶς αὐτᾱ́ς	ὑμᾶς αὐτούς	ὑμᾶς αὐτᾱ́ς

	「彼自身」	「彼女自身」	「それ自身」
単・属	ἑαυτοῦ (αὑ-)	ἑαυτῆς (αὑ-)	ἑαυτοῦ (αὑ-)
与	ἑαυτῷ (αὑ-)	ἑαυτῇ (αὑ-)	ἑαυτῷ (αὑ-)
対	ἑαυτόν (αὑ-)	ἑαυτήν (αὑ-)	ἑαυτό (αὑ-)
複・属	ἑαυτῶν (αὑ-)	ἑαυτῶν (αὑ-)	ἑαυτῶν (αὑ-)
与	ἑαυτοῖς (αὑ-)	ἑαυταῖς (αὑ-)	ἑαυτοῖς (αὑ-)
対	ἑαυτούς (αὑ-)	ἑαυτᾱ́ς (αὑ-)	ἑαυτᾰ́ (αὑ-)

• 相互代名詞「お互いの，に，を」

	m.	f.	n.
主・属	ἀλλήλων	ἀλλήλων	ἀλλήλων
与	ἀλλήλοις	ἀλλήλαις	ἀλλήλοις
対	ἀλλήλους	ἀλλήλᾱς	ἄλληλα

練習問題 9　CD 13

1. οἱ τῶν Ἑλλήνων πρέσβεις ἐβουλεύοντο περὶ τῆς εἰρήνης.

(πρέσβυς, εως, ὁ 長老，大使　βουλεύω 計画する，中動態（以下(中)）：議論する　εἰρήνη, ης, ἡ 平和)

2. οἱ μῶροι ῥήτορες οὐκ ἐβούλοντο παύεσθαι τοῦ ἀγῶνος.

(μῶρος, ᾱ, ον 愚かな　ῥήτωρ, ορος, ὁ 演説家，雄弁家　παύομαι 止める＋属格：～を止める　ἀγών, ῶνος, ὁ 競技，競争，論争)

3. οἱ οὖν πολῖται πολλῷ χρυσῷ ἐλύσαντο τοὺς συγγόνους αὐτῶν.

(λύω 解放する　(中)（身の代金を払って）解放してもらう　χρυσός, οῦ, ὁ 黄金　σύγγονος, ον 肉親の，(名)肉親，兄弟，姉妹)

4. οἱ σπουδαῖοι μαθηταὶ ἤθελον πείθεσθαι τῷ ἀγαθῷ διδασκάλῳ.

(σπουδαῖος, ᾱ, ον まじめな，熱心な　πείθω 説得する(中)従う（＋与格))

5. μετὰ ταῦτα αἱ Ἑλληνικαὶ πόλεις μακρὸν χρόνον ἐμάχοντο πρὸς ἀλλήλᾱς.

(μακρός, ᾱ́, όν 長い　χρόνος, ου, ὁ 時間，時［時の名詞の対格は，～の間の意］，μάχομαι 戦う)

6. βούλομαι τὸν υἱόν μου παιδεύεσθαι ἐν Ἀθήναις.

(βούλομαι 望む，παιδεύω 教育する(中)教育してもらう，教育を受けさせる)

7. οἱ περὶ τὸν βασιλέᾱ θεράποντες ταχέως παρεσκευάζοντο ἑορτὴν ἄγειν.

(οἱ　περί＋対格：～の回りの人々　βασιλεύς, έως, ὁ 対格 βασιλέᾱ 王　θεράπων, οντος, ὁ 従者　ταχέως 急いで　παρασκευάζω 用意させる，(中)用意する　ἑορτή, ἡ 祭り，祝宴　ἑορτὴν ἄγειν 祭りを行う)

8. しかしペリクレースの死後アテーナイ人は戦争を止めた.

(Περικλῆς, έους, ὁ アテーナイの政治家　止める παύομαι＋属格
死 θάνατος, ου, ὁ)

9. 自由人たちは独裁者に従うことを欲しなかった.

(自由な ἐλεύθερος, ᾱ, ον　独裁者 τύραννος, ου, ὁ)

10. 勇敢な青年は人の住まない野原を横切って進んでいった.

(勇敢な ἀνδρεῖος, ᾱ, ον　人の住まない ἔρημος, (η), ον　横切って διά＋属格　進む πορεύομαι　野原 πεδίον, ου, τό)

第10課

- 第二アオリスト
- 受動態（アオリストと未来）
- 受動文の作り方
- 命令法受動態
- 動詞の主要部分
- 能動態欠如動詞

●第二アオリスト

第5課で学んだ「アオリスト」時制には，特別な動詞幹からつくられる別形のアオリストがあります．それらは第二アオリストと呼ばれる変化をし，時制を示す接辞-σ-を用いずに人称語尾のみをつけます（未完了過去と同じ）．

1）　ω動詞

動詞幹	現在		第二アオリスト
(λιπ-, λειπ-)	λείπω	残す	ἔλιπον
(φυγ-, φευγ-)	φεύγω	逃げる	ἔφυγον
(λαβ-)	λαμβάνω	取る	ἔλαβον

2）　μι動詞

動詞幹	現在		第二アオリスト
(στα-, στη-)	ἵστημι	立てる	ἔστην　立つ（自動詞）
(θε-, θη-)	τίθημι	置く	ἐθέμην（中動態）
(δο-, δω-)	δίδωμι	与える	ἐδόμην（中動態）

これらの形はそれぞれの動詞について学ばなければなりません．

●直説法受動態　Indicative Passive Voice

受動態独自の変化形を持つのはアオリストと未来の二時制で，他の時制は中動態で受動態も表わします．動詞幹に-θη-を附けるものを第一受動形，-η-を附けるものを第二受動形と言います．

	第一アオリスト	第二アオリスト	第一未来	第二未来
	λύω 解く	βλάπτω 傷つける	λύω	βλάπτω
s 1	ἐλύθην	ἐβλάβην	λυθήσομαι	βλαβήσομαι
2	ἐλύθης	ἐβλάβης	λυθήσῃ, σει	βλαβήσῃ, σει
3	ἐλύθη	ἐβλάβη	λυθήσεται	βλαβήσεται

pl 1	ἐλύθημεν	ἐβλάβημεν	λυθησόμεθα	βλαβησόμεθα
2	ἐλύθητε	ἐβλάβητε	λυθήσεσθε	βλαβήσεσθε
3	ἐλύθησαν	ἐβλάβησαν	λυθήσονται	βλαβήσονται
不定詞	λυθῆναι	βλαβῆναι	λυθήσεσθαι	βλαβήσεσθαι

第一アオリスト受動態の幹から ε-をとり-σο を加えると，第一未来受動態の幹になります．

		受．aor. 1	受．未来 1
δίδωμι	与える	ἐδόθην	δοθήσομαι（私は与えられるだろう）
λείπω	残す	ἐλείφθην	λειφθήσομαι
τείνω	延ばす	ἐτάθην	ταθήσομαι
πείθω	説得する	ἐπείσθην	πεισθήσομαι
δείκνυμι	示す	ἐδείχθην	δειχθήσομαι

第二アオリスト受動態の幹から ε-をとり-σο を加えると，第二未来受動態の幹になります．

		受．aor. 2	受．未来 2
κόπτω	打つ	ἐκόπην	κοπήσομαι（私は打たれるだろう）
γράφω	書く	ἐγράφην	γραφήσομαι
φαίνω	示す	ἐφάνην	φανήσομαι
βλάπτω	損う	ἐβλάβην	βλαβήσομαι

［注］ 第一未来受動態の場合，-θ-の前で（π, β → φ），（κ, γ → χ），（τ, δ, θ → σ）という変化をします．

●命令法受動態 Imperative Passive Voice

命令法の受動態はアオリスト受動態にだけ特別の形があります．第一アオリストは動詞幹に -θε-, -θη- を加えたものに命令の人称語尾を附けますが，第二アオリストは動詞幹に -ε-, -η- を加えたものを附けます．人称語尾は能動態のものを使います．

	λύω 第一アオリスト	βλάπτω 第二アオリスト	人称語尾
s 2	λύθητι	βλάβηθι	-θι
3	λυθήτω	βλαβήτω	-τω
pl 2	λύθητε	βλάβητε	-τε
3	λυθέντων	βλαβέντων	-ντων

[注] 命令法受動態の単数二人称は-θι という語尾を持っていますが，λύθητι の場合θ という帯気音の重複を嫌い-τι と変っています．

●受動の文の作り方

受動の文は前置詞 ὑπό（by）の後に行為者を表わす名詞・代名詞の属格形を置いて作ります．能動文の目的語が受動文の主語になります．

ἡ μήτηρ τὸν υἱὸν φιλεῖ. 母は息子を愛す．

ὁ υἱὸς ὑπὸ τῆς μητρὸς φιλεῖται.

息子は母によって愛され(てい)る．

行為者が与格で表わされる場合があります．

◆ 現在完了と過去完了においては受動態の表現の方が好まれます．

πέπρᾱκται αὐτοῖς ἡ ἀδικία. 不正は彼らによって為された．

◆ 手段の与格を用いて．

οἱ κακοῦργοι λίθοις βάλλονται. 悪人は石で打たれる．

◆ 動詞的形容詞 (verbal adjective) -τος, -τεος と共に，(第 23 課参照)

●動詞の主要部分 The Principal Parts of a Verb

今までに一通り動詞の変化形を学んで来ましたが，これらの変化形を導き出すためにどうしても必要な動詞に関する最少限の情報を主要部分と言います．これは英語の動詞の活用形に相当するものですが，ギリシア語の場合は最少でも六つの変化形が必要です．それは直説法・一人称・単数の①能動態・現在，②能動態・未来，③能動態・アオリスト，④能動態・現在完了，⑤中動態・現在完了，⑥受動態・アオリストです．これらの形が与えられるなら，必要なすべての変化形を導き出せるようにするのが文法練習の目的なのですが，実際には様々な規則や例外があって全ての変化形を知ることは容易ではありません．

辞書には見出語に①の形をおいて，基本的には次のような形式で主要部分が記されています．

κλέπτω①, κλέψω②, ἔκλεψα③, κέκλοφα④, κέκλεμμαι⑤, ἐκλέφθην⑥ 盗む（⑥別形 aor. 2 受 ἐκλάπην）

πείθω①, πείσω②, ἔπεισα③, πέπεικα④, πέπεισμαι⑤, ἐπείσθην⑥ 説得する

σῴζω, σώσω, ἔσωσα, σέσωκα, σέσῳσμαι, ἐσώθην 助ける

τῑμάω, τῑμήσω, ἐτί̄μησα, τετί̄μηκα, τετί̄μημαι, ἐτῑμήθην 尊敬する

●**能動態欠如動詞** Deponent Verbs

動詞には能動態の形が無く，中動態あるいは受動態の形で能動の意味を持つものがあります．アオリストに中動態の形を持つものを中動型の能動態欠如動詞（middle deponent），アオリストに受動態の形を持つものを受動型の能動態欠如動詞（passive deponent），といいます．この動詞には能動態の形がないので，動詞の主要部分にも中動態あるいは受動態の形のみが示されます．

βούλομαι, βουλήσομαι, βεβούλημαι, ἐβουλήθην 望む（受動型）

γίγνομαι, γενήσομαι, γεγένημαι, ἐγενόμην 成る（中動型）

しかし実際には，同じ時制に中動と受動の両型を持つものも少くありません．

ἐργάζομαι 働く　未来：ἐργάσομαι　aor.（中）：εἰργασάμην

完了（中）：εἴργασμαι　aor.（受）：εἰργάσθην

練習問題 10　CD 14

1. ἡ τοῦ ποιητοῦ σοφία ὑπὸ πάντων τῶν πολιτῶν ἐθαυμάζετο.
(σοφία, ας, ἡ 知恵　θαυμάζω 驚嘆する，賞讃する)
2. καλόν ἐστι παιδευθῆναι καὶ ἐν τῇ τῶν πολεμίων πόλει. (καί～でさえ)
3. οὐκ ἀσφαλὲς ἦν τοῖς τῶν κολάκων λόγοις πιστεύειν.
(ἀσφαλής, ές 安全な　κόλαξ, ακος, ὁ おべっか使い)
4. βόες καὶ ἵπποι ἐλαύνονται εἰς τὸν λειμῶνα ὑπὸ τῶν δούλων.

（βοῦς, βοός, ὁ, ἡ 牛　ἐλαύνω 追う，駈り立てる　λειμών, ῶνος, ὁ 牧場）

5. τὸ τῶν ναυτῶν πλοῖον ἐν μεγάλῳ χειμῶνι φθαρήσεται.

（ναύτης, ου, ὁ 船乗り　πλοῖον, ου, τό 船　χειμών, ῶνος, ὁ 嵐
φθείρω，未来(能)　φθερῶ，未来(受). φθαρήσομαι 破壊する）

6. τοῖς ὑψηλοῖς ὄρεσι κωλυθήσεσθε, ὦ ὁδοιπόροι.

（ὑψηλός, ή, όν 高い　ὄρος, εος, τό 山　κωλύω 妨げる　ὁδοιπόρος, ου, ὁ 旅人）

7. οὗτος ὁ ῥήτωρ λέγεται σοφὸς καὶ ἀνδρεῖος εἶναι.

（ῥήτωρ, ορος, ὁ 弁論家，雄弁家　ἀνδρεῖος, ᾱ, ον 勇敢な）

8. 戦闘は終った（現在完了で）そして味方は都に向って進軍中である.

（終る（中動態）παύομαι　味方（我が兵士たち）ἡμέτεροι, οἱ　進む，進軍する（中動態）πορεύομαι）

9. 我々は戦術を理解している将軍に従う.

（従う（中動態）ἕπομαι　知る，理解する ἐπίσταμαι　戦闘，戦術 μάχη, ης, ἡ）

10. 敵たちは広い河を渡ることができなかった.

（出来る δύναμαι　渡る διαβαίνω　広い εὐρύς, εῖα, ύ）

第11課

- 約音動詞
- 不定法の時制と態
- 不定法（不定詞）の用法・II
- 不定法の主語
- 非人称の動詞

●母音幹動詞，約音するもの，（-αω, -εω, -οω）

ギリシア語は母音が連続することを嫌い，その場合は色々な仕方でそれを滑らかに発音し易いように変えます．動詞の幹末に-α, -ε, -ο の音が来る時は次の幹母音-ε/ο-との間で母音が連続するので，それを避けるために約音（contraction）を行います．-ι, -υ の場合には約音は行いません．約音は幹末に幹母音が続いて伴う時制，即ち現在と未完了過去にのみ起きます．

約音の主な規則は次のとおりです．

α+ο, α+ου, α+ω=ω;　α+ε=ᾱ;　α+ει=ᾳ,	τῑμάω	尊敬する
ε+ω=ω;　ε+ο, ε+ου=ου;　ε+ε, ε+ει=ει,	ποιέω	作る
ο+ω=ω;　ο+ο, ο+ου, ο+ε=ου;　ο+ει=οι,	δηλόω	示す

現在時制能動態						
s 1	(τῑμά•ω)	τῑμῶ	(ποιέ•ω)	ποιῶ	(δηλό•ω)	δηλῶ
2	(-ά•εις)	τῑμᾷς	(-έ•εις)	ποιεῖς	(-ό•εις)	δηλοῖς
3	(-ά•ει)	τῑμᾷ	(-έ•ει)	ποιεῖ	(-ό•ει)	δηλοῖ
pl 1	(-ά•ομεν)	τῑμῶμεν	(-έ•ομεν)	ποιοῦμεν	(-ό•ομεν)	δηλοῦμεν
2	(-ά•ετε)	τῑμᾶτε	(-έ•ετε)	ποιεῖτε	(-ό•ετε)	δηλοῦτε
3	(-ά•ουσι)	τῑμῶσι	(-έ•ουσι)	ποιοῦσι	(-ό•ουσι)	δηλοῦσι
不定法：						
	(-ά•ειν)	τῑμᾶν	(-έ•ειν)	ποιεῖν	(-ό•ειν)	δηλοῦν

現在時制中・受動態						
s 1	(τῑμά•ομαι)	τῑμῶμαι	(ποιέ•ομαι)	ποιοῦμαι	(δηλό•ομαι)	δηλοῦμαι
2	(-ά•ῃ, -άει)	τῑμᾷ	(-έ•ῃ, έει)	ποιῇ, ποιεῖ	(-ό•ῃ, όει)	δηλοῖ
3	(-ά•εται)	τῑμᾶται	(-έ•εται)	ποιεῖται	(-ό•εται)	δηλοῦται
pl 1	(-α•όμεθα)	τῑμώμεθα	(-ε•όμεθα)	ποιούμεθα	(-ο•όμεθα)	δηλούμεθα
2	(-ά•εσθε)	τῑμᾶσθε	(-έ•εσθε)	ποιεῖσθε	(-ό•εσθε)	δηλοῦσθε
3	(-ά•ονται)	τῑμῶνται	(-έ•ονται)	ποιοῦνται	(-ό•ονται)	δηλοῦνται
不定法：						
	(-ά•εσθαι)	τῑμᾶσθαι	(-έ•εσθαι)	ποιεῖσθαι	(-ό•εσθαι)	δηλοῦσθαι

未完了過去能動態						
s 1	(ἐτῑ́μα•ον)	ἐτῑ́μων	(ἐποίε•ον)	ἐποίουν	(ἐδήλο•ον)	ἐδήλουν
2	(-α•ες)	ἐτῑ́μᾱς	(-ε•ες)	ἐποίεις	(-ο•ες)	ἐδήλους
3	(-α•ε)	ἐτῑ́μᾱ	(-ε•ε)	ἐποίει	(-ο•ε)	ἐδήλου
pl 1	(-ά•ομεν)	ἐτῑμῶμεν	(-έ•ομεν)	ἐποιοῦμεν	(-ό•ομεν)	ἐδηλοῦμεν
2	(-ά•ετε)	ἐτῑμᾶτε	(-έ•ετε)	ἐποιεῖτε	(-ό•ετε)	ἐδηλοῦτε
3	(-α•ον)	ἐτῑ́μων	(-ε•ον)	ἐποίουν	(-ο•ον)	ἐδήλουν

未完了過去中・受動態						
s 1	(ἐτῑμαόμην)	ἐτῑμώμην	(ἐποιε•όμην)	ἐποιούμην	(ἐδηλο•όμην)	ἐδηλούμην
s 2	(-ά•ου)	ἐτῑμῶ	(-έ•ου)	ἐποιοῦ	(-ό•ου)	ἐδηλοῦ
3	(-ά•ετο)	ἐτῑμᾶτο	(-έ•ετο)	ἐποιεῖτο	(-ό•ετο)	ἐδηλοῦτο
pl 1	(-α•όμεθα)	ἐτῑμώμεθα	(-ε•όμεθα)	ἐποιούμεθα	(-ο•όμεθα)	ἐδηλούμεθα
2	(-ά•εσθε)	ἐτῑμᾶσθε	(-έ•εσθε)	ἐποιεῖσθε	(-ό•εσθε)	ἐδηλοῦσθε
3	(-ά•οντο)	ἐτῑμῶντο	(-έ•οντο)	ἐποιοῦντο	(-ό•οντο)	ἐδηλοῦντο

約音動詞には次のようなものがあります：

-αω の動詞　ἀπατάω 欺く　βοάω 叫ぶ　νῑκάω 勝つ，征服する　τελευτάω 終える　πειράομαι 試みる　τολμάω 敢えて行う　ἐρωτάω 問う

-εω	ἀδικέω 不正を行う　μῑσέω 憎む　οἰκέω 住む　φιλέω 愛する　καλέω 呼ぶ　βοηθέω 助ける　πολεμέω 戦う
-οω	ἀξιόω ～の価値があると思う　ἐλευθερόω 自由にする　δουλόω 奴隷にする

●不定法（不定詞）の時制と態

不定法は現在，未来，アオリスト，現在完了，未来完了の各時制にあります．不定法の語尾は能動態が-εν, -αι, -ναι 中・受動態が-σθαι です．-εν が幹母音の ε と約音する時は-ειν という形になります．不定法は動詞的名詞（verbal noun）の一つで「～する・こと」という，動詞と名詞の二つの性質を持っています．動詞としては時制と態を持ち，主語あるいは目的語を持ち，副詞に支配されます．名詞としては冠詞，前置詞をとることができます．不定法は中性・単数として扱います．

	現在	未来	アオリスト	現在完了	未来完了
能動態	λῡ́ειν	λῡ́σειν	λῦσαι	λελυκέναι	——
中動態	λῡ́εσθαι	λῡ́σεσθαι	λῡ́σασθαι	λελύσθαι	(——)
受動態	λῡ́εσθαι	λυθήσεσθαι	λυθῆναι	λελύσθαι	λελῡ́σεσθαι

●不定法の用法 II

主語として	τὸ ἀδικεῖσθαι κρεῖττόν ἐστι τοῦ ἀδικεῖν. 不正を受けることの方が，不正を働くことより良い．
補語として	αἰσχρόν ἐστι φυγεῖν ἐκ τῆς μάχης. 戦いから逃げることは恥ずべきことだ．
副詞と共に	τὸ εὐ θανεῖν βούλομαι. 私は良く死ぬことを望んでいる．
目的語として	ὁ στρατηγὸς ἐκέλευσε τοὺς στρατιώτας ἀνδρείως μάχεσθαι. 将軍は兵士たちに勇敢に戦うように命令した．
前置詞と共に	διὰ τὸ μὴ εὐ παιδευθῆναι αἰσχρῶς ἀγορεύει.（不定法の否定辞は μή） 彼は無教育なためにみっともない話し方をする．

●不定法の主語

主語と述語動詞から成る文を〈対格＋不定法〉の不定法句に変えて他の文の中に入れることができます．これは主文に対する従属文の働きをする簡潔で便利な用法であり，間接話法などに用いられます．不定法の意味上の主語はふつう対格形で表します．しかし不定法の意味上の主語が主文の主語と同じ時にはそれを主格で表わし，あるいは省略します．省略しない場合は強調になります．

• 「思う，考える」という意味の動詞（ἡγοῦμαι, οἴομαι, δοκῶ, νομίζω）と共に，"στρατηγός εἰμι."「私は将軍である.」という文から

νομίζω αὐτὸς στρατηγὸς εἶναι.「私は自分が将軍であると思う」または

νομίζω αὐτὸν στρατηγὸν εἶναι.「私は彼が将軍であると思う」という別の文を作ることができます．ただし後者は不定法の主語である対格を省略できません．

• 「言う」という意味の動詞（φημί, φάσκω）と共に間接話法も表わせます．（λέγω, εἶπον は ὅτι と共によく使われます．）不定法の時制は，主文との相対的な時の関係を表わします．

直接話法の現在時制と未完了過去時制は間接話法では現在時制の不定法で表わします．現在完了時制と過去完了時制は完了時制の不定法で表わします．未来時制とアオリスト時制は同じ時制の不定法で表わします．

"κλείω τὴν θύραν."「私は戸を閉める」，あるいは"ἔκλειον τὴν θύραν."「私は戸を閉めた」という文は，間接話法では ἔφη（αὐτὸς）κλείειν τὴν θύραν.（彼は戸を閉める（閉めた）と言った）と書き表わせます．同様に，

ἔφη κλείσειν τὴν θύραν.の直接話法の文は"κλείσω τὴν θύραν."に，

ἔφη κλεῖσαι τὴν θύραν.は"ἔκλεισα..."に，

ἔφη κεκλεικέναι τὴν θύραν は"κέκλεικα..."あるいは"ἐκεκλεί-κει..."に相当します．

●非人称の動詞

δεῖ（未完了 ἔδει,不定法 δεῖν）must, ねばならぬ．χρή（未完了 ἐχρῆν,不定法 χρῆναι）ought, ～すべきだ．

ἔξεστι（未完了 ἐξῆν 不定法 ἐξεῖναι）（＋与格）it is allowed, ～には～が許

されている，できる，…などは不定法と共に用いられます．

δεῖ τοὺς στρατιώτας πιστεύειν τῷ στρατηγῷ.

兵士たちは将軍を信じなければならない．

ἔφη χρῆναι τὸν ἀγαθὸν ἱππέᾱ τοὺς καλοὺς ἵππους ἔχειν.

良い騎兵は立派な馬を持つべきだと彼は言った．

ἐξῆν τοῖς πιστοῖς δούλοις πολλὰ δῶρα δέχεσθαι.（δέχομαι 受取る）

忠実な奴隷たちは多くの贈物を得ることができた．

練習問題 11　CD 15

1. ὁ δεσπότης ἐκέλευσε τοὺς οἰκέτας ἀπολιπεῖν τὴν οἰκίαν.
（δεσπότης, ου, ὁ 主人　οἰκέτης, ου, ὁ 家人　ἀπολείπω 棄てる，去る）
2. ὁ διδάσκαλος ἔφη ῥᾴδιον εἶναι τοὺς νεανίας διδάσκειν.
（διδάσκαλος, ὁ 教師　ῥᾴδιος, ᾱ, ον 容易な　διδάσκω 教える）
3. ἆρ' οὐκ ἐξῆν τοῖς κυσὶ τὴν ἔλαφον διώκειν ;
（ἔξεστι＋与格，～には～ができる　κύων, κυνός, ὁ, ἡ 犬〈複，与格 κυσί〉 ἔλαφος, ὁ, ἡ 鹿）
4. ἐκεῖνος ὁ ῥήτωρ ἦν δεινὸς λέγειν, ἀλλὰ κακὸς ᾄδειν.
（ῥήτωρ, ορος, ὁ 弁論家　ᾄδω 歌う　κακός, ή, όν 悪い，下手な）
5. οὗτος ὁ γεωργὸς ἄβουλος οἶνον πίνειν φιλεῖ ἀντὶ τοῦ σπουδαίως ἐργάζεσθαι.
（γεωργός, οῦ, ὁ 農夫　ἄβουλος 考えのない　οἶνος, ὁ 酒，ワイン　πῑ́νω 飲む　σπουδαίως まじめに　ἐργάζομαι 働く）
6. αἰσχρὸν ἔσται ὑπὸ πονηροῦ φίλου διαφθείρεσθαι.
（αἰσχρός, ᾱ́, όν 恥ずべき　πονηρός, ᾱ́, όν 悪い　διαφθείρω 堕落させる，破滅させる）
7. 詩人は魂を自由にする．
8. 兵士たちは市民たちに不正を行っていた．
9. 祖国は征服されて，市民たちは奴隷にされた．
10. 兵士たちは立派な将軍を尊敬していた．
11. 将軍は悪い敵（pl.）を憎み，立派な兵士（pl.）を愛する．

第12課

- 形容詞の比較級・最上級
- 副詞と副詞の比較級
- 黙音幹動詞完了の中・受動態

●形容詞の比較

・形容詞の比較級・最上級の作り方

ほとんどの形容詞は，比較級の場合はその語幹に（-τερος, -τερᾱ, -τερον）を，最上級の場合はその語幹に（-τατος, -τατη, -τατον）を加えて作ります．ο の前のシラブルが短かい語幹を持つ形容詞はその ο を ω に変えます．

δηλός, δηλότερος, δηλότατος 明らかな
ἄξιος, ἀξιώτερος, ἀξιώτατος 価値のある
σοφός, σοφώτερος, σοφώτατος 賢い
σεμνός, σεμνότερος*, σεμνότατος* 畏(おそ)るべき
πικρός, πικρότερος*, πικρότατος* 苦い

（*二子音の前のシラブルは長いとみなされる（ここでは ε と ι を含むシラブル）ので ο を残す）

ὀξύς, ὀξύτερος, ὀξύτατος 鋭い

・-υς, -ρος の語尾を持つ形容詞で，比較級が（-ῑων m. f., -ῑον n.）に，最上級が（-ιστος, -ιστη, -ιστον）になるものがあります．

ἡδύς, ἡδῑ́ων ἥδιστος 甘い
αἰσχρός, αἰσχῑ́ων, αἴσχιστος 恥ずべき

ἡδύς も ἡδῑ́ων も主に第三変化の形容詞です．変化形は以下のようです．

ἡδύς 甘い　　ἡδῑ́ων より甘い

	m.	f.	n.	m. f.	n.
単・主	ἡδύς	ἡδεῖα	ἡδύ	ἡδῑ́ων	ἥδῑον
属	ἡδέος	ἡδείᾱς	ἡδέος	ἡδῑ́ονος	ἡδῑ́ονος
与	ἡδεῖ	ἡδείᾳ	ἡδεῖ	ἡδῑ́ονι	ἡδῑ́ονι
対	ἡδύν	ἡδεῖαν	ἡδύ	ἡδῑ́ονα（ἡδῑ́ω）	ἥδῑον
呼	ἡδύ	ἡδεῖα	ἡδύ	ἥδῑον	ἥδῑον

複・主/呼	ἡδεῖς	ἡδεῖαι	ἡδέα	ἡδῑ́ονες (ἡδῑ́ους)	ἡ̔δῑ́ονα (ἡ̔δῑ́ω)
属	ἡδέων	ἡδειῶν	ἡδέων	ἡδῑόνων	ἡδῑόνων
与	ἡδέσι(ν)	ἡδείαις	ἡδέσι(ν)	ἡδῑ́οσι(ν)	ἡδῑ́οσι(ν)
対	ἡδεῖς	ἡδείᾱς	ἡδέα	ἡδῑ́ονας (ἡδῑ́ους)	ἡδῑ́ονα (ἡδῑ́ω)

［注］ 比較級の変化の（　　）の中の形は短縮形ですが，良く使われます．

ἡδῑ́ων と同じ変化をするものは μείζων，ον もっと大きい＜μέγας，κακῑ́ων，ονもっと悪い＜κακός，ἐλᾰ́ττων，ον もっと少い，などがあります．

●不規則な形容詞の比較

良く使われる形容詞には不規則な比較をするものがありますが，それは本来別に使われていたことばを一つの意味グループにまとめたためです．

1.	良い	ἀγαθός	ἀμείνων	ἄριστος
			βελτῑ́ων	βέλτιστος
			κρείσσων (-ττων)	κράτιστος
			λῴων	λῷστος
2.	悪い	κακός	κακῑ́ων	κάκιστος
			χείρων	χείριστος
			ἥσσων (-ττων)	ἥκιστος(稀)/(ἥκιστα (副詞)
3.	美しい	καλός	καλλῑ́ων	κάλλιστος
4.	大きい	μέγας	μείζων	μέγιστος
5.	小さい	μικρός	μίκρότερος (μείων)	μικρότατος
			ἐλάσσων (-ττων)	ἐλάχιστος
6.	たくさん	πολύς	πλείων (πλέων)	πλεῖστος
7.	易しい	ῥᾴδιος	ῥᾴων	ῥᾷστος
8.	速い	ταχύς	θᾰ́ττων (-σσων)	τάχιστος

●副詞と副詞の比較級，最上級

形容詞から副詞を作る時には男性複数属格形の-ν を-ς に変えます．（アクセントはそのままです）．その比較級は形容詞の比較級の中性単数対格と同じ形，最上級は形容詞の最上級の中性複数対格と同じ形です．

σοφός 賢い（複・属 σοφῶν）σοφῶς（賢く）　σοφώτερον　σοφώτατα

δίκαιος 正しい(複・属 δικαίων)δικαίως 正しく)		δικαιότερον	δικαιότατα
ἡδύς(複・属 ἡδέων)甘い ἡδέως(甘く)		ἥδῑον	ἥδιστα
ἀληθής(複・属 ἀληθῶν)真実の ἀληθῶς(真に)		ἀληθέστερον	ἀληθέστατα
καλός 美しい(複・属 καλῶν)καλῶς(美しく)		κάλλῑον	κάλλιστα
ταχύς 速い(複・属 ταχέων)ταχέως(速く)		θᾶττον（θᾶσσον）,	τάχιστα

● **比較文**

・二つのものを比較する時は，比較されるものを属格形にするか，あるいは二つを ἤ「～より，(than)」という接続詞で結びます．

οἱ Ἕλληνες ἐλευθερώτεροι ἦσαν ἢ οἱ βάρβαροι. (ἦσαν τῶν βαρβάρων.)

ギリシア人たちは蛮族よりも自由だった．

ὁ Σωκράτης σοφώτερος ἦν τῶν ἄλλων.

ソークラテースは他の人々よりも賢かった．

・比較は単独でも行われます．

οἱ νεώτεροι 若手の人々　　οἱ ἀνδρειότατοι 非常に勇敢な人々

・ ὅτι, ὡς と最上級は「できるだけ～」(as ～ as possible) を表わします．

ὅτι πλεῖστοι できるだけ多くの人々．　　ὡς τάχιστα できるだけ速く

● **黙音幹動詞の現在完了と過去完了の中・受動態**

黙音同士の組合せには制約があり，他の子音との組合せにも音韻や綴字上の変化を生じますから，黙音幹動詞の中・受動態は見かけ上かなり不規則になります．しかし次の法則を理解すれば，その不規則は外見だけのものであることが分るでしょう．

		＋μ	＋σ	＋τ	＋θ
p-黙音（唇音）	π, β, φ	βμ → μμ	πσ　→　ψ	πτ	φθ
k-黙音（喉音）	κ, γ, χ	γμ → γμ	κσ　→　ξ	κτ	χθ
t-黙音　（歯音）	τ, δ, θ →(σ)	δμ → σμ	τσ → σσ → σ	ττ → στ	θθ → σθ

つまり（π, κ, τ）は無声音ですから，有声音の μ と結ぶ時は黙音でも同じ有声音の（β, γ, δ）に変えて結ぶのです．他の場合も同様ですが歯音は多くの場

合σ化します．また黙音と（νται, ντο）の組合せは不可能ですから，複合変化になります．

λείπω 残す（現在完了）　　　　　　（過去完了）

s 1	(λέλει-π•μαι) λέλει-μ•μαι		(ἐ•λελεί-π•μην) ἐλελεί-μ•μην	
2	(-π•σαι)	-ψαι	(-π•σο)	-ψ•ο
3	(-π•ται)	-π•ται	(-π•το)	-π•το
pl 1	(-π•μεθα)	-μ•μεθα	(-π•μεθα)	-μ•μεθα
2	(-π•σθε)	-φ•θε	(-π•σθε)	-φ•θε
3	(-π•νται)	-μ•μένοι εἰσί(ν)	(-π•ντο)	-μ•μένοι ἦσαν
不定法	(-π•σθαι)	λελεῖφθαι		

［注］ π•σθ の組合せでは二子音間の σ は脱落し，π は次の帯気音に同化して-φθ-となります．

練習問題 12 CD 16

1. οἱ Ἀθηναῖοι ἀνδρειότεροί εἰσι τῶν ἄλλων Ἑλλήνων.
(ἀνδρεῖος, ᾱ, ον 勇敢な)
2. ὁ Ἀχιλλεὺς ἰσχυρότατος ἦν πάντων τῶν τότε ἡρώων.
(Ἀχιλλεύς, έως, ὁ アキレウス　ἰσχυρός, ά, όν 力強い　τότε その時, 当時の　ἥρως, ωος, ὁ 英雄)
3. ἐν τῇ ἐκκλησίᾳ ἡ ῥητορικὴ χρημάτων χρησιμωτέρα ἐστὶ τοῖς ῥήτορσιν.
(ἐκκλησία, ας, ἡ 集会　ῥητορική, ῆς, ἡ 弁論術　χρήματα, άτων 複・主格，金銭　χρήσιμος, η, ον 有用な)
4. αἴσχιστόν ἐστι ψεύδεσθαι ἐν τῷ δικαστηρίῳ.
(αἰσχρός, ᾱ́, όν 恥ずべき 〈最上級 αἴσχιστος, η, ον〉　ψεύδομαι(中) 嘘を吐く　δικαστήριον, τό 法廷)
5. οἱ ἄριστοι ἱππεῖς ῥᾳδίως ἐνίκησαν τοῖς ἀγαθοῖς ἵπποις.
(ἄριστος, η, ον 〈ἀγαθός 善い〉の最上級　ῥᾳδίως 容易に　ἱππεύς, έως, ὁ 騎手　ἵππος, ου, ὁ 馬)

6. ὑπο τῶν δεινοτάτων διδασκάλων ὁ βασιλεὺς ἄριστα πεπαίδευ-
ται.
(δεινός, ή, όν 恐るべき，有能な　ἄριστα 〈副〉 非常に良く)
7. χαλεπώτατον ἦν τῷ δυστυχεῖ ποιητῇ τὸν ἄγριον βασιλέᾱ εὐ-
φραίνειν.
(χαλεπός, ή, όν 困難な　δυστυχής, ές 不幸な　εὐφραίνω 喜ばす
ἄγριος, ᾱ, ον 野蛮な，粗野な)
8. ὁ τύραννος ὑπέσχετο πλείους καὶ μείζους ναῦς πέμπειν.
(τύραννος, ου, ὁ 僭主，独裁者　ὑπισχνέομαι, aor.2 ὑπεσχόμην 約束
する　πλείων, πλεῖον, 複・対格　πλείους ; 〈πολύς 多くの〉 の比較級
ναῦς, νέως, ἡ, 複・対格　ναῦς 船)
9. 市民たちの中で最も裕福な者たちは貧乏人に金銭を与えるように民会によって命令された.
(裕福な πλούσιος, ᾱ, ον　貧乏人 πένης, ητος, ὁ　金銭 χρήματα,
μάτων, τά　民会，民衆 δῆμος, ου, ὁ
10. 非常に強い重装兵たちは非常に高い城壁 (pl.) よりも堅実であると我々は考える.
(考える νομίζω　強い ἰσχῡρός, ά, όν　高い ὑψηλός, ή, όν　城壁
τεῖχος, ους, τό　堅実な，確かな βέβαιος, (ᾱ), ον　重装兵 ὁπλῑ́της,
ου, ὁ)

第13課

- 分詞
- 現在分詞能動態
- 未来・アオリスト分詞
- 属性的な分詞
- 付随状況をあらわす分詞
- 補語としての分詞

●分詞　Participle

分詞は「準動詞(Verbal)」の一種であり，動詞と形容詞の機能を兼ね備え「分有」していると考えられてこのように命名されています．分詞は現在，未来，アオリスト，現在完了，未来完了の各時制に現われますが，これらは主に動作の行われ方，アスペクトの違いを示すものです．分詞はその多様な用法と豊かな表現力のために，ギリシア語で使われることの多い重要な文法形式です．

分詞は用法の点では次の三つに大別されます．

1　名詞を修飾する属性的な（attributive）用法
2　ある動作が行われる時の付随状況を示す（circumstantial）用法
3　他の動詞に伴ってその意味を補完する（supplementary）補語の用法．

また分詞は形の上からは次の三種に分けられます．

1．-ντ-型，現在完了以外のすべての能動態とアオリスト受動態
2．-οτ-型，現在完了能動態（2と3については第14課で扱います．）
3．-μενο-型，すべての中動態とアオリスト以外の受動態．

●現在分詞能動態

現在分詞能動態は男性と中性は第三変化名詞と同じ格語尾を持つ-ντ-型の変化形を持っています．女性は第一変化名詞と同じ変化をします．

	εἰμί ある			λῡ́ω 解く		
	m.	f.	n.	m.	f.	n.
単主/呼	ὤν	οὖσα	ὄν	λῡ́ων	λῡ́ουσα	λῦον
属	ὄντος	οὔσης	ὄντος	λῡ́οντος	λῡούσης	λῡ́οντος
与	ὄντι	οὔσῃ	ὄντι	λῡ́οντι	λῡούσῃ	λῡ́οντι
対	ὄντα	οὖσαν	ὄν	λῡ́οντα	λῡ́ουσαν	λῦον

複主/呼	ὄντες	οὖσαι	ὄντα	λύ̄οντες	λύ̄ουσαι	λύ̄οντα
属	ὄντων	οὐσῶν	ὄντων	λῡόντων	λῡουσῶν	λῡόντων
与	οὖσι(ν)	οὔσαις	οὖσι(ν)	λύ̄ουσι(ν)	λῡούσαις	λύ̄ουσι(ν)
対	ὄντας	οὔσᾱς	ὄντα	λύ̄οντας	λῡούσᾱς	λύ̄οντα

●未来分詞能動態

未来分詞の能動態は λύ̄σων, λύ̄σουσα, λῦσον を現在分詞と同様に変化させて得られます．

●アオリスト分詞能動態，受動態

アオリスト分詞は能動態も受動態も男性と中性は第三変化名詞と同じ-ντ-型の変化形を持っています．女性は第一変化名詞と同じ変化をします．

	能　動			受　動		
	男性	女性	中性	男性	女性	中性
単主/呼	λύ̄σᾱς	λύ̄σᾱσα	λῦσαν	λυθείς	λυθεῖσα	λυθέν
属	λύ̄σαντος	λῡσά̄σης	λύ̄σαντος	λυθέντος	λυθείσης	λυθέντος
与	λύ̄σαντι	λῡσά̄σῃ	λύ̄σαντι	λυθέντι	λυθείσῃ	λυθέντι
対	λύ̄σαντα	λύ̄σᾱσαν	λῦσαν	λυθέντα	λυθεῖσαν	λυθέν
複主/呼	λύ̄σαντες	λύ̄σᾱσαι	λύ̄σαντα	λυθέντες	λυθεῖσαι	λυθέντα
属	λῡσάντων	λῡσᾱσῶν	λῡσάντων	λυθέντων	λυθεισῶν	λυθέντων
与	λύ̄σᾱσι(ν)	λῡσά̄σαις	λύ̄σᾱσι(ν)	λυθεῖσι(ν)	λυθείσαις	λυθεῖσι(ν)
対	λύ̄σαντας	λῡσά̄σᾱς	λύ̄σαντα	λυθέντας	λυθείσᾱς	λυθέντα

[注]

1. -ντ-型の分詞は-οντ-, -σαντ-, -θεντ-という幹末音を持っています．
2. ギリシア語の単語は，語末には母音あるいは ν, ρ, ς 以外の音を置くことができません．
3. それ故，男性・単数・主格では，-οντ の場合は τ を落とし，ο を ω に変えて延ばします．-σαντ, -θεντ の場合は ς を加えますが，その際 τ が ς に同化して-σανσς, -θενσς となり，ν を落としてその前の母音を延ばします（ᾰ → ᾱ, ε → ει）．そして結局は-σᾱς, -θεις となります．
4. 中性・単数・主格，対格の場合は-τ を落としてその前の母音は延ばしません．

5. 複数・与格の場合は-οντ・σι, -σαντ・σι, -θεντ・σι の τ と σ が同化して-σσ-が-σ-になります．さらに-ονσι, -σανσι, -θενσι の ν を落としてその前の母音を延ばし（ο → ου），結局は-ουσι, -σᾱσι, -θεισι になります．

●属性的な分詞　Attributive Participle

分詞は形容詞と同様に名詞を修飾します．

ὁ παρὼν καιρός 今のこの時（πάρειμι 今，手近かにある）

παρθένος κάλλει διαφέρουσα 美しさにおいて優れた少女（κάλλος, εος, τό 美しさ　διαφέρω 異なる，優れる，与格は「～において，に関して」と訳す）

οἱ τοῦτο πράξαντες ἄνδρες これを為した男たち

分詞に冠詞をつけると名詞の働きをします．中性の場合は抽象的な意味を持ちます．

ὁ λέγων 話し手 τὰ λεχθέντα 話されたことがら，話題（λέγω, aor.（受）1人称単数現在 ἐλέχθην）

οἱ κρατοῦντες支配者，征服者たち　ὁ σωθείς救助された男（cf. ἡ σωθεῖ-σα）　τὸ ὄν（哲学的な意味で）存在，（cf. the Being,（独）das Sein）

●付随状況を示す分詞　Circumstantial Participle

分詞はある動作が行われる状況を示しますが，その状況から発展してさらに「時，原因，手段，様態，目的，条件，譲歩」なども表わすことができます．このようにそれだけで従属文に等しい働きをするために，分詞はギリシア語で多用されるのです．

τοιαῦτα γελάσᾱς ἔφη.　こんなことを彼は笑いながら言った．

τὸν ποταμὸν διαβαίνοντες ἐκωλύθησαν ὑπὸ τῶν πολεμίων.
　河を渡っている時に彼らは敵に妨げられた．

ὁ Κῦρος, ἅτε παῖς ὤν, ἥδετο τῇ θήρᾳ.　キュロスは子供であったので，狩を喜んだ．

καίπερ νέος ὢν σοφός ἐστιν.　彼は若くはあるが賢い．

●補語としての分詞　Supplementary Participle

補語としての分詞には主語と同格の場合と，目的語と同格の場合とがあります．

主語と同格の分詞を補語（主格補語）とする動詞には，εἰμί, γίγνομαι〜に成る，ἄρχομαι 始める，παύομαι 止(や)める，χαίρω, ἥδομαι 喜ぶ，αἰσχῡ́νομαι, αἰδοῦμαι 恥じる，τυγχάνω たまたま〜する，λανθάνω こっそり〜する，φθάνω 先に〜するなどがあります．

δῆλος ἦν οἰόμενος. 彼が考えているということは明らかだった．

παυσόμεθα τοῦτο λέγοντες. 私たちはそれを言うのを止めるだろう．

τοῦτο οὐκ αἰσχύνεται πράττων. 彼はそれをしても恥じない．

不定詞の場合はもっと名詞の意味が強くなります．

αἰσχύνεται τοῦτο λέγειν. 彼はそれを言うことを恥じる（だから言わない）．

目的語と同格の分詞を補語（目的格補語）とする動詞には，οἶδα 知っている，γιγνώσκω 知る，μανθάνω 学ぶ，μέμνημαι 覚えている，ὁράω 見る，δείκνυμι 示す，ἀκούω 聞く，ἀγγέλλω 伝える，などの知覚に関する動詞があります．

ὁρῶ σε κρύπτοντα τὸ ξίφος. 君が剣を隠しているのを私は見る．

ἤκουσε Κῦρον ἐν Κιλικίᾳ ὄντα. 彼はキュロスがキリキアに居ると聞いた．

主文の主語と分詞の主語が同じ場合には同格にします．

οἶδα σοφὸς ὤν. 私は自分が賢いと知っている．

μέμνημαι ἐλθών. 私は自分が来たことを覚えている．

（ἔρχομαι, aor. 2 ἦλθον 来る，aor. 2 分詞 ἐλθών）

練習問題 13 CD 17

1. οἱ θεαταὶ ἐξῄρχοντο ἐκ τοῦ θεᾱ́τρου καίπερ οἱ ὀρχησταὶ χορεύοντες.
   （θεᾱτής, ὁ 観客　θέᾱτρον, τό 劇場　ἐξέρχομαι, 未完了-ηρχόμην 出て行く　καίπερ たとえ〜でも，〜であるのに　ὀρχηστής, οῦ, ὁ 踊り手　χορεύω 踊る）
2. νόμος ἐστὶν ἡμῖν τοὺς τοιαῦτα ποιήσαντας δίκην διδόναι.
   （νόμος, ου, ὁ 法律　δίκη, ης, ἡ 裁き，罰，δίκην διδόναι 償いをする，罰を受ける）

3. μαθόντες τὰ ὑπὸ τῶν κακούργων πραχθέντα τιμωρίαν ἐποιήσαντο.
(μανθάνω, aor. 2 ἔμαθον 学ぶ，知る　κακοῦργος, ὁ 悪人，盗族　πράσσω, aor. 2.(受)　ἐπράχθην 為す，行う　τῑμωρία, ας, ἡ 報復，τιμωρίαν ποιεῖσθαι 報復する.)
4. πιστεύομεν τοῖς φίλοις τὰς ἀληθείας λέγουσιν.
(πιστεύω＋与格：～を信ずる　ἀλήθεια, ἡ 真実)
5. οἱ φύλακες ἐξέβαλον τοὺς δούλους τοῖς βάκτροις κόψαντες.
(φύλαξ, ακος, ὁ 番人，衛兵　ἐκβάλλω aor. 2 -έβαλον 放り出す，追い出す〈ἐκ-は母音の前で ἐξ-となる〉　βάκτρον, τό 杖，棍棒　κόπτω, aor.1 ἔκοψα 撃つ，叩く)
6. οὐ μόνον ὁ ποιῶν τι ἀλλὰ καὶ ὁ μὴ ποιῶν τι πολλάκις ἀδικεῖ.
7. χάριν ἔχομεν τοῖς προγόνοισι ὑπὲρ τῆς πατρίδος ἀποθανοῦσιν.
(χάριν ἔχειν＋与格：～に感謝する　πρόγονος, ὁ 祖先　πατρίς, ίδος, ἡ 祖国　ἀποθνήσκω, aor. 2 -έθανον,　分詞-θανών 死ぬ)
8. 都に留まっている者たちは臆病だった.（臆病な，卑怯な　δειλός -ή, όν）
9. 市民たちは援助を送ってくれた人々に感謝している.
10. 神々に犠牲を捧げる人々は善い人々だ.（犠牲を捧げる θῡ́ω）

第14課

- 現在完了分詞能動態
- 中動態の分詞
- 分詞と時制
- 分詞の独立用法

●現在完了分詞能動態

現在完了分詞の能動態は男性と中性が-οτ-型の変化形を持っていて，第三変化名詞と同じ変化をします．女性形は第一変化名詞と同じ変化をします．-ως, -(οτ)-で終る分詞は全てこれと同じ変化をします．

λῡ́ω 解く　　οἶδα 知っている

	m.	f.	n.	m.	f.	n.
単主呼	λελυκώς	λελυκυία	λελυκός	εἰδώς	εἰδυῖα	εἰδός
属	λελυκότος	λελυκυίᾱς	λελυκότος	εἰδότος	εἰδυίᾱς	εἰδότος
与	λελυκότι	λελυκυίᾳ	λελυκότι	εἰδότι	εἰδυίᾳ	εἰδότι
対	λελυκότα	λελυκυῖαν	λελυκός	εἰδότα	εἰδυῖαν	εἰδός
複主呼	λελυκότες	λελυκυῖαι	λελυκότα	εἰδότες	εἰδυῖαι	εἰδότα
属	λελυκότων	λελυκυιῶν	λελυκότων	εἰδότων	εἰδυιῶν	εἰδότων
与	λελυκόσι(ν)	λελυκυίαις	λελυκόσι(ν)	εἰδόσι(ν)	εἰδυίαις	εἰδόσι(ν)
対	λελυκότας	λελυκυίᾱς	λελυκότα	εἰδότας	εἰδυίᾱς	εἰδότα

●中動態の分詞

現在，未来，アオリスト，現在完了，未来完了の各時制の中動態の分詞および未来時制の受動態の分詞は-μενο-型の変化をします．この分詞は ἀγαθός, ἀγαθή, ἀγαθόν と同じ変化をします．アオリストと未来以外は中動態と受動態は同形です．現在 λῡόμενος, -η, -ον　未来 λῡσόμενος, -η, -ον　アオリスト λῡσάμενος,-η,-ον　現在完了 λελυμένος,-η,-ον　未来完了分詞 λελῡσόμενος, -η -ον；未来受動分詞 λυθησόμενος, -η, -ον.

●分詞と時制

分詞の時制は動作態（相，アスペクト）の差を示し，それぞれの動作の相対的な時を表わします．現在分詞は同時の進行動作，アオリスト分詞はある動作より以前に起きた動作，完了分詞は既に起きた動作の現在の結果を示します．

現在分詞（同時）ἀπέθανε καθεύδων. 彼は睡っている間に死んだ．

アオリスト分詞（以前）ἐλθὼν οἴκαδε ἀπέθανε. 彼は家に帰った後で死んだ．

現在完了分詞（結果）οἱ τεθνηκότες τιμῶνται. 死者（死んでしまった人々）は尊敬される．

未来分詞（第10課参照）は目的を表わしますが，ὡς を加えると事実か否かを別にして当人の言い分を表わします．

ἦλθον λυσόμενος θυγατέρα. 彼は娘を解放してもらう目的で来た．

παρεσκευάζοντο ὡς πολεμήσοντες.

彼らは戦争をしようという構えを見せて（すると称して）準備をしていた．

●分詞の独立用法

主文の主語や目的語と分詞の性・数・格を一致させずに独立させ，従属文の働きをさせる用法を分詞の独立用法と言います．これは付随状況の分詞の更に発展した用法ですが，それには分詞の属格の独立用法（Genitive Absolute）と分詞の対格の独立用法（Accusative Absolute）とがあります．

●分詞の属格の独立用法　Genitive Absolute

これは主文の主語や目的語から独立した名詞・代名詞を属格の形に置き，それに述語となる動詞を分詞にして一致させ，主文に対する従属文の働きをさせる構文です．これは複文よりも引き締った表現になるので好んで用いられます．

οὐδενὸς κωλύοντος εἰσέβαλον εἰς τὴν πόλιν. 誰も妨げる者が居なかったので彼らは都に侵入した．

τῶν συμμάχων νικηθέντων οἱ ᾿Αθηναῖοι ἔφυγον.

同盟軍が敗けたのでアテーナイ人は逃げた．

主文の主語，目的語と同じ場合はふつうの付随状況の分詞を用います．cf. νικηθέντες οἱ ᾿Αθηναῖοι ἔφυγον. アテーナイ人は敗けて逃げた．（同じ主語）

主語となるべき語が文脈から判断できる場合や，ἀνθρώπων, πραγμάτων のように“人々，事物”などの一般的な主語が理解される文では分詞の属格だけで同じ構文ができます．

(τῶν στρατιωτῶν) οὐκ ἐθελόντων πορεύεσθαι, ὁ στρατηγὸς ἐκέλευσεν ἐκεῖ στρατοπεδεύεσθαι.（兵士たちが）行軍を望まなかったので，将軍はそこに幕営することを命じた．

οὕτω δ' ἐχόντων (τῶν πραγμάτων), οὐκ ἐδύνατο στρατιὰν ἄγειν. こんな事情なので，彼は軍隊を率いることができなかった．

●分詞の対格の独立用法　Accusative Absolute

非人称動詞を分詞に変えて中性・単数・対格にすると，主文から独立した構文ができます．受動態の分詞や ὄν と形容詞の組み合せによっても同様な表現が作られます．

非人称動詞 δεῖ, must, ねばならない，δοκεῖ（良いこと）と思われる． προσήκει ふさわしい． ἔξεστι, πάρεστι 可能である，などの表現を分詞の中性・単数・対格にします．

δέον ἀναχωρεῖν ἀπέρριψαν τὰ ἐπιτήδεια.
退却せねばならないので彼らは食糧を棄てた．

ἐξὸν ἀπιέναι ἠθέλησε μένειν. 彼は立去ることもできたのに残留を望んだ．

ἀδύνατον ὂν τοὺς πολεμίους ἀμύνεσθαι ἔλυσαν τὴν γέφυραν.
敵を防ぐことが不可能だったので，彼らは橋を壊した．

練習問題 14　CD 18

1. ὥρμησαν εἰς τὸ δεσμωτήριον λύσοντες τοὺς δεσμώτας.
(ὁρμάω 急ぐ　δεσμωτήριον, τό 牢獄　δεσμώτης, ου, ὁ 囚人)
2. οἱ τότε παρόντες ἐθαύμασαν τὰ πραττόμενα.
(τότε その時，当時　πάρειμι 傍に居る，居合わせる　θαυμάζω 驚嘆する)
3. εὕρηκα τὰ χρήματα ἃ ἔκρυψαν οἱ φυγόντες.
(εὑρίσκω, 完了 εὕρηκα 発見する　χρῆμα, τό 物　pl. 金銭　κρύπτω,

aor. 1 ἔκρυψα 隠す)

4. ὁρῶ τοὺς ὑλουργοὺς τὰ δένδρα κατακόπτοντας.
(ὑλουργός, ὁ きこり，大工　δένδρον, τό 樹木　κατακόπτω 切り倒す)

5. κολάσας τοὺς παῖδας ῥᾳθύμους ὁ διδάσκαλος ἀπῆλθεν.
(κολάζω 罰する，叱る　ῥᾴθυμος, ον 怠惰な　ἀπέρχομαι, aor. 2 -ῆλθον　立去る)

6. οἱ τὰ πρόβατα ἐλάσαντες ἀναπαύονται ἐν τῷ λειμῶνι.
(πρόβατα, τὰ, pl. 羊，山羊などの群　ἐλαύνω, aor. 1 ἤλασα 追う，追い立てる　ἀναπαύω 止(と)める　ἀναπαύομαι（中）休む，休息する　λειμῶν, ῶνος, ὁ 牧場，草地)

7. τοῦ πατρὸς κελεύοντος οἱ υἷες οὐκ ἐπαύσαντο διαγωνιζόμενοι πρὸς ἀλλήλους.
(παύω＋分詞　〜するのを止める　υἱός, οῦ, ὁ（複･主）υἱεῖς 又は υἷες 息子　διαγωνίζομαι 争い合う)

8. 我々が追いかけると盗人はお金を後に残した。
(盗人 κλέπτης, ου, ὁ　お金 χρήματα, μάτων, τά,　後に残す καταλείπω, aor. 2 -έλιπον)

9. 誰も聞いていないので弁論家は演説を止めた。
(弁論家 ῥήτωρ, ῥήτορος, ὁ　止める παύομαι＋属格　演説 λόγος, -ου, ὁ)

10. 逃げることができなかったので老人たちは都の中に留まっていた。
(老人 γέρων, γέροντος, ὁ　留まる μένω)

第15課

- 法について
- 接続法
- 接続法の独立用法
- 複文における接続法

●法（Mood）について

法には直説法（indicative），接続法（subjunctive），希求法（optative），命令法（imperative）があり，これに不定法（infinitive）を加えることもあります．

法は文で表現する時の主語の気分，心の動きを表わします．直説法はある事柄を事実として述べる表現ですが，接続法や希求法はその事柄に主語の主観や気分を加えて期待，意志，願望，可能性などを表わすものです．

接続法と希求法は単文としての独立用法と，複文の中で従属文として用いられる用法とがありますので，それぞれの用法について学ばねばなりません．

●接続法（Subjunctive Mood）

接続法は現在，アオリスト，現在完了の三時制にありますが，これらは時の差ではなくアスペクトの違いを表わすものです．

接続法はすべての時制で -ω/η- という幹母音を持ち，本時制の人称語尾を取ります．それは能動態（μι, ς, σι, μεν, τε, νσι）中受動態（μαι, σαι, ται, μεθα, σθε, νται）です．

接続法能動態

	現在	アオリスト	現在完了	（現在完了，複合変化）	
s 1	λῡ́ω	λῡ́σω	λελύκω	λελυκὼς	ὦ
2	λῡ́ῃς	λῡ́σῃς	λελύκῃς	λελυκὼς	ᾖς
3	λῡ́ῃ	λῡ́σῃ	λελύκῃ	λελυκὼς	ᾖ
pl 1	λῡ́ωμεν	λῡ́σωμεν	λελύκωμεν	λελυκότες	ὦμεν
2	λῡ́ητε	λῡ́σητε	λελύκητε	λελυκότες	ἦτε
3	λῡ́ωσι(ν)	λῡ́σωσι(ν)	λελύκωσι(ν)	λελυκότες	ὦσι(ν)

［注］ 現在完了の接続法では単純変化形よりも複合変化形の方が好まれます．これは現在完了能動態の分詞に εἰμί の接続法の形を加えたものです．ついでにこの εἰμί の接続法の形も覚えて下さい．

接続法中受動態

	現在中受動態	アオリスト中動態	現在完了中受動態		アオリスト受動態
s 1	λῡ́ωμαι	λῡ́σωμαι	λελυμένος	ὦ	λυθῶ
2	λῡ́ῃ	λῡ́σῃ	λελυμένος	ᾖς	λυθῇς
3	λῡ́ηται	λῡ́σηται	λελυμένος	ᾖ	λυθῇ
pl 1	λῡώμεθα	λῡσώμεθα	λελυμένοι	ὦμεν	λυθῶμεν
2	λῡ́ησθε	λῡ́σησθε	λελυμένοι	ἦτε	λυθῆτε
3	λῡ́ωνται	λῡ́σωνται	λελυμένοι	ὦσι(ν)	λυθῶσι(ν)

［注］ 接続法中受動態の現在完了では複合変化しか使いません．これも現在完了中受動態の分詞に εἰμί の接続法の形を加えたものです．

現在の単数二人称の形はλῡ́η・σαι が「母音間の σ は脱落する」という法則のために（λῡ́ησαι, λῡ́η・αι, λῡ́ῃ）と縮約したものです．

アオリスト中動態単数二人称も同様です．アオリストだけは中動態と受動態の形が異なります．アオリストは受動態では能動態の人称語尾を取ります．

●接続法の独立用法

接続法は話者の主観的な意志や期待を表わしますが，単文においては次のような用法があります．　1. 勧奨　2. 禁止　3. 思案　4. 懸念の用法です．

1. 勧奨――接続法の一人称複数は “Let us...” という相手に誘いかける一種の命令を意味します．否定辞は μή です．

(φέρε) χορεύωμεν　　（さあ）踊りましょう！

μὴ εἴπωμεν　　言わないようにしよう！

2. 禁止――μή とアオリスト接続法で否定の命令（禁止）を表わします．μή と命令法現在二人称（後出）でも禁止を表わせますが，これは主に現在進行中の行為や習慣的な行為を禁止したり止めさせたりする意味に用います．アオリスト接続法は現に行われていない行為も含めて断言的に全面的な禁止を意味します．

μὴ ποίει τοῦτο.　　(いつも)これをして(いて)はいけない.(命令法)

μὴ ποιήσῃς τοῦτο.　　これをするな.(アオリスト接続法)

3. 思案――接続法は話者が決断に迷い，あれかこれかと思案したり，相手の意志を問う気持も表わします.

τί λέγωμεν ;　　私たちは何を言えばよいのだろうか？

πότερον μαχώμεθα ἢ μή ; 我々は戦うべきか否か？

ἆρα βούλει ταῦτα εἴπω ;　私がそれを言うようにあなたはお望みですか？

4. 懸念――接続法は話者の心配や不安の念も表わします.

τί πάθω, τί γένωμαι ;　　私はどんな目に遭うのだろう，どうなるのか？

μή で「…ではないのか」と不安の内容を示し，μὴ οὐ でその内容を否定します.

μὴ ἀληθῆ ταῦτ' ᾖ.　　これは本当のことではないだろうか.

ἀλλὰ μὴ οὐχ οὕτως ἔχῃ.　でもそうではないのかも知れない.

●複文における接続法，危惧，恐れの文

接続法 (subjunctive) という名称は，それが複文において従属文の中で使われることを意味していますが，もともとは単文の中で独立的に使われていたものが複文において更に用法を発展させていったものです．そのような用法のひとつとして**危惧，恐れの文**があり，単文の懸念の用法に「恐れを表わす動詞」を加えると危惧を表わす複文になります.

「恐れる」φοβοῦμαι, δέδοικα, δεινός εἰμι, δεινόν ἐστι, φοβερός εἰμι

「疑う」ἀπιστέω, ὑποπτεύω

「用心する」φυλάττω, φροντίζω などと共に，

δέδοικα μὴ ἁμάρτῃς.　　君が誤ちを犯すのではないかと私は恐れる.

φοβοῦμαι μὴ οὐ τοῦτο γένηται.　それが起こらないのではないかと私は恐れる.

現在や過去の事実に関する恐れには直説法を用います.

φοβοῦμαι μὴ ἁμαρτάνεις (ἥμαρτες).　君が誤ちを犯している(犯した)のではないかと私は恐れている.

練習問題　15　CD 19

1. ὦ πολῖται, μὴ πιστεύσωμεν τοῖς φιλοπολέμοις ῥήτορσιν.
(φιλοπόλεμος, ον 好戦的な　ῥήτωρ, ορος, ὁ 弁論家)
2. μὴ φύγωμεν, ὦ ἄνδρες, ἀλλὰ μένωμεν ἀνδρείως ἐν τάξει.
(φεύγω, aor.2 ἔφυγον 逃げる　μένω 留まる，踏み止まる　ἀνδρείως 勇敢に　τάξις, εως, ἡ 戦列，隊列，持場)
3. μὴ τιμήσωμεν τοὺς φοβουμένους δικαίως καὶ ἐλευθέρως εἰπεῖν.
(τιμάω, aor. ἐτίμησα 尊敬する　δικαίως 正直に　ἐλευθέρως 自由人にふさわしく，率直に)
4. σοφοὺς νομίζωμεν τοὺς πειθομένους τοῖς αὑτῶν σοφωτέροις.
(νομίζω 考える，見なす　πείθομαι＋与格，〜に従う　αὑτῶν 自分たちよりも，比較の属格（第 12 章参照))
5. φοβοῦμαι μὴ οὐδεὶς βοηθῇ ἡμῖν.（βοηθέω 助ける，救援する，＋与格)
6. δέδοικα μὴ οὐ δυνώμεθα οἴκαδε ἐπανέρχεσθαι.
(δέδοικα 完了で現在の意味，恐れる　δύναμαι〜できる　οἴκαδε 家へ　ἐπανέρχομαι 帰る，戻る)
7. κίνδυνός ἐστι μὴ οἱ βάρβαροι ἐπέρχωνται τῆς νυκτός.
(κίνδυνος, ὁ 危険　ἐπέρχομαι 攻撃する　νύξ, νυκτός, ἡ 夜　時の属格は「〜の間に」を意味する)
8. ὁ βασιλεὺς δεινός ἐστι μὴ ταῦτα τὰ ἀπηγγελμένα οὐκ ἀληθῆ ᾖ.
(ἀπαγγέλλω 受動完了-ήγγελμαι,分詞-ηγγελμένος 報告する)
9. おお友人たちよ，常に徳を追い求めよう，そして恥辱を避けよう！
(追い求める διώκω　徳 ἀρετή, ῆς, ἡ　避ける φεύγω　恥辱 αἰσχύνη, ης, ἡ)
10. あなた方が家に戻ることはできないのではないかと彼らは恐れている．
(できる δύναμαι　家へ οἴκαδε（副詞）戻る，帰る ἐπανέρχομαι, aor.2 -ῆλθον)

第16課

- 希求法（能動態・中受動態）
- 希求法の独立用法
- 複文における接続法と希求法
- 目的文

希求法（Optative Mood）

希求法は現在，アオリスト，現在完了，未来，未来完了の五時制にありますが，これらも時の差ではなくアスペクトの違いを表わします．

希求法はすべての時制で時制幹と人称語尾の間に -ῑ/ιη- という希求法の接辞を持ち，副時制の人称語尾を取ります．それは能動態（-ν, -ς, 〜, -μεν, -τε, -ν, [-σαν]）中受動態（-μην, -σο, -το, -μεθα, -σθε, -ντο）です．

●希求法能動態

		現在	未来	アオリスト	現在完了	（現在完了，複合変化）	
s	1	λῡ́οιμι	λῡ́σοιμι	λῡ́σαιμι	λελύκοιμι	λελυκὼς	εἴην
	2	λῡ́οις	λῡ́σοις	λῡ́σαις	λελύκοις	λελυκὼς	εἴης
	3	λῡ́οι	λῡ́σοι	λῡ́σαι	λελύκοι	λελυκὼς	εἴη
pl	1	λῡ́οιμεν	λῡ́σοιμεν	λῡ́σαιμεν	λελύκοιμεν	λελυκότες	εἴημεν
	2	λῡ́οιτε	λῡ́σοιτε	λῡ́σαιτε	λελύκοιτε	λελυκότες	εἴητε
	3	λῡ́οιεν	λῡ́σοιεν	λῡ́σαιεν	λελύκοιεν	λελυκότες	εἴησαν

［注］ 現在完了の希求法は単純変化よりも複合変化の方が好まれます．これは接続法の場合と同じですがこれも現在完了の分詞に εἰμί の希求法を加えたものです．この εἰμί の希求法の形もここで覚えて下さい．εἰμί の複数形には（εἶμεν, εἶτε, εἶεν）の別形もあり，良く使われます．アオリストには（s 2 λῡ́σειας, s 3 λῡ́σειε, pl 3 λῡ́σειαν,）の別形があり，これも良く使われます．

●単数一人称の人称語尾は-ιη-の後では-ν, -ῑ-の後では-μι になります．

●未来完了の希求法能動態はありません．

●希求法中受動態

		現在	未来	アオリスト	現在完了		未来完了
s	1	λῡοίμην	λῡσοίμην	λῡσαίμην	λελυμένος	εἴην	λελῡσοίμην
	2	λῡ́οιο	λῡ́σοιο	λῡ́σαιο	λελυμένος	εἴης	λελῡ́σοιο
	3	λῡ́οιτο	λῡ́σοιτο	λῡ́σαιτο	λελυμένος	εἴη	λελῡ́σοιτο
pl	1	λῡοίμεθα	λῡσοίμεθα	λῡσαίμεθα	λελυμένοι	εἴημεν	λελῡσοίμεθα
	2	λῡ́οισθε	λῡ́σοισθε	λῡ́σαισθε	λελυμένοι	εἴητε	λελῡ́σοισθε
	3	λῡ́οιντο	λῡ́σοιντο	λῡ́σαιντο	λελυμένοι	εἴησαν	λελῡ́σοιντο

●希求法受動態

		アオリスト		未来
s	1	λυθείην		λυθησοίμην
	2	λυθείης		λυθήσοιο
	3	λυθείη		λυθήσοιτο
pl	1	λυθείημεν	(λυθεῖμεν)	λυθησοίμεθα
	2	λυθείητε	(λυθεῖτε)	λυθήσοισθε
	3	λυθείησαν	(λυθεῖεν)	λυθήσοιντο

[注] 未来完了には能動態は無く，中動態でも受動態を意味することが多くあります．

●中受動態の単数二人称は母音間の σ が脱落した形です．

●アオリストの希求法受動態は能動態の人称語尾を取ります．

●希求法の独立用法

希求法はその名の示すように（optative＜ラテン語 optare, to wish for）単文において話者の願望を示しますが，また可能性を表わすこともできます．

1. 願望の希求法（Optative of Wish）

希求法はそれだけで話者の未来に関する願望を表わします．否定辞は μή です．εἰ γάρ, εἴθε などの願望を表わす言葉に導かれることもあります．

εὐτυχοίης. あなたが幸運でありますように！（εὐτυχέω 幸運である）

(εἰ γὰρ) μὴ γένοιτο. それが起こらないように！

2. 可能性の希求法（Potential Optative）

希求法に ἄν という小辞（particle）を加えると，未来の可能性に対する話者の判断を示します．否定辞は οὐ です．

δυναίμην ἄν.　（多分）私はできるだろう．（δύναμαι できる）

δυνήσομαι.　私はできるだろう．（直説法未来）

οὐκ ἂν νῑκῴης.　あなたは多分勝たないだろう．（νῑκάω 勝つ，希 -αοι → -ῳ）

可能性の希求法は表現を和らげたり，命令を丁寧な言い方にします．

ἡδέως ἂν ἀκριβῶς ὑμῶν πυθοίμην. 喜んであなた方から詳しくお聞きしましょう．（ἀκριβῶς 詳しく，πυνθάνομαι, aor. 2 ἐπυθόμην 聞き知る）

χωροῖς ἂν εἴσω. （どうぞ）中へお入り下さい．（χωρέω 進む，εἴσω 中へ）

βουλοίμην ἂν τοῦτο οὕτω γενέσθαι. それがそうであれば良いと望みます．（βούλομαι 望む　γίγνομαι, aor. 2 ἐγενόμην 成る）

●複文における接続法と希求法

接続法（subjunctive）は conjunctive とも呼ばれ，複文において従属文の中で使われることを意味していますが，その点では希求法（optative）も同様です．複文の中では両者の間には基本的に次のような関係があります．

主文の動詞	従属文の動詞
本時制（現在，未来，完了，未来完了）	接続法
副時制（未完了過去，アオリスト，過去完了）	希求法

この法則に従って危惧の文を書いてみます．

φοβούμεθα μὴ κακῶς ὑπ᾽ αὐτοῦ πάσχωμεν. 彼からひどい目に遭うのではないかと私たちは恐れる．（κακῶς ひどく，πάσχω 〜の目に遭う，こうむる）

ἐφοβούμεθα μὴ κακῶς ὑπ᾽ αὐτοῦ πάσχοιμεν. ... ではないかと恐れた．

●目的文（Final Sentence）

目的を表わす接続詞 ἵνα, ὡς, ὅπως「〜する目的で，〜せんがために」を用いて目的文を作ることができます．主文の動詞が本時制の時は従属文に接続法を，副時制の時は希求法を用います．否定辞は μή です．

μάχονται ὅπως τὴν πόλιν λάβωσιν. 彼らは都市を取ろうとして戦ってい

る. (λαμβάνω, aor. 2 ἔλαβον, pass, aor. 1 ἐλήφθην)

ἐμάχοντο ἵνα μὴ ἡ πόλις ληφθείη. 彼らは都市が取られぬように戦っていた. [後者の場合に接続法を用いて ληφθῇとも書き表わせますが, これは主語の「彼ら」の気持になって記す引用的で"graphic"(写実的)な表現です.]

●「努力, 配慮」を意味する動詞と目的文

「努力, 配慮」を表わす動詞は ὅπως (ὡς は稀) によって導かれる目的の従属文を伴います. 否定辞は μή です. 主文の動詞が本時制の時は, 従属文の動詞は直説法未来時制を取りますが, 主文が副時制の時は, 従属文は直説法未来時制あるいは稀に希求法をとります.

「努力, 配慮」の動詞には次のようなものがあります.

ἐπιμελέομαι 配慮する, φροντίζω 配慮する, βουλεύομαι 熟考する, μηχανάομαι 計る, παρασκευάζομαι 用意する, πράττω 為す, σπουδάζω 努力, 熱望する. μέλει μοι (非人称)〜が気がかりである

φρόντιζ' ὅπως μηδὲν ἀνάξιον τῆς τιμῆς ταύτης πράξεις.
この名誉にふさわしからぬことを何事もせぬよう心掛けよ.

ἐπεμελεῖτο ὅπως μὴ ἄσιτοί ποτε ἔσονται (ἔσοιντο).
彼らが飢えることが無いように彼は気を配った. (ἄσῖτος, -ον 食物が無い)

練習問題 16 CD 20

1. εἰ γὰρ σὺ λέγοις ὡς ὁ Δημοσθένης. (有名な人名には冠詞をしばしばつけます. デーモステネース(384-322 B. C.)アテーナイの雄弁家)
2. μὴ δηλώσῃς τὴν ἐπιστολὴν τῇ μητρὶ τῆς κόρης.
   (δηλόω, aor. ἐδήλωσα 示す ἐπιστολή, ἡ 手紙(英. epistle) κόρη, ης, ἡ 少女)
3. ἀεὶ ἐπαινῶμεν τοὺς κωλύσαντας τὸν πόλεμον. (ἐπαινέω 褒める)
4. μή μοι ἃ βούλομαι γένοιτο ἀλλ' ἃ συμφέρει. (συμφέρω 有利, 有益である)
5. τίς ἂν ἕλοιτο τὸ ἀπαίδευτος διατελεῖν πάντα τὸν βίον;
   (αἱρέω 能, aor. 2 εἷλον 握る; 中, aor. 2 εἱλόμην, 希 ἑλοίμην 選ぶ, 好む ἀπαίδευτος, ον 無教育な διατελέω 〜し続ける βίος, ὁ 生命,

人生，時の名詞の対格は「〜の間ずっと」という意味を表わす．)

6. οἱ φυγάδες ἐπανῆλθον ἵν' ἀναλάβοιντο τὴν οὐσίαν αὐτῶν.
(φυγάς, άδος, ὁ, ἡ 逃亡者，亡命者　ἐπανέρχομαι. aor. 2 -ῆλθον 帰る，戻る　ἀναλαμβάνω, aor. 2, -έλαβον 取り戻す　οὐσία, ας, ἡ 財産)

7. ὑπέσχετο ἄμεινον καὶ κάλλῑον βιβλίον πέμπειν ἵνα πλείω χρήματα λάβοι.
(ὑπισχνέομαι, aor. 2 ὑπεσχόμην 約束する　ἀμείνων, ον, 〈ἀγαθός 良い〉の比較級　καλλί̄ων, ον　〈καλός 美しい〉の比較級　πλείων, ον 〈πολύς 多い〉の比較級)

8. Τιμόθεος ἐπεμελεῖτο ὅπως μηδεὶς τῶν Ἑλλήνων αὐτὸν φοβήσεται.

9. 彼は賢く見えるようにとこういう事を言った．(〜と見える φαίνομαι)

10. 将軍は我々が糧食を得るようにと配慮している．(糧食 ἐπιτήδεια, τά 得る ἔχω, fut. ἕξω)

【読　解】 CD 21

πολλάκις ἐθαύμασα τίσι ποτὲ λόγοις Ἀθηναίους ἔπεισαν ἐκεῖνοι οἱ κατήγοροι Σωκράτην ἄξιον ὄντα θανάτου τῇ πόλει. ἡ μὲν γὰρ γραφὴ κατ' αὐτοῦ τοιάδε τις ἦν. "Ἀδικεῖ Σωκράτης οὓς μὲν ἡ πόλις νομίζει θεοὺς οὐ νομίζων, ἕτερα δὲ καινὰ δαιμόνια εἰσφέρων· ἀδικεῖ δὲ καὶ τοὺς νέους διαφθείρων."

(πολλάκις しばしば　θαυμάζω 不思議に思う，驚く　ποτέ (後寄辞)一体　λόγος, ὁ 言葉，理由　πείθω 説得する　κατήγορος, ου, ὁ 告発者　ἄξιος, -ίᾱ, -ιον〜の価値がある，〜にふさわしい，＋属格　θάνατος, ου, ὁ 死，死刑　τῇ πόλει,(与格)国家にとって　γραφή, ἡ 書き物，告発　τοιόσδε, τοιᾱ́δε, τοιόνδε このような，次のような　οὓς 関代，男・複・対格　νομίζω 見なす，認める，信ずる　ἕτερος, ᾱ, ον 別の，異った　καινός, ή, όν 新らしい，新奇な　δαιμόνιον, τό, θεός より下位の神，神霊　εἰσφέρω 持込む，導入する　διαφθείρω 破滅させる，堕落させる)

クセノポーン「ソークラテースの思い出」より（改編）

第17課

- 条件文
- 「現在・過去」に関する条件
  - (単純な条件)
  - (一般的な条件)
- 反対・禁止の文

●条件文 Conditional Sentence

条件文とは「もし〜なら」という条件あるいは仮定を表わす節を含む文を言います．その条件は「もし、if」εἰ, ἐάν（＝εἰ ἄν），ἤν, ἄν などによって導かれます．条件を示す節を条件節あるいは前文(protasis)と呼び，その結論を示す節である主文を帰結節あるいは後文(apodosis)と呼びます．この前文、後文という区別は便宜的なもので，実際には結論が先に来る条件文も多いのですが，その時も名称は変りません．

条件文は条件の設定の仕方によって様々な内容があり，それに応じて文法型式も変りますが，内容によって区別する仕方の方が理解しやすいので，ここではその方法に従って説明しましょう．

まず条件文が次のどの条件を設定しているかによって区別します． A.「現在，過去」に関する条件． B.「未来」に関する条件． C.「事実と反対」の条件．

(B. 以下については 18 課でとりあげます．)

A. 「現在・過去」に関する条件

この条件文の特徴は条件の実現の可能性は問わずに，もし一定の条件が充たされるならば必ずある結果が「現在伴う」あるいは「過去に伴った」とするものです．だから帰結節に関しては全て「事実」を意味する直説法が使われます．この種の条件文には 1. 単純な条件と， 2. 一般的な条件とがあります．

A. 1.「現在・過去」に関する単純な条件 (Present・Past) Simple Condition

これは条件節“εἰ＋直説法”，帰結節“直説法”の構文を取ります．この場合，前文に本時制を用いれば後文にも本時制を，前文に副時制を用いる時には後文にも副時制を用いるというのが基本です．しかし文の流れによって実際には様々な組み合せが可能です.

εἰ οὕτως λέγει, καλῶς ἔχει.

もし彼がそう言うなら，それは結構だ.

εἰ οὕτως ἔλεγεν (ἔλεξεν), καλῶς ἔχει.

もし彼がそう言っていたなら（言ったなら)，それは結構だ.

εἰ τοῦτο ἔλεξαν, ἥμαρτον.

もし彼らがそれを言ったのなら，間違ったのだ.

A. 2.「現在・過去」に関する一般的な条件(Present・Past) General Condition

ここで「一般的な条件」というのは，「単純な」条件よりも更に広汎に想定される条件であり，A という条件が設定されれば必ず B という結果を伴う通則のようなものです．だから条件節には事実を意味する直説法を用いずに，普遍的に通用する条件を想定して，　a.「現在の一般的条件」には“ἐάν＋接続法”を，その帰結節には“直説法現在”を用います．そして b.「過去の一般的条件」には“εἰ＋希求法”を，その帰結節には“直説法未完了過去”を用います．これも基本的な法則であって，実際にはその様々な変形が見られます.

ἐὰν οὕτως λέγητε, ἀγνοεῖτε.

もしそんな風に言うなら，あなた方は（きっと）無知なのだ.

ἐὰν τοῦτο ποιήσῃς, κακῶς πάσχεις.

もしこれをすれば，君はひどい目にあうぞ.

εἴ τις κλέπτοι, ἐκολάζετο.

もし誰かが盗みをしたら，(必ず) 罰を受けた.

ἐτῑ́μᾱ δ' εἴ τι καλὸν πρᾱ́ττοιεν.

もし誰かが何か良いことをすると，彼は（いつも）彼らを誉めた.

●反対・禁止の文

「反対・禁止」を表わす動詞は不定法構文を取ります.

この動詞には次のようなものがあります.

ἀντιλέγω 反対する　ἀποψηφίζομαι 反対の投票をする　εἴργω 妨げる
ἐναντιοῦμαι 反対する　ἀπέχω 防ぐ　κωλύω 妨げる　φυλάττομαι 防ぐ

これらの動詞は 1. 単純な不定法と共に，あるいは 2. μή と不定法と共に用います.　3. μή は「反対・禁止」の内容を表わし，その否定文には μή οὐを用います.

1. κωλύει αὐτοὺς τοῦτο ποιεῖν. 彼は彼らがそれをするのを防ぐ.
   (κωλύω はふつう散文では μή を用いません)
2. εἴργει αὐτοὺς μὴ τοῦτο ποιεῖν. 同上
3. οὐκ εἴργει αὐτοὺς μὴ οὐ τοῦτο ποιεῖν. 彼は彼らがそれをすることを妨げない.

練習問題 17 CD 22

1. οὐκ ἔπῑνεν, εἰ μὴ διψῴη.
   (πῑ́νω 飲む διψάω, 接 διψῶ, 希 διψῴην 喉が渇く)
2. εἰ θεοί τι δρῶσιν αἰσχρὸν, οὔκ εἰσιν θεοί.
   (δράω 為す αἰσχρός, ά, όν 恥ずべき εἰσί(ν) 韻律の関係で子音の前でも-ν を置くことがある)
3. εἴ τις ψεύδεται, τί ἄλλο ἢ ἀνθρώπους φοβούμενος θεοῦ καταφρονεῖ;
   (ψεύδομαι 嘘を言う ἄλλος,η,ο 他の φοβέω 恐れさす (中) 恐れる καταφρονέω+属格 軽んずる, 軽蔑する)
4. οὐκ ἔφασαν ἕπεσθαι οἱ οἰκέται, εἰ μὴ ὁ δεσπότης χρήματα διδοίη.
   (οὔ φημι 否定する, 拒否する ἕπομαι 従う οἰκέτης, ου, ὁ 召使, 従者 δεσπότης, ου, ὁ 主人 δίδωμι, 接 διδῶ, 希 διδοίην 与える)
5. ἢν ἐγγὺς ἔλθῃ θάνατος, οὐδεὶς βούλεται θνῄσκειν.
   (ἐγγύς (時・場所が) 近く ἔρχομαι, aor.2 ἦλθον,来る θάνατος, ου, ὁ 死 θνῄσκω 死ぬ)
6. εἰ μὴ ὁ φεύγων κατέχει γλῶσσαν, κολάζεται κατὰ τὸν νόμον.
   (φεύγων, οντος, ὁ 被告<φεύγω 告訴される κατέχω 抑える, 控える γλῶσσα, ης, ἡ 舌, 言葉 κολάζω 懲らす, 罰する)
7. ὁ διδάσκαλος ἐπειράσατο εἴργειν τοὺς νεανίας μὴ διατρίβειν.
   (πειράομαι aor.1 ἐπειρᾱσάμην 試みる ἔργω, アッティカ方言 εἵργω 防ぐ διατρίβω 時間を無駄にする)
8. οὐδεὶς πώποτ' ἀντεῖπεν μὴ οὐ ταῦτ' ἀληθῆ εἶναι.

（πώποτε これまでに ἀντεῖπον, ἀντιλέγω の aor.2 として用いられる．反対，否定する．）

9. もし君がこれを知らないのなら，君は貧しい教育を受けた（＝貧しく教育された）のだ．
   （知らない ἀγνοέω 貧しく κακῶς）（単純な条件の文で）
10. もし先生がこれをせよと命じたなら，我々は喜んで（それを）した．
   （喜んで ἡδέως）（単純な条件の文で）

【読 解】 CD 23

πρῶτον μὲν οὖν, ὡς οὐκ ἐνόμιζεν οὓς ἡ πόλις νομίζει θεούς, ποίῳ ποτ' ἐχρήσαντο τεκμηρίῳ ; θύων τε γὰρ φανερὸς ἦν πολλάκις μὲν οἴκοι, πολλάκις δὲ ἐπὶ τῶν κοινῶν τῆς πόλεως βωμῶν, καὶ μαντικῇ χρώμενος οὐκ ἀφανὴς ἦν. ἔφη γὰρ Σωκράτης τὸ δαιμόνιον ἑαυτῷ σημαίνειν. ὅθεν δὴ καὶ μάλιστά μοι δοκοῦσιν αὐτὸν αἰτιάσασθαι καινὰ δαιμόνια εἰσφέρειν.（改編）

（ὡς＝ὅτι χράομαι 用いる，(use)＋与格 τεκμήριον, τό 証拠 φανερός, ά, όν 明らかな，見られている ［φανερός εἰμι, δηλός εἰμι は分詞（ここでは θύων）をふつう伴う］ κοινός, ή, όν 共通の，公けの βωμός, ὁ 祭壇 μαντική (τέχνη), ἡ 占い（の術） ἀφανής, ές 見えない，秘密の ［οὐκ と共に強い肯定になる］ γάρ（強調）まことに，なるほど σημαίνω 示す，合図・前兆を送る ὅθεν そこから μάλιστα 特に，とりわけ δοκέω 見える，思われる αἰτιάομαι 非難する，告発する）　　（クセノポーン『ソークラテースの思い出』より）

第18課

- 未来に関する条件文
- 「事実と反対」の条件文

●条件文（続き）

B. 「未来」に関する条件

未来に関する条件文の特徴は，その条件に対しての結果が未だ実現していないところにあります．だから話者がその条件が充足可能と考えているかどうか，またその結果が必ず実現されると期待しているかどうかが，条件節と帰結節の双方に示されます．細かな話者の心理の分析は文のニュアンスによって様々ですが，基本的に直説法は「実現可能と期待する」心の動きを表現するものと言って良いでしょう．実現を期待するこの心の動きを「vivid，迫真的な」という言葉を用いて文法では表現していますので，その用語で文型を分類しましょう．

B. 1. 未来の実現性が「ごく高い」条件 Future Most Vivid Condition

これはEmotional Futureとも表現されますが，A. 1の「現在の単純な条件」を未来に置き変えたものです．だから「もし～ならば，　～だろう」ということで直説法未来だけを使います．条件節は“εἰ＋直説法未来”，帰結節は“直説法未来”です．

εἴ τι κλέψεις, δίκην δώσεις.

もし君が何か盗むなら，君は罰を受けるだろう．

B. 2. 未来の実現性が「かなり高い」条件 Future More Vivid Condition

これは条件が充たされることに関して，前の文ほどではないがいくらかの可能性を意味する条件設定をして，その場合にはこうなるだろうと予想する文です．この二つの文型は公式的にその差を訳し分けることは困難ですが，法の違いによるニュアンスの差を知って下さい．これは「もし～ならば，　～だろう」と同じ訳にしておきますが，構文では条件節は“ἐάν＋接続法”，帰結節は“直説法未来”となります．

ἐὰν ζητήσῃς εὑρήσεις.

もし探し求めるならば，あなたは見出すだろう．

ἐὰν πράσσῃ τοῦτο, καλῶς ἕξει.

もし彼がこれをするなら，それも良かろう．

B. 3. 未来の実現性が「低い」条件　Future Less Vivid Condition

これは“should-would condition”とも呼ばれます．実現の可能性はあまり無いがもしそれが有るとしたらと想定した場合の条件と，それによって起こりうる結果を述べる文です．構文は条件節が“εἰ＋希求法”，帰結節が“希求法＋ἄν”です．訳は公式的に「もし（万一）～なら，　～だろう」としておくと分り易いでしょう．この帰結節は単独では“可能性を示す希求法”であることに注意して下さい．

εἰ ζητοίης, εὕροις ἄν.

もしあなたが探してみるなら，見つかるかも知れません．(“If you should seek, you would find.” この訳のため should-would condition と呼ばれる．)

εἰ ταῦτα λέγοις, μῶρος ἂν φαίνοιο.

もしあなたがこういう事を言うならば，愚か者と思われるでしょう．(φαίνω 示す，現わす（中）見える，思われる)

C. 「事実と反対」の条件

直説法の過去時制に ἄν を加えた文は過去の可能性（past potential）を示します．これを帰結節にして，直説法の過去時制の文を条件節として組合わせると現在あるいは過去の「事実と反対」の条件文が作られます．

C. 1. 「現在の事実と反対」の条件　Contrary to Fact Condition, Present

これは条件節が“εἰ＋直説法未完了過去”，帰結節が“直説法未完了過去＋ἄν”の構文を取ります．現在の事実と反対の仮定として「もし（今）～なら，～だろうに．」と訳します．しかし場合によって過去の継続的･反復的事実の反対の仮定として「もし～だったら，～だったろうに．」とも訳せます．

εἰ ἔπραττε τοῦτο, καλῶς ἂν εἶχεν.

「もし彼が（今）これをしているなら，良いのだが．」(今はしていない．)

「もし彼が(過去に)これをしていたなら，良かったのだが．」(継続的にしていな

かった)

εἰ ἀληθῆ ταῦτ' ἦν, ἔλεγον ἂν σοι.

「もしこれが本当なら，君に言うのだが.」(本当でないから言わない)

C. 2. 「過去の事実と反対」の条件 Contrary to Fact Condition, Past

これは条件節が"εἰ＋直説法アオリスト"，帰結節が"直説法アオリスト＋ἄν"の構文を取ります．アオリストは「瞬時的・一点的」なアスペクトですから，C. 1の未完了過去とは「非継続的・非反復的」な点で用法が異なります．過去の事実とは反対の仮定として「もし～していたなら，～だったろうに」と訳します．

εἰ ἔπραξε τοῦτο, καλῶς ἂν ἔσχεν.

「もし彼が(過去に)これをしたなら，良かったのだが.」(実際にはしなかった.)

εἰ ἀληθῆ ταῦτ' ἦν, εἶπον ἄν σοι.

「もしこれが本当だったら，君に言っていたのだが」(本当でなかったから言わなかった)

練習問題 18 CD 24

1. εἰ δ' ἦσαν ἄνδρες ἀγαθοί, οὐκ ἂν ταῦτα ἔπαθον.
   (ἀνήρ, ἀνδρός, ὁ 男，夫　ἀγαθός, ή, όν 善い，勇敢な　πάσχω, aor. 2, ἔπαθον 蒙る，～の目に遭う)
2. μέγα νομίζομεν κέρδος ἐὰν ἀλλήλοις ὠφέλιμοι γιγνώμεθα.
   (νομίζω ～と見なす，考える　κέρδος, εος, τό 利益　ὠφέλιμος, (η), ον 有用な　γίγνομαι, (接) γίγνωμαι～と成る，to become)
3. εὖ παιδευθείς, οὐκ ἂν ταῦτα ἠγόρευσας. (＝εἰ εὖ ἐπαιδεύθης,...)
   (条件節を分詞に変えた例　ἀγορεύω 話す，演説する)
4. ἐὰν ταῦτα ἀληθῆ ᾖ, οὐδέποτε αὖθις πιστεύσω ἐκείνῳ.
   (ἀληθής, ές 真実の　οὐδέποτε 決して～ない　αὖθις 再び)
5. εἰ πάντες ἄνθρωποι θνητοί εἰσιν, καὶ ὑμεῖς ἀποθανεῖσθε.
   (θνητός, ή, όν 死すべき運命の　ἀποθνήσκω,未来-θανοῦμαι (-θανέομαι) 死ぬ (条件節は現在について，帰結節は未来について述べている)

6. εἰ μὲν τὰ ἀμείνω ἐπίστασαι, λέγε, εἰ δὲ μή, σιώπᾱ.
(ἀμείνων, ον, ἀγαθός の比較級　ἐπίσταμαι 知っている　σιωπάω 黙っている)
7. εἰ καὶ χρημάτων εὐποροῦμεν, οὐκ εὐτυχοῦμεν.
(εὐπορέω〜に富む＋属格.　εὐτυχέω 栄える，豊かである)
8. εἰ μὴ ὑμεῖς ἤλθετε, ἐπορευόμεθα ἂν ἐπὶ βασιλέᾱ.
(ἔρχομαι, aor. 2 ἦλθον 来る　πορεύω 行かせる　πορεύομαι 行く，進軍する)
9. もし彼らが来ていたなら，私は彼らを見ていただろう.
(見る　ὁράω, aor. 2 εἶδον)
10. 万一君がこれをするなら，君は彼からひどい目に合うだろう.
(誰々からひどい目に会う　κακῶς πάσχω ὑπό τινος)

【読　解】 CD 25

ὁ δ' οὐδὲν καινότερον εἰσέφερε τῶν ἄλλων, ὅσοι μαντικὴν νομίζοντες οἰωνοῖς τε χρῶνται καὶ φήμαις καὶ συμβόλοις καὶ θυσίαις. οὗτοί τε γὰρ ὑπολαμβάνουσιν οὐ τοὺς ὄρνιθας οὐδὲ τοὺς ἀπαντῶντας εἰδέναι τὰ συμφέροντα τοῖς μαντευομένοις, ἀλλὰ τοὺς θεοὺς διὰ τούτων αὐτὰ σημαίνειν, κἀκεῖνος δὲ οὕτως ἐνόμιζεν.

(ὁ ソークラテースを指す．下の ἐκεῖνος も同じ．　καινός, ή, όν 新奇な　τῶν ἄλλων 比較の属格　ὅσος, η, ον〜だけの大きさの，〜だけの数の，〜ほどの　μαντική, ἡ 占い　νομίζω 信じる，考える　οἰωνός, ὁ (鳥占いに使われる鷲などの) 鳥，鳥占い　χράω 託宣を与える，(中) 託宣を伺う　φήμη, ἡ 声，託宣，託宣を伝える声　σύμβολον 偶然の一致，前兆　θυσίαι, αἱ 犠牲　ὑπολαμβάνω 仮定する，考える　ὄρνις, ὄρνιθος, ὁ 鳥　ἀπαντάω 出会う　οἶδα 不定法 εἰδέναι 知っている　συμφέρω 有益である，役に立つ　μαντεύομαι 神託を求める　σημαίνω 合図を送る，示す　κἀκεῖνος＝καὶ ἐκεῖνος　οὕτως そのように)

(クセノポーン「ソークラテースの思い出」より)

第19課

- 関係文
- 関係代名詞の一致
- 関係代名詞の牽引
- 不定の先行詞を持つ関係文

●関係文　Relative Sentence

関係文は関係詞 (relative) によって導かれる従属文，あるいはそれを含む文を言います．この従属文を関係節とも呼びます．関係詞には関係代名詞と関係副詞とがあります．関係代名詞の変化は第 7 課で示しましたが，これに第 8 課で示した不定代名詞を組合わせると不定関係代名詞が得られます．

関係代名詞 ὅς　　不定関係代名詞 ὅστις (whoever, whatever)

	m.	f.	n.	m.		f.	n.	
単・主	ὅς	ἥ	ὅ	ὅστις		ἥτις	ὅ τι	
属	οὗ	ἧς	οὗ	οὗτινος	(ὅτου)	ἧστινος	οὗτινος	(ὅτου)
与	ᾧ	ᾗ	ᾧ	ᾧτινι	(ὅτῳ)	ᾗτινι	ᾧτινι	(ὅτῳ)
対	ὅν	ἥν	ὅ	ὅντινα		ἥντινα	ὅ τι	
複・主	οἵ	αἵ	ἅ	οἵτινες		αἵτινες	ἅτινα,	(ἅττα)
属	ὧν	ὧν	ὧν	ὧντινων	(ὅτων)	ὧντινων	ὧντινων	(ὅτων)
与	οἷς	αἷς	οἷς	οἷστισι(ν)	(ὅτοις)	αἷστισι(ν)	οἷστισι(ν)	(ὅτοις)
対	οὕς	ἅς	ἅ	οὕστινας		ἅστινας	ἅτινα,	(ἅττα)

［注］ 不定関係代名詞の中性・単数・主格，対格形 ὅ τι は，接続詞の ὅτι と区別するために分ち書きをします．
（　　）の中の短縮形は主に韻文で使われます．

●関係代名詞の一致

関係代名詞はその先行詞と性・数において一致し，格は従属文における構文上の位置に一致します．ὅς の先行詞は οὗτος がふつうですが，他に ὅδε, ἐκεῖνος などもあります．先行詞は省略されることもあります．

οὗτός ἐστιν ὁ ἀνὴρ ὃς τοῦτο ἐποίησεν.

これをしたのはこの男です.

ἐκείνη ἐστὶν ἡ γυνὴ ἣν εἶδες.

あなたが見たのはあの女性です.

ἔλαβεν （ταῦτα） ἃ ἐβούλετο.

彼は彼が望んでいたものを手に入れた.

［注］ • οὗτος...ὅς の他に, τοιοῦτος...οἷος (such...as)；τοσοῦτος...ὅσος, (so much...as, as many...as)；τηλικοῦτος...ἡλίκος （so old [young] ...as）などの相関する関係代名詞もあります.

• 関係副詞については第 20 課で述べます.

●関係代名詞の牽引（Attraction）

関係代名詞の先行詞が属格または与格である時に，本来対格であるはずの関係代名詞がそれに引かれて（attraction）それと同格になること（assimilation）があります．またそれとは逆に，先行詞が関係代名詞の格に引かれてそれと同格になることもあります.

ἐχρῆτο ταῖς βίβλοις αἷς （＝ἃς） εἶχεν.

彼は持っていた本を使っていた.

ἄνδρες ἔσεσθε ἄξιοι τῆς ἐλευθερίας ἧς （＝ἣν） κέκτησθε.

諸君は諸君が獲得した自由にふさわしい者となるであろう.

τὴν οὐσίαν （＝ἡ οὐσίᾱ), ἣν κατέλιπε τῷ υἱεῖ, οὐκ ὀλίγη ἦν.

彼が息子に残した財産は僅かなものではなかった.

●不定の先行詞を持つ関係文

関係代名詞の先行詞は限定的（definite），あるいは不定（indefinite）です．先行詞が不定の時には不定関係代名詞が使われることが多く，否定詞は μή が使われます．先行詞が不定である関係文は条件文に似た内容を持っていますので，接続法，希求法と ἄν の用法については条件文の構文と比較すると理解しやすくなります.

（τοῦτο） ὃ βούλεται πράττω.

彼の望むことを私はする.（限定的）

（τοῦτο) ὅ τι μὴ βούλεται πράττω, (cf. εἴ τι μὴ βούλεται, πράττω.)

彼の望まぬことなら何でも私はする.（条件文 A_1型）（現在の単純な条件）

(τοῦτο) ὅ τι ἂν βούληται πράττω. (cf. ἐάν τι βούληται, πράττω.)
彼の望むことは何でも私は(いつも)する. (条件文 A_2型) (現在の一般的な条件)

(τοῦτο) ὅ τι βούλοιτο ἔπραττον. (cf. εἴ τι βούλοιτο, ἔπραττον.)
彼の望むことは何でも私は(いつも)した. (条件文 A_2型) (過去の一般的な条件)

(τοῦτο) ὅ τι ἂν βούληται πράξω. (cf. ἐάν τι βούληται, πράξω.)
彼の望むことは何でも私はするだろう. (条件文 B_2型) (未来の実現性が高い条件)

(τοῦτο) ὅ τι βούλοιτο πράττοιμ' ἄν. (cf. εἴ τι βούλοιτο, πράττοιμ' ἄν.)
万一彼が望むなら何でも私はするだろう. (条件文 B_3型) (未来の実現性が低い条件)

[注] 関係代名詞の先行詞は特に不定の時には, 省略されることがあります.

練習問題 19 CD 26

1. ὁ Ξέρξης, ὃς ἦν Περσῶν βασιλεύς, ἔγραψε ταύτην τὴν ἐπιστολήν.
2. οἱ Λακεδαιμόνιοι, οἳ μόνον τριακόσιοι ἦσαν, τὴν εἰσβολὴν μάτην ἐφύλαξαν.
   (Λακεδαιμόνιοι, οἱ ラケダイモーン人, スパルタ人 μόνον たった, 唯の τριᾱκόσιοι 300 εἰσβολή, ἡ 侵入, 侵入路, 隘路 μάτην 空しく, 徒らに φυλάσσω, aor. 1 ἐφύλαξα 守る, 防衛する)
3. ἦν ἡγεμών τις ἐν τοῖς Ἀρμενίοις, ὃς αὐτοὺς ἤγαγε πρὸς τὸ ὄρος.
   (ἡγεμών, όνος, ὁ 案内人 Ἀρμένιοι, οἱ アルメニア人 ἄγω, aor. 2 ἤγαγον 導く, 連れていく ὄρος, ους, τό 山)
4. ἃ ἂν κελεύῃ ὁ δικαστής, ταῦτα ποίει, καὶ ἀσφαλὴς ἔσει.
   (κελεύω 命ずる δικαστής, οῦ, ὁ 裁判官 ποιέω 命,単・2 ποίει 為す ἀσφαλής, ές 安全な)
5. μὴ ἀφέλησθε ὑμῶν αὐτῶν τὴν καλὴν δόξαν ἣν κέκτησθε.
   (ἀφαιρέω, aor. 2 ἀφεῖλον (中) ἀφειλόμην,接, 複 2 ἀφέλησθε 取り去る, (中)自分から取り去る+属格 δοξα,ἡ 評判, 名誉 κτάομαι,完了 κέκτημαι 獲得する, 得る)

6. ἀνὴρ δίκαιός ἐστιν, ὅστις ἀδικεῖν δυνάμενος μὴ βούλεται.
(ἀδικέω 不正を行う　δύναμαι～ができる)

7. ὅτῳ μηδὲν κακόν ἐστι, τοῦτον ὀλβιώτατον ὀνομάζω.
(代名詞の与格＋εἶναι,または＋γίγνεσθαι で所有を表わす　ὄλβιος, ον 幸いな　ὀνομάζω 名づける，～と呼ぶ)

8. ἔστιν οὖν ὅστις βούλεται ὑπὸ τῶν συνόντων ἀπατᾶσθαι ;
(οὖν さて，ところで　本当に　σύνειμι 共に居る → συνόντες, οἱ 仲間　ἀπατάω 欺す)

9. 常に真実なことを語る者を人は皆信用する．
(真実な ἀληθής, ές　語る，言う λέγω　皆，全て πᾶς, πᾶσα, πᾶν　信用する πιστεύω＋与格)

10. 彼らは牛を持っていたが，それを天上の神々に犠牲に捧げた．
(彼らは～を持っていた＝彼らには～があった，牛 βοῦς, βοός, ὁ, ἡ 複・主格 βόες　犠牲に捧げる θύω　天上の οὐράνιος, α, ον)

【読　解】 CD 27

ἀλλ' οἱ μὲν πλεῖστοί φασιν ὑπό τε τῶν ὀρνίθων καὶ τῶν ἀπαντώντων ἀποτρέπεσθαί τε καὶ προτρέπεσθαι˙ Σωκράτης δέ, ὥσπερ ἐγίγνωσκεν, οὕτως ἔλεγε. τὸ δαιμόνιον γὰρ ἔφη σημαίνειν. καὶ πολλοῖς τῶν συνόντων προηγόρευε τὰ μὲν ποιεῖν, τὰ δὲ μὴ ποιεῖν, ὡς τοῦ δαιμονίου προσημαίνοντος. καὶ τοῖς μὲν πειθομένοις αὐτῷ συνέφερε, τοῖς δὲ μὴ πειθομένοις μετέμελε.

(πλεῖστος, η, ον 〈πολυς 多い〉の最上級　πλεῖστοι, οἱ 大多数の人々　φᾶσί(ν), φημί の pl. 3 言う　ὄρνις, ὄρνιθος, ὁ 鳥　ἀπαντάω 出会う　ἀποτρέπω しりぞける，止めさせる，思い止まらせる　προτρέπω 励ます，そそのかす，駆り立てる　ὥσπερ～のように (just as)　γιγνώσκω 認める，知る　οὕτως そのように，そんな仕方で　σημαίνω 示す，合図・前兆を送る　συνόντες, οἵ, ＜σύνειμι 仲間，同輩，弟子　προαγορεύω 忠告する，予言する，公言する　συμφέρει 利益になる，得をする　μεταμέλει 後悔する，〈両者ともに非人称の主語と与格の意味上の主語という構文を取る〉 (例) μεταμέλει μοι「私は後悔する」)

(クセノポーン「ソークラテースの思い出」より)

第20課

- 時間文
- 時間文の限定と不定
- 時間文の構文
- 結果文

●時間文　Temporal Sentence

時間文は時間関係を表わす接続詞あるいは関係副詞によって導かれる従属文を含む文を言います．これらの接続詞は主文との時間関係によって次のように分類されます．

A.　主文とほぼ「同じ時」を表わすもの．

「する時に，when」ὅτε, ὁπότε, ἥνικα, ὁπηνίκα

「～する限り，so long as」ἕως, μέχρι

「～する間，while」ἕως, ἐν ᾧ

B.　主文よりも従属文が時間的に「先行する」ことを表わすもの．

「～以来，～以後，after, since」ἐπεί, ἐπειδή, ἐξ οὗ, ἀφ' οὗ

「～するとすぐに，as soon as」ἐπεὶ πρῶτον, ὡς τάχιστα

C.　主文よりも従属文が時間的に「後続する」ことを表わすもの．

「～まで，until」ἕως, ἔστε, μέχρι, ἐς ὅ,　πρίν

「～する前に，before」πρίν

●時間文の限定と不定

全ての時間文はその時間や期限に関して限定的（definite）であるか，あるいは不定（indefinite）であるかのいずれかです．

- 時間文が限定的であるというのは，ある特定の時に動作が行われることを意味します．この時はふつう否定詞に οὐ を用います．
- 時間文が不定であるというのは，1. 動作が未来において行われる　2. 動作が不特定の回数反復される　3. 動作が不特定の期間継続する，ということを意味します．この時は否定詞に μή を用います．

●時間文の構文

全ての時間文は限定的なら直説法を，不定なら不定構文を用います．

不定構文では本時制（現在，完了，未来，未来完了）の時には接続法＋ἄν を，副時制（未完了過去，アオリスト，過去完了）の時には希求法を用います．ただし，肯定文に続く πρίν の時は不定法を，それ以外は上の規則を用います．

ὅτε ἐβούλετο, τοῦτο ἔπραξεν.（限定的）

彼は望んだ時に，それを行った．

ὅταν（＝ὅτε ἄν）βούληται, τοῦτο πράξω.（不定）

彼が望む時は，いつでも私はそれをしましょう．

ὅτε βούλοιτο, τοῦτο ἔπρασσεν.（不定）

彼が望む時には，（いつでも）それを行った．

ἀπέφυγον πρὶν τοὺς πολεμίους ἐπελθεῖν.

彼らは敵が攻め寄せる前に逃げた．

οὐκ ἄπειμι πρὶν ἂν σὺ ἔλθῃς.

あなたが来るまで（前に）私は立ち去りません．

[注]・時間文をみちびくこれらの接続詞，関係副詞は，ἄν と結ぶと ὅταν, ὁπόταν, ἐπήν（＝ἐπεὶ ἄν), ἐπειδάν となります．

・関係副詞には 1. 場所を表わすもの 2. 時を表わすもの 3. 様態を表わすものがあります． 1. には οὗ, ὅπου ; ὅθεν , ὁπόθεν ; οἷ, ὅποι など，3. には ᾗ, ὅπῃ ; ὡς, ὅπως などがあります．時間の接続詞はこの 2 の用法といえます．

●結果文 Consecutive Sentence

結果文は主文に示された事の結果が，ὥστε（稀に ὥς）によって導かれる節で表わされる文をいいます．結果を表わす節には二種類あります．

1. ὥστε＋不定法（否定詞は μή）“so as to～”

   これは起り得る結果や傾向を述べるものであり，その事実は問いません．

2. ὥστε＋直説法（否定詞は οὐ）“so that”

   これは実際に起きた結果を述べるもので，主文からかなり独立しています．

結果文は οὕτως（子音の前では οὕτω）「それほどに，so～」，τοιοῦτος「そのような，such」，τοσοῦτος「そんなに大きな，so great」などと共に ὥστε で導かれることもあります．

οὐχ οὕτω μῶρος ἦν ὥστε ἐκείνῳ πείθεσθαι.

私は彼に従うほど愚かではなかった.

τοσοῦτος ἦν ὁ χειμὼν ὥστε οὐκ ἔφασαν στρατεύσειν.

嵐が非常に激しかったので（その結果）彼らは進軍することを拒否した.

οἱ σύμμαχοι οὐκ ἦλθον· ὥστε πάντες οἱ στρατιῶται ἔφυγον.

友軍は来なかった，そのため兵士は皆逃亡した.

結果文は関係文によっても表わすことができます.

τίς οὕτω μαίνεται ὅστις οὐ βούλεταί σοι φίλος εἶναι;
（＝ὥστε οὐ βούλεται）

あなたの友であることを望まぬほどに気が触れている者は誰だろうか？

練習問題 20 CD 28

1. πρὶν ἑσπέραν εἶναι ἐς τὸν λιμένα εἰσέπλευσαν.
（ἑσπέρα, ἡ夕方　λιμήν, ένος, ὁ港　εἰσπλέω, aor. 1 -έπλευσα入港する）
2. ἐπειδὰν οἴκαδ' ἔλθῃς, μήτηρ σ'ἐᾷ ποιεῖν ὅ τι ἂν βούλῃ.
（οἴκαδε 家へ，家に　ἐάω～させる，許す）
3. οὐκ ἀναμένομεν ἕως ἂν ἡ ἡμέτερα χώρα κακῶται.
（ἀναμένω 待つ，留まる　κακόω 虐待する，荒らす，破壊する）
4. ἕως δ' ἂν οὖν ἀφίκωνται οἱ ἄγγελοι, ἔχ' ἐλπίδα.
（οὖν まことに，とにかく　ἀφικνέομαι, aor. 2 ἀφῑκόμην 来る，到着する　ἐλπίς, ίδος, ἡ 希望）
5. ἐπειδὰν ἴδῃ τινὰ κακῶς πράσσοντα, τοῦτον ἀεὶ ὠφελεῖν πειρᾶται.
（ὁράω, aor. 2 εἶδον,　接 ἴδω 見る　κακῶς πράσσειν 不幸である　ἀεὶ 常に　ὠφελέω 助ける　πειράομαι 試みる，努める）
6. οὕτω ταχέως ἔδραμον ὥστε μηδένα αὐτοὺς λαβεῖν.
（ταχέως 速く　τρέχω, aor.2 ἔδραμον 走る　λαμβάνω, aor.2 ἔλαβον 捕える，取る）
7. τότε ὁ ἄρχων ἄρχει ἀληθῶς κατὰ δίκην, ὅταν αὐτὸς ἄρχηται ὑπὸ τῶν νόμων.

（ἄρχω 治める　ἄρχων, οντος, ὁ（分）治める者，統領，アルコーン　δίκη, ης, ἡ 正義　νόμος, ου, ὁ 法，慣習）

8. μηδεὶς μηδένα ὄλβιον κρῑνέτω, πρὶν ἂν αὐτὸν εὖ τελευτήσαντα ἴδῃ.
（ὄλβιος, ον 幸せな，恵まれた　κρῑ́νω 決める，判断する　τελευτάω 充たす，〈人生を〉終える　ὁράω, aor. 2 εἶδον（接）ἴδω 見る　命令法三人称は「～すべし，～すべからず」と訳します.）

9. かつて神々は存在したが死すべき者（人間）が居ない時があった.
（時 χρόνος, ου, ὁ　死すべき θνητός, ή, όν）

10. 私は煽動政治家に従うほどに愚かではない.
（煽動政治家 δημαγωγός, οῦ, ὁ　愚かな μῶρος, ᾱ, ον　従う πείθομαι＋与格）

【読　解】 CD 29

καίτοι τίς οὐκ ἂν ὁμολογήσειεν αὐτὸν βούλεσθαι μήτ᾽ ἠλίθιον μήτ᾽ ἀλαζόνα φαίνεσθαι τοῖς συνοῦσιν ; ἐδόκει δ᾽ ἂν ἀμφότερα ταῦτα, εἰ προαγορεύων ὡς ὑπὸ θεοῦ φαινόμενα· ψευδόμενος ἐφαίνετο. δῆλον οὖν ὅτι οὐκ ἂν προέλεγεν, εἰ μὴ ἐπίστευεν ἀληθεύσειν. ταῦτα δὲ τίς ἂν ἄλλῳ πιστεύσειεν ἢ θεῷ ; πιστεύων δὲ θεοῖς πῶς οὐκ εἶναι θεοὺς ἐνόμιζεν ;

（クセノポーン「ソークラテースの思い出」）

（καίτοι そしてまことに，しかも，さらにまた　ὁμολογέω 同意する，認める　ἠλίθιος, α, ον 愚かな　ἀλαζών, όνος, ὁ 詐欺師　φαίνω 示す，φαίνομαι（中）見える，思われる（受）示される　τίς οὐκ ἄν＋希求法，可能性の希求法 "Who would not agree...?"　δοκεῖ＋与格（～に）～と思われる　ἀμφότερος, α, ον 両方とも，どちらも　προαγορεύω 前以って言う，公言する　ὡς 接続詞，～であると，（＝that）　ψεύδομαι 偽る，真実でないことを語る〈この分詞は φαίνομαι の内容を補う〉　εἰ ἐφαίνετο..., ἐδόκει ἄν〈過去の継続的事実と反対の条件〉　δῆλος, η, ον 明らかな　προλέγω 予言する，公言する，警告する　ἀληθεύω 真実を語る，〈予言が〉本当になる　εἰ μὴ ἐπίστευεν..., οὐκ ἂν προέλεγεν.... 条件節　未完了過去，帰結節未完了過去＋ἄν 現在の事実と反対の条件文）

第21課

• 間接話法
• 単文を引用する間接話法

●間接話法　Indirect Speech (Indirect Discourse)

話法には話し手の語る文をそのままに叙述する直接話法と，その内容を引用して伝える間接話法とがあります．間接話法は引用文の内容(平叙文，疑問文，命令文）によって形式が異なりますが，その構文にも単文を引用するものと複文を引用するものの違いがあります．

●単文を引用する間接話法

1. 不定法を用いる方法

不定法の用法は第 4 課・第11課で述べましたが，間接話法の引用文は不定法構文（対格形＋不定法）で表わします．この構文では引用文の主語を対格形にしてその動詞を不定法に変えて間接的に引用します．

この構文を取るのは主文の動詞（伝達動詞）が「言う，思う」などの意味を表わす場合です．それらは「言う」φημί, (λέγω, εἶπον は次のページ 3.の用法を用いる),「思う，考える」οἴομαι, ἡγοῦμαι, νομίζω などです．主文の主語と引用文の主語が同じ時は同格（主格）にし，あるいは省略します．

たとえば“σοφός εἰμι.”「私は賢い」，“Κροῖσος σοφός ἐστιν.”「クロイソスは賢い」という直接話法は，間接話法で次のように表わせます．

Κροῖσος ἔφη (αὐτὸς) σοφὸς εἶναι. クロイソスは自分が賢いと言った．
πάντες φασὶ Κροῖσον σοφὸν εἶναι. 皆がクロイソスを賢いと言う．
νομίζω Κροῖσον σοφὸν εἶναι.　私はクロイソスを賢いと思う．

不定法の時制は直接話法の時制と同じですが，未完了過去は不定法現在，過去完了は不定法現在完了で表わします．だから上の二・三番目の文は“Κροῖσος σοφὸς ἦν.”を意味している場合も考えられます．

「予期する」ἐλπίζω,「約束する」ὑπισχνέομαι,「誓う」ὄμνῡμι などは，それが意味する内容から不定法未来形を使います．

ἤλπιζον μάχην ἔσεσθαι. 彼らは戦争があるだろうと予期していた.

ὑπέσχετο ταῦτα εὐθὺς ποιήσειν. 彼はそれを直ぐにしようと約束した.

2. 分詞を用いる方法

これは知覚動詞の目的語の補語として目的語と同格で表わされる分詞であり，その用法については第14課で説明しましたが，ここでは改めて間接話法の一形態として説明します．この知覚動詞のグループには「知っている」οἶδα,「知る」 γιγνώσκω, ἐπίσταμαι,「学ぶ」μανθάνω,「覚えている」μέμνημαι,「見る」ὁράω,「聞く」ἀκούω,更に「示す」δείκνῡμι, φαίνω,「伝える」ἀγγέλλω などがあります．先の例文は分詞で書き表わせば次のようになります．

Κροῖσος οἶδεν (αὐτὸς) σοφὸς ὤν. クロイソスは自分が賢いと知っている.

πάντες ἴσασι Κροῖσον σοφὸν ὄντα. 皆はクロイソスが賢いと知っている.

3. ὅτι, ὡς を用いる方法

主文の動詞が λέγω「言う」, εἶπον「aor. 2 言った」の場合は不定法によらず，ὅτι, ὡς（=that）という接続詞を用いる構文によって間接話法を表わします．否定詞は οὐ です．

- 間接話法の引用の動詞が本時制の時は，引用文の中の法と時制は直接話法の場合と同じです．
- 間接話法の引用の動詞が副時制の時は，引用文の中の法と時制はふつう直接話法の場合と同じです．（これを Vivid または Graphic Construction と言います．それは話者の言葉の気分をそのままに伝えるからです．）
- しかし間接話法の引用の動詞が副時制の時に，引用文の中の法を希求法に変え，時制は直接話法の場合と同じにすることもあります．この場合は引用の感じが強まります．

先の例文は次のようになります．

Κροῖσος λέγει ὅτι (αὐτὸς) σοφός ἐστιν.
クロイソスは自分が賢いと言う.

Κροῖσος εἶπεν ὅτι (αὐτὸς) σοφός ἐστιν（または εἴη).

クロイソスは自分が賢いと言った.

ἔλεγον ὅτι Κροῖσος σοφός ἐστιν (εἴη).

人々はクロイソスが賢いと言っていた.

練習問題 21 CD 30

1. οἱ ναῦται ἔφασαν ἀπολιπεῖν τὸν ναύκληρον νόσον κάμνοντα ἐν τῇ νήσῳ.

   (ναύτης, ου, ὁ 水夫 ἀπολείπω, aor. 2 ἀπέλιπον 残す ναύκληρος, ὁ 船主, 船長 νόσος, ου, ἡ 病気 νόσον κάμνειν 病気にかかる)

2. ἐνομίζομεν τοὺς Πέρσας εὐθὺς ἀποχωρήσειν ἐξ Ἑλλάδος.

   (εὐθύς 直ちに ἀποχωρέω 立去る +ἐκ～, ～から退却する)

3. ὁ ἄγγελος ἀπεκρῖνατο ὅτι τοὺς βαρβάρους ἀπάξει πρὸς τὴν χώραν αὐτῶν.

   (ἄγγελος, ου, ὁ 使者 ἀποκρῖνομαι 答える ἀπάγω 導く, 連れ戻す)

4. ὁ βασιλεὺς ᾔσθετο τοὺς ἵππους φοβουμένους τὰς καμήλους.

   (βασιλεύς, έως, ὁ 王 αἰσθάνομαι, aor. 2 ᾐσθόμην 認める, 気附く φοβέομαι 恐れる κάμηλος, ου, ὁ, ἡ ラクダ)

5. λέγουσιν ὅτι οἱ Ἀθηναῖοι ἐνόμιζον εἶναι αἴσχιστον ἐν τῇ μάχῃ φεύγειν.

   (αἰσχρός, ᾱ́, όν 〈最上級 αἴσχιστος, η, ον〉 恥ずべき)

6. ἐπειρώμην αὐτῷ δεικνύναι, ὅτι οἴοιτο μὲν εἶναι σοφός, εἴη δ' οὔ.

   (πειράομαι 試みる δείκνυμι 不定法. δεικνύναι 示す, 説明する οἴομαι 思う, 考える (希) οἰοίμην)

7. ἔλεγον ὅτι οὐ πώποθ' οὗτος ὁ ποταμὸς διαβατὸς γένοιτο πεζῇ εἰ μὴ τότε.

   (οὐ πώποτε これまでに決して～ない διαβατός, ή, όν 渡ることが可能な πεζῇ 徒歩で εἰ μή (if not, except) ～を除いて)

8. Περικλῆς προηγόρευε ὅτι Ἀρχίδαμος μὲν ξένος εἴη, οὐ μέντοι ἐπὶ κακῷ γε τῆς πόλεως γένοιτο.

   (Περικλῆς アテーナイの政治家 προαγορεύω 公言する, 宣言する

᾽Αρχίδᾱμος スパルタ王　ξένος, ου, ὁ 客人，外国人　μέντοι だが，しかしながら　γίγνομαι, aor. 2 ἐγενόμην.（希）γενοίμην～に成る）

9. 使者は敵が少数であると言った．（φημί 用いて）
（使者 ἄγγελος, ου, ὁ 少数の，僅かな ὀλίγος, η, ον）

10. ペルシア人たちが河を渡ったことを我々は聞いた．
（聞く ἀκούω, aor. 1 ἤκουσα ペルシア人 Πέρσης ου, ὁ 渡る διαβαίνω, aor. 2 διέβην,分詞は διαβᾱς, -βᾶσα, -βᾰν（分詞，単数，属格，m.）-βάντος）

|【読　解】| CD 31

Δαρείου καὶ Παρυσάτιδος γίγνονται παῖδες δύο, πρεσβύτερος μὲν ᾽Αρταξέρξης, νεώτερος δὲ Κῦρος· ἐπεὶ δὲ ἠσθένει Δαρεῖος καὶ ὑπώπτευε τελευτὴν τοῦ βίου, ἐβούλετο τὼ παῖδε ἀμφοτέρω παρεῖναι. ὁ μὲν οὖν πρεσβύτερος παρὼν ἐτύγχανε· Κῦρον δὲ μεταπέμπεται ἀπὸ τῆς ἀρχῆς ἧς αὐτὸν σατράπην ἐποίησε, καὶ στρατηγὸν δὲ αὐτὸν ἀπέδειξε πάντων ὅσοι εἰς Καστωλοῦ πεδίον ἀθροίζονται. ἀναβαίνει οὖν ὁ Κῦρος λαβὼν Τισσαφέρνην ὡς φίλον, καὶ τῶν Ἑλλήνων ἔχων ὁπλίτας ἀνέβη τριακοσίους, ἄρχοντα δὲ αὐτῶν Ξενίαν Παρράσιον.

（Δᾱρεῖος ペルシア王ダーレイオス二世〈在位 425-404B.C.〉　Παρύσατις, ιδος, ἡ ダーレイオスの后．この二人の名前が属格になっているのは起源・由来を示す〈第24課参照〉　γίγνομαι 生ずる，生まれる．歴史記述はしばしば現在時制で記され〈歴史的現在〉と呼ばれる　πρεσβύτερος, α, ον 年上の　᾽Αρταξέρξης ペルシア王アルタクセルクセース二世〈在位 404-359B.C.〉，キューロスの兄　νέος, νέα, νέον 若い〈比較級 νεώτερος, α, ον〉　ἐπεὶ～の時に　ἀσθενέω 弱る，病気になる　ὑποπτεύω 疑う，心配する　τὼ παῖδε, ὁ παῖς の双数（主・呼・対格），ここでは対格で不定詞の主語，双数になっているのは「二人の子」を強調しているため　ἀμφότερος, α, ον（双-ω）両方，二人とも　τυγχάνω,〈主格補語の分詞と共に〉たまたま～する　μεταπέμπομαι 呼び寄せる　ἀρχή, ῆς, ἡ 支配，領地，属州　σατράπης, ου, ὁ ペルシアの属州の総督，太守　ἀποδείκνῡμι, aor. 1 ἀπέδειξα　任命する　ὅσος, η, ον〈τοσοῦτος, πᾶς と相関して〉“as

much as, as many as"　～する限りの数(量)の　πεδίον, ου, τό 野原「Καστω-
λός の野」はサルディスの近くらしい　ἀθροίζω 集める，召集する　ἀναβαίνω
(海岸から内陸部へ) 上る，進軍する〈この書の題名 "᾿Ανάβασις" はこの名詞形〉
Τισσαφέρνης, ους, ὁ Lydia と Caria の太守　ὁπλῑ́της, ου, ὁ 重装歩兵
τριᾱκόσιοι, αι, α 三百人　Ξενίᾱς, ου, ὁ ギリシア人の将軍　Παρράσιος,
α, ον (アルカディアの) パッラシアー出身の)

(クセノポーン「アナバシス」より)

第22課

- 間接話法（続き）
- 複文を引用する間接話法
- 疑問文を引用する間接話法
- 命令文を引用する間接話法

●間接話法（続き）

●複文を引用する間接話法

1. ὅτι, ὡς **を用いる方法**

A. 引用する動詞が本時制の時，引用される文の動詞は直説話法の法と時制をそのままに保ちます．

ὁ Κροῖσος ἥδεται ἐπεὶ ὁ χρησμὸς καλός ἐστιν.

クロイソスは神託が良好なので喜んでいる．

λέγουσιν ὅτι ὁ Κροῖσος ἥδεται ἐπεὶ ὁ χρησμὸς καλός ἐστιν.

B. 引用する動詞が副時制の時，引用される文の動詞は，ふつうは元の法と時制をそのままに保ちます．しかし同じ時制の希求法に変えることもあります．

εἶπον ὅτι ὁ Κροῖσος ἥδοιτο ἐπεὶ ὁ χρησμὸς καλὸς εἴη.

引用される文の「接続法＋ἄν」を希求法に変える時には ἄν は取ります．

(ἐάν, ὅταν, ἐπειδάν, ἕως ἄν → εἰ, ὅτε, ἐπειδή, ἕως)

ἐὰν ὁ Κροῖσος στρατεύηται (ἐπὶ Πέρσας), μεγάλην ἀρχὴν καταλύσει.

もしクロイソスが（ペルシアに）出兵するなら，彼は大帝国を亡ぼすだろう．

ἔλεξαν ὅτι εἰ ὁ Κροῖσος στρατεύοιτο, μεγάλην ἀρχὴν καταλύσοι.

2. 不定法，分詞を用いる方法

この場合は引用文の主文を不定法あるいは分詞に変え，従属文については **1.B.** に述べた規則に従います．

A. 引用する動詞が本時制の時．

φασὶ τὸν Κροῖσον ἥδεσθαι ἐπεὶ ὁ χρησμὸς καλός ἐστιν.

οἶδα τὸν Κροῖσον ἡδόμενον ἐπεὶ ὁ χρησμὸς καλός ἐστιν.

λέγεται τὸν Κροῖσον μεγάλην ἀρχὴν καταλύσειν, ἐὰν στρατεύηται.

B. 引用する動詞が副時制の時.

ἔφασαν τὸν Κροῖσον ἥδεσθαι ἐπεὶ ὁ χρησμὸς καλὸς εἴη.

ἤκουσα τὸν Κροῖσον ἡδόμενον ἐπεὶ ὁ χρησμὸς καλὸς εἴη.

ἐλέχθη τὸν Κροῖσον μεγάλην ἀρχὴν καταλύσειν, εἰ στρατεύοιτο.

●疑問文を引用する間接話法

1. 直接疑問文

A. 直接疑問文は次の三つの方法で表わされます.

1. 疑問詞を用いる　2. 疑問小辞 ἆρα を用いる　3. 疑問の言葉を用いない

τίνες ἐστέ ; あなた方は誰ですか？

πόθεν ἤλθετε ; あなた方はどこから来たのですか？

ἆρα φιλόσοφός ἐστιν ; 一体彼は哲学者だろうか？

οὐχ οὕτως ἔλεγες ; 君はそう言ったのではないか？

B. 二重疑問には πότερον （πότερα） ...ἤ, （または ἤ だけ）が用いられます.

πότερον οἱ σύμμαχοι ἐνίκησαν ἢ οὔ ;

同盟軍は勝ったのか負けたのか？

2. 間接疑問文

A. 間接疑問文は「質問・疑問」を意味する主文の動詞の後に次の三つの方法で導かれます.

a） 疑問詞（直接疑問詞, 間接疑問詞）を用いる

b） 接続詞 εἰ, “if”を用いる

c） 二重疑問詞 πότερον （πότερα） ...ἤ, εἴτε...εἴτε, εἴ...ἤ, εἰ...εἴτε, （“whether...or”） を用いる

B. 直接疑問詞と間接疑問詞の対応関係は次のとおりです.

直　接	τίς	πόσος	ποῖος	ποῦ	ποῖ	πόθεν	πότε	πῶς
間　接	ὅστις	ὁπόσος	ὁποῖος	ὅπου	ὅποι	ὁπόθεν	ὁπότε	ὅπως

意　味	誰	どれだけの	どんな	どこで	どこへ	どこから	いつ	いかに
		(数量，大きさ)	(種類，性質)					

C.　間接疑問文は「質問する」ἐρωτάω, ἔρομαι という動詞によって引用されますが，その他に「言う，知る，聞く，学ぶ」を意味する動詞などによって引用することもできます．時制と法に関しては 103 ページの 1B の場合と同じです．

ἠρώτησα τοὺς ἄνδρες τίνες εἰσίν　(οἵτινες εἰσίν).

私は男たちに何者かと聞いた．

ἠρόμεθα αὐτοὺς ὁπόθεν ἦλθον　(ὁπόθεν ἔλθοιεν).

私たちは彼らにどこから来たのかと尋ねた．

οὐκ οἶδ' εἰ φιλόσοφός ἐστιν.

彼が哲学者であるかどうか私は知らない．

βούλομαι γνῶναι εἰ οὕτως ἔλεγες.

君がそう言ったのかどうか私は知りたい．

ἐβουλόμεθα εὑρίσκειν πότερον οἱ σύμμαχοι ἐνίκησαν ἢ οὔ.

同盟軍が勝ったのかそうでないのか我々は知りたがっていた．

οὐδεὶς ᾔδει ὅποι πορεύοιντο　(ὅποι πορεύονται).

彼らがどこに進んでいくのか誰も知らなかった．

●命令文を引用する間接話法

命令文は不定法を用いて間接的に表わすことができます．

ἐκέλευε τοὺς στρατιώτας μὴ φυγεῖν.

彼は兵士たちに逃げるなと命令した．

ἔλεγεν ὁ διδάσκαλος μὴ ψεύδεσθαι.

嘘をついてはならないと先生が言った．

練習問題　22　CD 32

1. ὁ Θεμιστοκλῆς εἶπεν ὅτι δεῖ τοὺς Ἀθηναίους πιστεύειν τῷ ναυτικῷ.

(Θεμιστοκλῆς, έους, ὁ サラミスの海戦で勝利を得たアテーナイの政治家　δεῖ,… ねばならぬ，must <非人称動詞，意味上の主語を対格形に置く>　ναυτικός, ή, όν 航海の，海軍の　ναυτικόν, τό 海軍)

2. ἠρόμεθα τὸν ἡγεμόνα ποτέρα ὁδός ἐστιν ἀσφαλεστέρᾱ.
(ἡγεμών, ονος, ὁ, ἡ 指導者，案内人　πότερος, α, ον 二者の中のどちらが　ἀσφαλής, ές 安全な)

3. καὶ ὁ βασιλεὺς ἠρώτᾱ τὸν θεράποντα τί ποιοίη ἡ βασίλεια.
(θεράπων, οντος, ὁ 召使　βασίλειᾰ, ἡ 妃，王女)

4. ὁ δ' ἔλεγεν ὅτι ἐξίοι ἡ βασίλεια ἐκ θαλάμου σὺν ταῖς θεραπαίναις.
(ἔξειμι 出て行く　θάλαμος, ὁ 奥部屋，婦人部屋　θεράπαινα, ἡ 侍女)

5. Κροῖσος ἠρώτησε Σόλωνα, τίς πάντων ὅσων ἔγνω εὐδαιμονέστατος εἶναι φαίνοιτο, ἡγούμενος δηλονότι οὐδένα ἄξιον ἂν εἶναι προκρίνειν ἑαυτοῦ.
(γιγνώσκω, aor. 2 ἔγνων 知る　εὐδαίμων, ον 幸せな　φαίνομαι 見える，思われる　ἡγοῦμαι 考える，信ずる　δηλονότι 明らかに　ἄξιος, α, ον 価する　προκρίνω（＋属格）～より先に選ぶ)

6. ὁ δὲ Σόλων οὐκ ἔφη ἐξεῖναι εὐδαιμονίζειν οὐδένα, πρίν ἄν τις ἴδῃ αὐτοῦ τέλος τοῦ βίου.
(ἔξεστι<非人称動詞，不定法と共に>～することが可能である　εὐδαιμονίζω ～を幸福と見なす　ὁράω, aor. 2 εἶδον(接)ἴδω 見る　τέλος, ους, τό 終り)

7. 偵察兵は敵が勇敢でないと報告した．
(偵察兵 σκοπός, οῦ, ὁ　報告する ἀγγέλλω　勇敢な ἀνδρεῖος, α, ον)

8. 王は哲学者に誰を幸福者と見なすかと聞いた．

【読　解】 CD 33

Ἐπεὶ δ' ἐτελεύτησε Δαρεῖος καὶ κατέστη εἰς τὴν βασιλείαν Ἀρταξέρξης, Τισσαφέρνης διαβάλλει τὸν Κῦρον πρὸς τὸν ἀδελφὸν ὡς ἐπιβουλεύοι αὐτῷ. ὁ δὲ πείθεται καὶ συλλαμβάνει Κῦρον ὡς ἀποκτενῶν · ἡ δὲ μήτηρ ἐξαιτησαμένη αὐτὸν ἀποπέμπει πάλιν ἐπὶ τὴν ἀρχήν. ὁ δ' ὡς ἀπῆλθε κινδυνεύσας καὶ ἀτιμασθείς, βουλεύεται ὅπως μήποτε ἔτι ἔσται ἐπὶ τῷ ἀδελφῷ, ἀλλά, ἢν δύνηται, βασιλεύσει ἀντ' ἐκείνου. Παρύσατις μὲν δὴ ἡ μήτηρ ὑπῆρχε τῷ Κύρῳ, φιλοῦσα αὐτὸν μᾶλλον ἢ τὸν βασιλεύοντα 'Αρταξέρξην.

(τελευτάω〈生命を〉終える，死ぬ　καθίστημι（自動）aor. 2 κατέστην〈ある状態，立場に〉置かれる，成る，就く　βασιλείᾱ, ᾱς, ἡ 王国，王座，王位　διαβάλλω 中傷する，仲違いさせる　ὡς...「…と言って」〈διαβάλλει によって引用される間接話法．ここでは伝達動詞が歴史的現在なので伝達文は希求法で表わされている．〉　ἐπιβουλεύω 陰謀を企らむ＋与格　συλλαμβάνω 捕える　ἀποκτείνω 未来 ἀποκτενῶ 殺す〈未来分詞は意図や目的を表わす．ὡς を加えると当人の言い分を示す（第 14 課参照）〉　ἐξαιτέω 貰う，（中）下げ渡して貰う（第 9 課参照）　ἀποπέμπω 送り返す，遣わす　πάλιν 再び　ἀπέρχομαι, aor. 2 ἀπῆλθον 立去る，戻る　κινδῡνεύω 危険を冒す　ἀτῑμάζω 恥辱を与える，辱しめる　μήποτε 決して…ない，"never"　βουλεύω 計画する（中）熟慮する，思案する〈努力，配慮の動詞には直説法未来形が続く（第 16 課参照）〉　ἐπί＋与格〜に依存する，〜の意のままになる　〈ἐάν＋接続法，直説法未来形，（未来の実現性がかなり高い条件文）〉　ἀντ'＝ἀντί＋属格　〜の代りに　δή〈その前の語を強調する小辞〉　ὑπάρχω＋与格　味方する，ひいきする）

（クセノポーン「アナバシス」より）

第23課

• 理由文
• 動形容詞

●理由をあらわす文　Causal Sentence

理由文は「～なので，～故に」という理由を表わす接続詞によって導かれる節を含む文をいいます．理由の接続詞には，ὅτι, διότι, διόπερ, ἐπεί, ἐπειδή, ὅτε, ὁπότε, ὡς などがあります．否定詞は οὐ です．

この文はふつう本時制の後にも，副時制の後にも直説法を用います．

τῷ Θεμιστοκλεῖ ὠργίζοντο ὅτι αὐτοὺς ἔπεισε τὴν πόλιν λείπειν.

(ὀργίζω 怒らせる (受) ～に (＋与格) 腹を立てる，λείπω 後に残す，棄てる)

彼らは都を棄てるように説いたのでテミストクレースに腹を立てていた．

しかし間接話法に準ずる内容を持つ文では，副時制の後に希求法を用いることによって当人の言い分をそのままに伝えることができます．

τὸν Μιλτιάδην ᾐτιάσαντο ὅτι δῶρα λάβοι.

(αἰτιάομαι, aor. 1 ᾐτιᾱσάμην 告発する，責める，δῶρον, τό 贈物)

彼らは賄賂を受けたという理由でミルティアデースを告発した．(事実かどうかは分らないが)

●動形容詞　Verbal Adjective

動形容詞は動詞の語根あるいは語幹から作られ，準動詞(verbal)の一種として動詞と形容詞の性質を兼ねています．

動形容詞は-τός, -τέος という語尾を加えて作られます．

λυτός, λυτέος (<λύω), φυλακτέος (<φυλάττω), τρῑπτός (<τρῑ́βω)
ἀκουστός (<ἀκούω), πειστέος (<πείθω), ληπτέος (<λαμβάνω)

動形容詞の行為者はいずれも与格で表わされます．また εἰμί を伴うことも省略することもできます．

［注］ 分詞も動詞と形容詞の機能を兼ね備える準動詞の一種です．(第 13 課参照)

1. -τός の語尾を持つ動形容詞

この動形容詞は-τός, -τή, -τόν という三性の語尾を持ち，(a)現在完了・受動態・分詞と同じ意味，あるいは (b)「可能性」を表わします．

(a) 「〜された」という意味を表わします．ποιητός 作られた，κρυπτός 隠された，秘密の，

(b) これは「可能性」を表わし，「〜され得る，〜できる」という意味を持ちます．διδακτός 教えられる，学び得る，ἀκουστός 聞こえる，πρᾱκτός 為し得る．

しかしどちらの用法と意味であるのかは，ひとつひとつ辞書で確認しなければなりません．

2. -τέος の語尾を持つ動形容詞 （ラテン語の Gerundive）

この動形容詞は-τέος, -τέᾱ, -τέον の三性の語尾を持ち，「〜されるべき」という“必要，義務，必然”を表わす意味を持ちます．この動形容詞には (a)人称的用法と (b)非人称的用法とがあります．行為者は与格で表わします．

(a) 人称的用法は-τέος, -τέᾱ, -τέον の語尾を持つ動形容詞の用法で，主語が「男性，女性，中性」の名詞相当語句である場合です．これは意味が受動的です．

οἱ σύμμαχοι ἡμῖν οὐ παραδοτέοι εἰσὶ τοῖς πολεμίοις.

同盟軍は我々によって敵に引き渡されるべきではない．

(b) 非人称的用法は(a)の中性単数（或は複数）の動形容詞を非人称の主語と共に用いる表現です．この場合は意味が能動的になります．

τοὺς συμμάχους ἡμῖν οὐ παραδοτέον ἐστὶ τοῖς πολεμίοις.

我々は同盟軍を敵に引き渡すべきではない．

元の動詞が与格支配なら動形容詞も与格を目的語にします．

πειστέον （ἐμοί） ἐστι πατρὸς λόγοις.

父親の言葉に（私は）従わねばならない．

練習問題 23 CD 34

1. οἱ Μιλήσιοι ἀπέστησαν ὅτι πιέζοιντο ὑπὸ τῶν Περσῶν.

（Μιλήσιοι, οἱ イオニアの都市ミレートスの住民　ἀφίστημι, aor. 1 ἀπέστησα 反乱する　πιέζω 圧迫する）

2. Ἀλεξάνδρος ἐνέπρησε τὰ βασίλεια, ὅτι καὶ οἱ Πέρσαι τὰ τῶν Ἑλλήνων ἱερὰ καὶ πόλεις διεπόρθησαν.

（ἐμπίπρημι, aor. 1 ἐνέπρησα 火を点ける，焼く　βασίλειον, τό 〈単・複共に〉王宮　ἱερόν, τό 神殿，社　διαπορθέω 破壊する，掠奪する）

3. δημοβόρος βασιλεύς, ἐπεὶ οὐτιδανοῖσιν ἀνάσσεις.（「イーリアス」1.231 より．　δημοβόρος, ον 民を貪る　οὐτιδανός, ή, όν 無価値な，役立たずの　ἀνάσσω（＋与格）支配する，治める）

4. πρὸς ταῦτα κρύπτε μηδέν, ὡς ὁ πάνθ᾽ ὁρῶν καὶ πάντ᾽ ἀκούων πάντ᾽ ἀναπτύσσει χρόνος.

（πρὸς ταῦτα それ故　κρύπτω 隠す　ἀναπτύσσω 明らかにする，露わにする）

5. πῶς οὐ τιμητέοι ἡμῖν εἰσιν οἱ ἀποθάνοντες ὑπὲρ τῆς πατρίδος ;

（πῶς οὐ... ; 何故いけないか，…いいだろう？　τιμητέος 尊敬さるべき）

6. ἀλλ᾽ εἴτε τοὺς θεοὺς ἵλεως εἶναί σοι βούλει, θεραπευτέον τοὺς θεούς· εἴτε ὑπὸ τῶν φίλων ἐθέλεις ἀγαπᾶσθαι, τοὺς φίλους εὐεργετητέον.

（ἵλεως, ων,（m. 複・対格）ἵλεως 恵み深い，好意を持つ　θεραπευτέον 仕えるべき　ἀγαπάω 好く，愛する　εὐεργετητέον 親切にすべき）

7. 同盟軍は貢納金を納めることを望まなかったので離反した．

（貢納金を納める τὸν φόρον φέρειν　離反する ἀφίστημι, aor.2 ἀπέστην）

8. 我々は都を敵から守らなければならない．

（守る φυλάττω,（動形）φυλακτέον　～から ἀπὸ＋属格）

【読　解】 CD 35

ὅστις δ᾽ ἀφικνεῖτο τῶν παρὰ βασιλέως πρὸς αὐτὸν πάντας οὕτω διατιθεὶς ἀπεπέμπετο ὥστε αὐτῷ μᾶλλον φίλους εἶναι ἢ βασιλεῖ. καὶ τῶν παρ᾽ ἑαυτῷ δὲ βαρβάρων ἐπεμελεῖτο ὡς πολεμεῖν τε ἱκανοὶ εἴησαν καὶ εὐνοϊκῶς ἔχοιεν αὐτῷ. τὴν δὲ Ἑλληνικὴν δύναμιν ἤθροιζεν ὡς μάλιστα ἐδύνατο ἐπικρυπτόμενος, ὅπως ὅτι ἀπαρασκευότατον λάβοι βασιλέᾱ.

（ἀφικνέομαι 未完了，-ικνούμην, -ικνοῦ, -ικνεῖτο,～からやって来る，到着する　οἱ παρὰ βασιλέως 王の傍から来た者たち，王の側近〈第 7 課参照〉 ἀποπέμπω 立ち去らせる，送り返す，（中）自分の許から立ち去らせる　〈ὅστις＋未完了，未完了〉 cf. 〈εἰ＋未完了，未完了〉これは「過去の単純な条件文」に対応するが，不定関係代名詞が更に「普遍性，反復性」も表わしている．〈第 19 課参照〉 “～からやって来る者があれば，いつも送り返した” 〈οὕτω...ὥστε＋不定法，結果文，第 20 課参照〉　διατίθημι,（分詞）-τιθείς 手配・処置する，もてなす μᾶλλον, more 〈μάλα, very の比較級〉 ἤ, than　οἱ παρ’ ἑαυτῷ 自分の傍に居る者たち βάρβαροι, οἱ 野蛮人〈これはギリシア人である作者の視点からの表現なので，「ペルシア人」と訳しておく〉　ἐπιμελέομαι,未完了-εμελούμην 注意する，～の世話をする＋属格，〈「努力・配慮」を意味する目的文　ὡς＋希求法，第 16 課参照〉 πολεμέω 戦う　ἱκανός, ή, όν 有能な，十分な　εὐνοϊκῶς ἔχειν＋与格　～に好意を持つ　Ἑλληνικός, ή, όν ギリシアの　δύναμις, ἡ 力，戦力，軍隊〈この冠詞は所有の意味を持ち「彼の軍隊」を表わす〉　ἀθροίζω,未完了 ἤθροιζον 集める，召集する　μάλιστα, most 〈μάλα, very の最上級〉　ὡς＋最上級，「出来るだけ～」“as ～ as possible”　δύναμαι 可能な　ἐπικρύπτω 隠す，（中）隠れて行う，偽わる　〈ὅπως＋希求法，目的文，第 16 課参照〉 ὅτι は最上級を強める「出来るだけ…」　ἀπαρασκευότατος 〈ἀπαράσκευος, ον 用意ができていない，の最上級〉 λαμβάνω, aor. 2 ἔλαβον（希）λάβοιμι 取る，得る，捕える）

（クセノポーン「アナバシス」より）

第24課

- 格の用法
  - 対格の用法
  - 属格の用法
  - 与格の用法

●格の用法

ギリシア語は屈折変化を特徴とする印欧語の一つであり，屈折（inflexion）によって文中の単語の働きを表わします．そして文中の名詞の働きや他の語との関係は名詞変化（declension），即ち格（case）によって表わします．（第2課，第7課参照）

この名詞の格は次第に前置詞と密接な関係を持ち，その支配を受けるものと見なされるようになりましたが，本来は格だけで文の中での名詞の働きを表わすことができます．その中の特に注意すべき重要な格の用法を幾つか記しておきましょう．

●対格の用法

対格は他動詞の直接目的語を表わしますが，この他に対格の独特の用法があります．

1. 限定を表わす対格．これは「〜について，関して」と対象を特に限定することを意味します．

   ἅπαντα σοφός ἐστιν.彼は万事において賢い　δεινοὶ μάχην.彼らは戦いに熟練している　Ἕλληνές εἰσι τὸ γένος.彼らは生まれはギリシア人だ．

2. 副詞的用法の対格．対格で副詞的な意味を示す表現があります．この用法は慣用的なので，それぞれ辞書で確かめる必要があります．

   τοῦτον τὸν τρόπον こんな仕方で　τὴν ταχίστην　(ὁδόν) 最も速やかな（方法）で　τὸ λοιπόν その他については　τἄλλα 他の点では

3. 時間・空間の範囲を表わす対格．これは時間・空間の広がりが「〜の間ずっと」，「〜に互って及ぶ」ことを意味します．

ἐνταῦθα ἔμεινε τρεῖς ἡμέρας.　彼はそこに三日間（引き続き）滞在し

た.

δέκα στάδια ἐπορεύθησαν. 彼らは10スタディオン（の道のりを）進軍した.

αἱ σπονδαὶ ἐνιαυτὸν ἔσονται. 休戦は一年間に互るだろう.

●属格の用法

属格は意味の上からは「～の，of」という他の名詞などとの所属関係を本来表わしますが，古典ギリシア語では使われなくなった奪格の「～から，from」の意味を代用することもあります．属格は形の上からは他の名詞や，動詞，形容詞，副詞と共に用いられますが，この時に上の二つの格の用法が混在して現われます．

A. 他の名詞と共に．

1. 部分の属格 (Partitive Genitive)

οἱ πλούσιοι τῶν πολιτῶν 市民の中で裕福な者 τίς τῶν Ἑλλήνων; ギリシア人の中で誰が？ πάντων πάντα κράτιστος 皆の中で万事において優れている者 εἰς τοῦτο ἀνοίας これほどまでに愚かな

2. 尺度・基準の属格．

τριῶν ἡμερῶν ὁδός 三日の行程 πέντε ἡμερῶν σιτία 五日分の糧食 τοῦ δὲ ποταμοῦ τὸ εὖρός ἐστιν εἴκοσι ποδῶν. 河の幅は20フィートだ．

B. 他の動詞と共に

3. 価値・値段の属格． ὠνέομαι「買う」，πωλέω「売る」という動詞と共に．

ἐπώλησε τοῦτον τὸν οἶκον τριῶν ταλάντων. 彼はこの家を三タラントンで売った． δόξα χρημάτων οὐκ ὠνητή. (ὠνητός, ή, όν 買い求め得る) 名声は金銭では買えない．

4. 非難・告発の属格．

αἰτιῶμαι αὐτὸν τοῦ φόνου. 私は彼を殺人の罪で告訴します ἔφευγε προδοσίας. 彼は反逆罪で訴追された．(φεύγω 逃げる，告訴される)

C. 奪格の用法の属格 (Ablative Genitive)

5. 分離・欠如の属格．

σῶσαι κακοῦ 悪から救うこと εἴργεσθαι τῆς ἀγορᾶς アゴラから締め出されること ὀλίγου δεῖ (欠けること僅か)，ほとんど．

6. 原因・起源の属格.

πολλάκις σε εὐδαιμόνισα τοῦ τρόπου.私はあなたの性質の故にしばしばあなたを幸福な方と見なしました.　ζηλῶ σε τοῦ νοῦ, τῆς δὲ δειλίᾱς στυγῶ.私はお前を智恵の故に羨み，卑法の故に憎む.　μάθε μου τάδε.私からこのことを学べ.　ἐμοῦ ἀκούσεσθε πᾶσαν τὴν ἀλήθειαν.あなたは私からあらゆる真理を聞くだろう.

D. 時間の属格

7. 時間の属格はある限られた範囲の時間内の出来事を示します.

ταῦτα τῆς ἡμέρας ἐγένετο.これは日中に起きた.　οὗτος ἦλθε τῆς νυκτός.彼は夜の間に来た.　χειμῶνος 冬に　πέντε ἐτῶν 五年間に

［注］ 空間の属格もありますが詩的用法になります.

●与格の用法

与格は本来の意味では「〜に，〜へ，to，for」で表わされる間接目的語を示します．しかしこれも具格と地格を併せて含んでいるので，その用法を Instrumental Dative, Locative Dative とそれぞれ呼びます．

A. 本来の与格

1. 所有者の与格．εἰμί や γίγνομαι と共に．

ἀδελφός μοί ἐστι.私には兄弟がいる.　τῷ δικαίῳ δῶρα γίγνεται.正しい人には贈物が与えられる.

2. 利害関係の与格.

πᾶς ἀνὴρ αὑτῷ πονεῖ.人は皆自分自身のために働く　τὰ χρήματ' αἴτι' ἀνθρώποις κακῶν.金は人々にとって災いの原因だ.

B. 具格の与格（Instrumental Dative)

3. 手段・道具の与格.

ἔβαλλέ με λίθοις.彼は私を石で打った.　ἐκεῖνός με κτείνει δόλῳ.彼は私を計略を用いて殺そうとする.

4. 差異の程度の与格.

κεφάλῃ ἐλάττων 頭だけ小さい　πολλῷ κρεῖττον はるかにすぐれている　πρότερός σου πέντε ἡμέραις ἀφίκετο.彼は君より五日早く到着した.

5. 原因の与格.

νόσῳ ἀποθανών 病気で死んで　οὐ γὰρ κακονοίᾳ τοῦτο ποιεῖ, ἀλλ' ἀγνοίᾳ.彼はこれを悪意からではなく無知から為すのであるから.

6. 随伴の与格.

ἕπεσθαι ὑμῖν βούλομαι.私はあなた方に従いて行きたい.　ἐλθόντων Περσῶν παμπληθεῖ στόλῳ ペルシア軍が全軍を挙げてやって来た時

C. 地格の与格（Locative Dative）

［注］ 空間の与格は詩的用法

7. 時間の与格. 与格の場合は時間のある特定の一点を表わします.

τῇ αὐτῇ ἡμέρᾳ ἀπέθανεν.彼は同じ日に死んだ.　τῇ ὑστραίᾳ（ἡμέρᾳ）翌日に　περιιόντι τῷ θέρει 夏の終わりに差しかかって　ἑξηκοστῷ ἔτει 第六十年目に

練習問題 24　CD 36

1. Κῦρος καλὸς ἦν τὸ εἶδος καὶ φιλάνθρωπος τὴν ψυχήν.
（εἶδος, εος, τό 形, 姿　φιλάνθρωπος, ον 優しい, 情け深い　ψῡχή, ἡ 魂, 心）

2. μεγάλη πόλις ἦν Λάρισσα ὄνομα, ἧς τὸ τεῖχος εὖρος εἴκοσι ποδῶν ἦν.
（τεῖχος, εος, τό 城壁　εὖρος, τό 幅　εἴκοσι 20　πούς, ποδός, ὁ 足, 尺＝1フィート）

3. Ὅμηρος τὸν ἀνθρώπων βίον τοῖς τῶν δένδρων φύλλοις ὁμοιοῖ.
（δένδρον, τό 樹木　φύλλον, τό 葉　ὁμοιόω 似せる, たとえる）

4. οἱ φθονεροὶ ταῖς μὲν εὐπραγίαις τῶν ἄλλων ἄχθονται, ταῖς δὲ δυστυχίαις χαίρουσιν.
（φθονερός, ά, όν 妬み深い　εὐπρᾱγία, ἡ 幸福, 成功　ἄχθομαι 悩む, 苦しむ　δυστυχία, ἡ 不幸　χαίρω 喜ぶ <～を, ＋与格>）

5. πάντες οἱ ποταμοὶ διαβατοὶ γίγνονται προϊόντι πρὸς τὰς πηγάς.
（διαβατός, ή, όν 歩いて渡れる　πρόειμι 先へ進む,（分詞）-ιών　πηγή,

ἡ 水源)

6. πόνων καὶ ἱδρῶτος οἱ θεοὶ τὴν ἀρετὴν ἡμῖν πωλοῦσιν.
(πόνος, ὁ 労苦　ἱδρώς, -ῶτος, ὁ 汗　ἀρετή, ἡ 美徳　πωλέω 売り渡す〈+価値の属格〉「～の価格で，～と引き換えに」)

7. πονηρῶν ἀνδρῶν ἐστι τῶν ἀγαθῶν, ἃ ὑπ' ἄλλων ἔπαθον, ῥᾳδίως ἐπιλανθάνεσθαι.
(πονηρός, ά, όν 悪い，下劣な　πάσχω, aor. 2 ἔπαθον 受ける，こうむる　ῥᾳδίως 簡単に，すぐに　ἐπιλανθάνομαι 忘れる，+属格)

8. οὐχ ἡμέτερόν ἐστι τὸν τῶν ὅρκων ἀμελοῦντα τοῦ πλούτου μακαρίζειν.
(ὅρκος, ὁ 誓約　ἀμελέω 無視する，怠る+属格　πλοῦτος, ὁ 富　μακαρίζω 幸せと見なす)

9. 私は彼をその勇気の故に賞讃した。
(賞讃する，嘆賞する θαυμάζω〈+属格 ～の故に〉，勇気 ἀνδρεία, ἡ)

10. ソークラテースには金銭は何も無かったが沢山の知恵があった。
(金銭 ἀργύριον, τό　沢山の πολύς, πολλή, πολύ　知恵 σοφία, ἡ)

【読　解】 CD 37

ὧδε οὖν ἐποιεῖτο τὴν συλλογήν. ὁπόσας εἶχε φυλακὰς ἐν ταῖς πόλεσι παρήγγειλε τοῖς φρουράρχοις ἑκάστοις λαμβάνειν ἄνδρας Πελοποννησίους ὅτι πλείστους καὶ βελτίστους, ὡς ἐπιβουλεύοντος Τισσαφέρνους ταῖς πόλεσι. καὶ γὰρ ἦσαν αἱ Ἰωνικαὶ πόλεις Τισσαφέρνους τὸ ἀρχαῖον ἐκ βασιλέως δεδομέναι, τότε δὲ ἀφειστήκεσαν πρὸς Κῦρον πᾶσαι πλὴν Μιλήτου.

(ὧδε このように，次のようにして　οὖν さて，そこで，ところで　συλλογή, ῆς, ἡ 召集（＜συλλέγω 集める）　ὁπόσος, η, ον～ほど，だけの数の（as many as）　φυλακή, ῆς, ἡ 守備隊　παραγγέλλω 通達する，伝達する　φρούραρχος, ου, ὁ 守備隊長　πλεῖστος, η, ον（πολύς, πολλή, πολύ 多い）の最上級，（ὅτι+最上級，「できるだけ～」）βέλτιστος, η, ον（ἀγαθός, ή, όν 良い，優れた，勇敢な）の最上級，（第 12 課参照）　ὡς,付随状況を表わす分詞と共に或る行為の理由を示す．ここでは分詞の属格の独立用法が理由を表わし ὡς は主語の言い分，理由づけを示す．（第 13 課，14 課参照）　ἐπιβουλεύω＋与格，～に対して陰謀を企む　καὶ γάρ そして実際，また～だから　εἰμί＋属格　～の所有である，～に属する　Ἰωνικός, ή, όν イオーニアーの　τὸ αρχαῖον 〈副詞の対格〉始めは，以前には　ἐκ＋属格＝ὑπό＋属格　～によって，～から　δίδωμι（現完）δέδωκα（現完・中受）δέδομαι（分）δεδομένος, η, ον 与える　τότε その時，当時　ἀφίστημι（＜ἀπο＋ἵστημι）（現完）ἀφέστηκα,（過完）ἀφειστήκη［別形 ἀφεστήκη, κειν］離れて立つ，離反する，反乱する　πρός＋対格～の方に向って，～側に　πλήν＋属格，～を除いて，～以外は）

（クセノポーン「アナバシス」より）

文法補遺

*(　)内は約音前の(理論上の)形を示す

アクセント

アクセント規則

- ギリシア語には3種類のアクセントがあります．それは鋭アクセント(´)，重アクセント（`），曲アクセント（῀）です．

- 鋭アクセントは語末の3つのシラブルのいずれかに置かれます．
鋭アクセントは長短いずれのシラブルにも置くことができます．

- 曲アクセントは語末の2つのシラブルのいずれかにおかれます．
曲アクセントは長いシラブルにのみ置くことができます．
長いシラブルとは長母音，二重母音を含むシラブル，あるいは「**位置によって長い**」シラブルをいいます．

- 語末の鋭アクセントはその後に別の語が続くときには，重アクセントに変えられます．
ただし，後寄辞が後に続く場合には鋭アクセントのままです．

- 語末のシラブルが長いときには，鋭アクセントは後ろの2つのシラブルだけに，曲アクセントは語末のシラブルだけに置かれます．
即ち語末から2番目のシラブルに曲アクセントが置かれている場合は，語末が短いシラブルであることを意味するので，この法則はシラブルの長短の判断に役立ちます．

ἄνθρωπος，ἀνθρώπου；ὁδός，ὁδοῦ；δῆμος，δήμου

約音したシラブルのアクセント

- 前のシラブルにアクセントのあるものが約音した場合は曲アクセントになります．

τιμάω，τιμῶ；ποιέω，ποιῶ；δηλόω，δηλῶ

- 後のシラブルにアクセントあるものが約音した場合には鋭アクセントになります．

ποιεέτω，ποιείτω；δηλοέτω，δηλούτω

• 前後のどちらにもアクセントのないものが約音した場合にはそのシラブルにアクセントはありません.

πoίεε, πoίει; δήλoε, δήλoυ

後寄辞（Enclitics） （<Gr. ἐγκλιτικός, <ἐγκλῖνω＝bend, lean on, cf. incline)

これらの語は単独で意味を構成する力が弱く，常に他の語に添えられて使われる事が多いために自己のアクセントを失ったり変えられたりします．ギリシア語では主なアクセントが置かれるのは語末の3シラブルまでであり，後寄辞は他の語に「寄り添って」一語のように発音されるためこのような変化が生じるのです．

後寄辞には次のような語が含まれます．

• 不定代名詞 τις のすべての変化形．

τὶς, τινός, τινί, τὶ, του, τῳ

• 不定副詞

πώς, πού, ποτέ, ποί, ποθέν, πῄ

• 人称代名詞の単音節語．

μου, μοι, με; σου, σοι, σε; οὑ, οἱ, ἑ

• εἰμί（be），φημί（say）の現在直説法の変化形の二音節語の全て．

• 小辞（particle）．

τέ, γέ, τοί, νύν, πέρ

後寄辞の法則

• 前の単語が語末から3番目のシラブルに鋭アクセントを持つとき，あるいは語末から2番目のシラブルに曲アクセントを持つときには，後寄辞のアクセントはその単語の語末に鋭アクセントとなって移動します．

ἄνθρωπος＋τίς → ἄνθρωπός τις; παῖδες＋τινές → παῖδές τινες

- 前の単語が語末から2番目のシラブルに鋭アクセントを持つときには，単音節の後寄辞はアクセントを失い，2音節の後寄辞はそのアクセントを保ちます．

    λόγος＋τίς → λόγος τις ; λόγοι＋τινές → λόγοι τινές

    λόγων＋τινῶν → λόγων τινῶν

- 前の単語が語末に曲アクセントを持つときには，後寄辞はそのアクセントを失います．

    ὁδῶν＋τινῶν → ὁδῶν τινων

- 前の単語が語末に鋭アクセントを持つときには，それは鋭アクセントのままで残り，後寄辞はアクセントを失います．

    ἀγαθός＋τίς → ἀγαθός τις

- 後寄辞がいくつか連続して並んでいるときには，後ろから順送りにアクセントを前に移動して最後の後寄辞だけがそのアクセントを失います．

    εἴ ποτέ πού τι εἶδον.

シラブルの長短

- 長母音，二重母音を含むシラブルを「**性質によって長い**」(long by nature) シラブルといいます．

    δηλοῖ（——），τῖμᾷ（——）

- 短母音を含むシラブルは「性質によって短かい」シラブルといいます．

    γένος（◡◡），πόλις（◡◡）

- 短母音を含むシラブルでもその後に2つの子音あるいは二重子音が続く場合は，それを「**位置によって長い**」(long by position) シラブルといいます．（この子音は次の語頭にあっても，二つの語にまたがっていても構いません．）これは単子音が続く時よりも次のシラブルに移る時間がかかる為であり，短母音が長くなるのではありません．

    ἐστίν（—◡），φάλαγξ（◡—）

- ただし短母音の後に「黙音＋流音」という組み合わせの子音が続く場合は，そのシラブルを韻律の必要に応じて長短いずれにも扱うことができます．

    πατρός（⏓◡），τέκνον（⏓◡）

変化表

1. 名詞

●第一(A)変化名詞　女性名詞

	χώρᾱ, ἡ 国	στρατιᾱ́, ἡ 軍隊	κώμη, ἡ 村	σκηνή, ἡ テント	γέφῡρα, ἡ 橋	θάλαττα, ἡ 海
単主呼	χώρᾱ	στρατιᾱ́	κώμη	σκηνή	γέφῡρα	θάλαττα
属	χώρᾱς	στρατιᾶς	κώμης	σκηνῆς	γεφῡ́ρᾱς	θαλάττης
与	χώρᾳ	στρατιᾷ	κώμῃ	σκηνῇ	γεφῡ́ρᾳ	θαλάττῃ
対	χώρᾱν	στρατιᾱ́ν	κώμην	σκηνήν	γέφῡραν	θάλατταν
双主対呼	χώρᾱ	στρατιᾱ́	κώμᾱ	σκηνᾱ́	γεφῡ́ρᾱ	θαλάττᾱ
属与	χώραιν	στρατιαῖν	κώμαιν	σκηναῖν	γεφῡ́ραιν	θαλάτταιν
複主呼	χῶραι	στρατιαί	κῶμαι	σκηναί	γέφῡραι	θάλατται
属	χωρῶν	στρατιῶν	κωμῶν	σκηνῶν	γεφῡρῶν	θαλαττῶν
与	χώραις	στρατιαῖς	κώμαις	σκηναῖς	γεφῡ́ραις	θαλάτταις
対	χώρᾱς	στρατιᾱ́ς	κώμᾱς	σκηνᾱ́ς	γεφῡ́ρᾱς	θαλάττᾱς

●第一(A)変化名詞　男性名詞

	νεᾱνίᾱς, ὁ 若者	στρατιώτης, ὁ 兵士	κριτής, ὁ 裁判官	Πέρσης, ὁ ペルシア人
単主	νεᾱνίᾱς	στρατιώτης	κριτή-ς	Πέρσης
属	νεᾱνίου	στρατιώτου	κριτοῦ	Πέρσου
与	νεᾱνίᾳ	στρατιώτῃ	κριτῇ	Πέρσῃ
対	νεᾱνίᾱν	στρατιώτην	κριτή-ν	Πέρσην
呼	νεᾱνίᾱ	στρατιῶτα	κριτά	Πέρσα
双主対呼	νεᾱνίᾱ	στρατιώτᾱ	κριτᾱ́	Πέρσᾱ
属与	νεᾱνίαιν	στρατιώταιν	κριταῖν	Πέρσαιν
複主呼	νεᾱνίαι	στρατιῶται	κριταί	Πέρσαι
属	νεᾱνιῶν	στρατιωτῶν	κριτῶν	Περσῶν
与	νεᾱνίαις	στρατιώταις	κριταῖς	Πέρσαις
対	νεᾱνίᾱς	στρατιώτᾱς	κριτᾱ́ς	Πέρσᾱς

●第二(O)変化

	λόγος, ὁ 言葉	οἶνος, ὁ 酒	ἄνθρωπος, ὁ, ἡ 人間	ὁδός, ἡ 道	δῶρον, τό 贈物
単主	λόγος	οἶνος	ἄνθρωπος	ὁδός	δῶρον
属	λόγου	οἴνου	ἀνθρώπου	ὁδοῦ	δώρου
与	λόγῳ	οἴνῳ	ἀνθρώπῳ	ὁδῷ	δώρῳ
対	λόγον	οἶνον	ἄνθρωπον	ὁδόν	δῶρον
呼	λόγε	οἶνε	ἄνθρωπε	ὁδέ	δῶρον
双主対呼	λόγω	οἴνω	ἀνθρώπω	ὁδώ	δώρω
属与	λόγοιν	οἴνοιν	ἀνθρώποιν	ὁδοῖν	δώροιν
複主呼	λόγοι	οἶνοι	ἄνθρωποι	ὁδοί	δῶρα
属	λόγων	οἴνων	ἀνθρώπων	ὁδῶν	δώρων
与	λόγοις	οἴνοις	ἀνθρώποις	ὁδοῖς	δώροις
対	λόγους	οἴνους	ἀνθρώπους	ὁδούς	δῶρα

●約音名詞

	νοῦς, ὁ 精神 (νου- ＜νοο-)		μνᾶ, ἡ ムナ，貨幣単位 (μνᾱ- ＜μναᾱ)		σῦκῆ, ἡ いちじくの樹 (σῡκη- ＜σῡκεᾱ-)	
単主	(νόος)	νοῦς	(μνάᾱ)	μνᾶ	(σῡκέᾱ)	σῡκῆ
属	(νόου)	νοῦ	(μνάᾱς)	μνᾶς	(σῡκέᾱς)	σῡκῆς
与	(νόῳ)	νῷ	(μνάᾳ)	μνᾷ	(σῡκέᾳ)	σῡκῇ
対	(νόον)	νοῦν	(μνάᾱν)	μνᾶν	(συκέᾱν)	σῡκῆν
呼	(νόε)	νοῦ	(μνάᾱ)	μνᾶ	(σῡκέᾱ)	σῡκῆ
双主対呼	(νόω)	νώ	(μνάᾱ)	μνᾶ	(σῡκέᾱ)	σῡκᾶ
属与	(νόοιν)	νοῖν	(μνάαιν)	μναῖν	(σῡκέαιν)	σῡκαῖν
複主呼	(νόοι)	νοῖ	(μνάαι)	μναῖ	(σῡκέαι)	σῡκαῖ
属	(νόων)	νῶν	(μναῶν)	μνῶν	(σῡκεῶν)	σῡκῶν
与	(νόοις)	νοῖς	(μνάαις)	μναῖς	(σῡκέαις)	σῡκαῖς
対	(νόους)	νοῦς	(μνάᾱς)	μνᾶς	(συκέᾱς)	σῡκᾶς

●第三変化名詞　黙音幹（p-黙音，唇音，k-黙音，口蓋音）

	ἡ φλέψ 血管	φύλαξ, ὁ 番人	φάλαγξ, ἡ 重装歩兵団	αἴξ, ὁ, ἡ 山羊
単主呼	φλέψ	φύλαξ	φάλαγξ	αἴξ
属	φλεβ-ός	φύλακ-ος	φάλαγγ-ος	αἰγ-ός
与	φλεβ-ί	φύλακ-ι	φάλαγγ-ι	αἰγ-ί
対	φλέβ-α	φύλακ-α	φάλαγγ-α	αἶγ-α
双主対呼	φλέβ-ε	φύλακ-ε	φάλαγγ-ε	αἶγ-ε
属与	φλεβ-οῖν	φυλάκ-οιν	φαλάγγ-οιν	αἰγ-οῖν
複主呼	φλέβ-ες	φύλακ-ες	φάλαγγ-ες	αἶγ-ες
属	φλεβ-ῶν	φυλάκ-ων	φαλάγγ-ων	αἰγ-ῶν
与	φλεψί(ν)	φύλαξι(ν)	φάλαγξι(ν)	αἰξί(ν)
対	φλέβ-ας	φύλακ-ας	φάλαγγ-ας	αἶγ-ας

●第三変化名詞　黙音幹（t-黙音，歯音）

	νύξ, ἡ 夜	ἀσπίς, ἡ 盾	ὄρνῑς, ὁ, ἡ 鳥	γέρων, ὁ 老人	σῶμα, τό 身体	ἧπαρ τό 肝臓
単主	νύξ	ἀσπίς	ὄρνῑς	γέρων	σῶμα	ἧπαρ
属	νυκτ-ός	ἀσπίδ-ος	ὄρνῑθ-ος	γέροντ-ος	σώματ-ος	ἥπατ-ος
与	νυκτ-ί	ἀσπίδ-ι	ὄρνῑθ-ι	γέροντ-ι	σώματ-ι	ἥπατ-ι
対	νύκτ-α	ἀσπίδ-α	ὄρνῑν	γέροντ-α	σῶμα	ἧπαρ
呼	νύξ	ἀσπί	ὄρνῑ	γέρον	σῶμα	ἧπαρ
双主対呼	νύκτ-ε	ἀσπίδ-ε	ὄρνῑθ-ε	γέροντ-ε	σώματ-ε	ἥπατ-ε
属与	νυκτ-οῖν	ἀσπίδ-οιν	ὀρνῑ́θ-οιν	γερόντ-οιν	σωμάτ-οιν	ἡπάτ-οιν
複主呼	νύκτ-ες	ἀσπίδ-ες	ὄρνῑθ-ες	γέροντ-ες	σώματ-α	ἥπατ-α
属	νυκτ-ῶν	ἀσπίδ-ων	ὀρνῑ́θ-ων	γερόντ-ων	σωμάτ-ων	ἡπάτ-ων
与	νυξί(ν)	ἀσπί-σι(ν)	ὄρνῑ-σι(ν)	γέρουσι(ν)	σώμασι(ν)	ἥπασι(ν)
対	νύκτ-ας	ἀσπίδ-ας	ὄρνῑθ-ας	γέροντ-ας	σώματ-α	ἥπατ-α

（注）ὄρνῑς の単数対格別形 ὄρνῑθα

●第三変化名詞　流音幹

	ἀγών, ὁ 競技	ἡγεμών, ὁ 案内者	μήν, ὁ 月	ῥήτωρ, ὁ 雄弁家
単主	ἀγών	ἡγεμών	μήν	ῥήτωρ
属	ἀγῶν-ος	ἡγεμόν-ος	μην-ός	ῥήτορ-ος
与	ἀγῶν-ι	ἡγεμόν-ι	μην-ί	ῥήτορ-ι
対	ἀγῶν-α	ἡγεμόν-α	μῆν-α	ῥήτορ-α
呼	ἀγών	ἡγεμών	μήν	ῥῆτορ
双主対呼	ἀγῶν-ε	ἡγεμόν-ε	μῆν-ε	ῥήτορ-ε
属与	ἀγών-οιν	ἡγεμόν-οιν	μην-οῖν	ῥητόρ-οιν
複主呼	ἀγῶν-ες	ἡγεμόν-ες	μῆν-ες	ῥήτορ-ες
属	ἀγών-ων	ἡγεμόν-ων	μην-ῶν	ῥητόρ-ων
与	ἀγῶσι(ν)	ἡγεμόσι(ν)	μησί(ν)	ῥήτορ-σι(ν)
対	ἀγῶν-ας	ἡγεμόν-ας	μῆν-ας	ῥήτορ-ας

●第三変化名詞(特殊形)　流音幹

		πατήρ, ὁ 父		μήτηρ, ἡ 母		ἀνήρ, ὁ 男・夫
単主		πατήρ		μήτηρ		ἀνήρ
属	(πατέρ-ος)	πατρ-ός	(μητέρ-ος)	μητρ-ός	(ἀνέρ-ος)	ἀνδρ-ός
与	(πατέρ-ι)	πατρ-ί	(μητέρ-ι)	μητρ-ί	(ἀνέρ-ι)	ἀνδρ-ί
対		πατέρ-α		μητέρ-α	(ἀνέρ-α)	ἄνδρ-α
呼		πάτερ		μῆτερ		ἄνερ
双主体呼		πατέρ-ε		μητέρ-ε	(ἀνέρ-ε)	ἄνδρ-ε
属与		πατέρ-οιν		μητέρ-οιν	(ἀνέρ-οιν)	ἀνδρ-οῖν
複主呼		πατέρ-ες		μητέρ-ες	(ἀνέρ-ες)	ἄνδρ-ες
属		πατέρ-ων		μητέρ-ων	(ἀνέρ-ων)	ἀνδρ-ῶν
与		πατρά-σι(ν)		μητρά-σι(ν)		ἀνδρά-σι(ν)
対		πατέρ-ας		μητέρ-ας	(ἀνέρ-ας)	ἄνδρ-ας

(注)　語中音省略（syncopation）によるもの

πατέρος → πατρός, μητέρι → μητρί, ἀνδρός は ἀνέρος の -ε- を省略し，代わりに δ を挿入して ν と ρ の発音を明瞭にしたもの.

● σ 語幹名詞

		εὖρος, τό 幅		τριήρης, ἡ 三段櫂船		κρέας, τό 肉
単主		εὖρος		τριήρης		κρέας
属	(εὔρε-ος)	εὔρους	(τριήρε-ος)	τριήρους	(κρέα-ος)	κρέως
与	(εὔρε-ϊ)	εὔρει	(τριήρε-ϊ)	τριήρει	(κρέα-ϊ)	κρέαι
対		εὖρος	(τριήρε-α)	τριήρη		κρέας
呼		εὖρος		τριῆρες		κρέας
双主対呼	(εὔρε-ε)	εὔρει	(τριήρε-ε)	τριήρει		
属与	(εὐρέ-οιν)	εὐροῖν	(τριηρέ-οιν)	τριήροιν		
複主呼	(εὔρε-α)	εὔρη	(τριήρε-ες)	τριήρεις	(κρέα-α)	κρέα
属	(εὐρέ-ων)	εὐρῶν	(τριηρέ-ων)	τριήρων	(κρεά-ων)	κρεῶν
与		εὔρε-σι(ν)		τριήρε-σι(ν)		κρέα-σι(ν)
対	(εὔρε-α)	εὔρη		τριήρεις	(κρέα-α)	κρέα

● ι, υ 語幹名詞

		πόλις, ἡ 都市・国家		πῆχυς, ὁ 腕		ἄστυ, τό 町	ἰχθῦ́-ς, ὁ 魚
単主		πόλι-ς		πῆχυ-ς		ἄστυ	ἰχθῦ́-ς
属		πόλε-ως		πήχε-ως		ἄστε-ως	ἰχθύ-ος
与	(πόλε-ϊ)	πόλει	(πήχε-ϊ)	πήχει	(ἄστε-ϊ)	ἄστει	ἰχθύ-ϊ
対		πόλι-ν		πῆχυ-ν		ἄστυ	ἰχθῦ́-ν
呼		πόλι		πῆχυ		ἄστυ	ἰχθῦ
双主対呼	(πόλε-ε)	πόλει	(πήχε-ε)	πήχει	(ἄστε-ε)	ἄστει	ἰχθύ-ε
属与		πολέ-οιν		πηχέ-οιν		ἀστέ-οιν	ἰχθύ-οιν
複主	(πόλε-ες)	πόλεις	(πήχε-ες)	πήχεις	(ἄστε-α)	ἄστη	ἰχθύ-ες
属		πόλε-ων		πήχε-ων		ἄστε-ων	ἰχθύ-ων
与		πόλε-σι(ν)		πήχε-σι(ν)		ἄστε-σι(ν)	ἰχθύ-σι(ν)
対		πόλεις		πήχεις	(ἄστε-α)	ἄστη	ἰχθῦς

●二重母音名詞

		βασιλεύς, ὁ 王	βοῦς, ὁ, ἡ 牛	γραῦς, ἡ 老婆	ναῦς, ἡ 船
単主		βασιλεύ-ς	βοῦ-ς	γραῦ-ς	ναῦ-ς
属		βασιλέ-ως	βο-ός	γρᾱ-ός	νε-ώς
与	(βασιλέ-ϊ)	βασιλεῖ	βο-ΐ	γρᾱ-ΐ	νη-ΐ
対		βασιλέ-ᾱ	βοῦ-ν	γραῦ-ν	ναῦ-ν
呼		βασιλεῦ	βοῦ	γραῦ	ναῦ
双主体呼		βασιλέ-ε	βό-ε	γρᾶ-ε	νῆ-ε
属与		βασιλέ-οιν	βο-οῖν	γρᾱ-οῖν	νε-οῖν
複主呼	(βασιλέ-ες)	βασιλεῖς	βό-ες	γρᾶ-ες	νῆ-ες
属		βασιλέ-ων	βο-ῶν	γρᾱ-ῶν	νε-ῶν
与		βασιλεῦ-σι(ν)	βου-σί(ν)	γραυ-σί(ν)	ναυ-σί(ν)
対		βασιλέ-ᾱς	βοῦ-ς	γραῦ-ς	ναῦ-ς

2　形容詞

●第一，第二(母音幹)変化形容詞

	ἀγαθός 善い			ἄξιος 価値のある		
	男	女	中	男	女	中
単主	ἀγαθός	ἀγαθή	ἀγαθόν	ἄξιος	ἀξίᾱ	ἄξιον
属	ἀγαθοῦ	ἀγαθῆς	ἀγαθοῦ	ἀξίου	ἀξίᾱς	ἀξίου
与	ἀγαθῷ	ἀγαθῇ	ἀγαθῷ	ἀξίῳ	ἀξίᾳ	ἀξίῳ
対	ἀγαθόν	ἀγαθήν	ἀγαθόν	ἄξιον	ἀξίᾱν	ἄξιον
呼	ἀγαθέ	ἀγαθή	ἀγαθόν	ἄξιε	ἀξίᾱ	ἄξιον
双主体呼	ἀγαθώ	ἀγαθᾱ́	ἀγαθώ	ἀξίω	ἀξίᾱ	ἀξίω
属与	ἀγαθοῖν	ἀγαθαῖν	ἀγαθοῖν	ἀξίοιν	ἀξίαιν	ἀξίοιν
複主呼	ἀγαθοί	ἀγαθαί	ἀγαθά	ἄξιοι	ἄξιαι	ἄξια
属	ἀγαθῶν	ἀγαθῶν	ἀγαθῶν	ἀξίων	ἀξίων	ἀξίων
与	ἀγαθοῖς	ἀγαθαῖς	ἀγαθοῖς	ἀξίοις	ἀξίαις	ἀξίοις
対	ἀγαθούς	ἀγαθᾱ́ς	ἀγαθά	ἀξίους	ἀξίᾱς	ἄξια

●約音形容詞

	χρῡσοῦς 黄金の					
	男		女		中	
単主	(χρῡ́σεος)	χρῡσοῦς	(χρῡσέᾱ)	χρῡσῆ	(χρῡ́σεον)	χρῡσοῦν
属	(χρῡσέου)	χρῡσοῦ	(χρῡσέᾱς)	χρῡσῆς	(χρῡσέου)	χρῡσοῦ
与	(χρῡσέῳ)	χρῡσῷ	(χρῡσέᾳ)	χρῡσῇ	(χρῡσέῳ)	χρῡσῷ
対	(χρῡ́σεον)	χρῡσοῦν	(χρῡσέᾱν)	χρῡσῆν	(χρῡ́σεον)	χρῡσοῦν
双主体呼	(χρῡσέω)	χρῡσώ	(χρῡσέᾱ)	χρῡσᾶ	(χρῡσέω)	χρῡσώ
属与	(χρῡσέοιν)	χρῡσοῖν	(χρῡσέαιν)	χρῡσαῖν	(χρῡσέοιν)	χρῡσοῖν
複主呼	(χρῡ́σεοι)	χρῡσοῖ	(χρῡ́σεαι)	χρῡσαῖ	(χρῡ́σεα)	χρῡσᾶ
属	(χρῡσέων)	χρῡσῶν	(χρῡσέων)	χρῡσῶν	(χρῡσέων)	χρῡσῶν
与	(χρῡσέοις)	χρῡσοῖς	(χρῡσέαις)	χρῡσαῖς	(χρῡσέοις)	χρῡσοῖς
対	(χρῡσέους)	χρῡσοῦς	(χρῡσέᾱς)	χρῡσᾶς	(χρῡ́σεα)	χρῡσᾶ

ἀργυροῦς　銀の						
	男		女		中	
単主呼	(ἀργύρεος)	ἀργυροῦς	(ἀργυρέᾱ)	ἀργυρᾶ	(ἀργύρεον)	ἀργυροῦν
属	(ἀργυρέου)	ἀργυροῦ	(ἀργυρέᾱς)	ἀργυρᾶς	(ἀργυρέου)	ἀργυροῦ
与	(ἀργυρέῳ)	ἀργυρῷ	(ἀργυρέᾳ)	ἀργυρᾷ	(ἀργυρέῳ)	ἀργυρῷ
対	(ἀργύρεον)	ἀργυροῦν	(ἀργυρέᾱν)	ἀργυρᾶν	(ἀργύρεον)	ἀργυροῦν
双主対呼	(ἀργυρέω)	ἀργυρώ	(ἀργυρέᾱ)	ἀργυρᾶ	(ἀργυρέω)	ἀργυρώ
属与	(ἀργυρέοιν)	ἀργυροῖν	(ἀργυρέαιν)	ἀργυραῖν	(ἀργυρέοιν)	ἀργυροῖν
複主呼	(ἀργύρεοι)	ἀργυροῖ	(ἀργύρεαι)	ἀργυραῖ	(ἀργύρεα)	ἀργυρᾶ
属	(ἀργυρέων)	ἀργυρῶν	(ἀργυρέων)	ἀργυρῶν	(ἀργυρέων)	ἀργυρῶν
与	(ἀργυρέοις)	ἀργυροῖς	(ἀργυρέαις)	ἀργυραῖς	(ἀργυρέοις)	ἀργυροῖς
対	(ἀργυρέους)	ἀργυροῦς	(ἀργυρέᾱς)	ἀργυρᾶς	(ἀργύρεα)	ἀργυρᾶ

●第三変化(子音幹)変化形容詞

	χαρίεις(χαριεντ)　優美な			πᾶς(παντ)　全ての		
	男	女	中	男	女	中
単主	χαρίεις	χαρίεσσα	χαρίεν	πᾶς	πᾶσα	πᾶν
属	χαρίεντος	χαριέσσης	χαρίεντος	παντός	πᾱ́σης	παντός
与	χαρίεντι	χαριέσσῃ	χαρίεντι	παντί	πᾱ́σῃ	παντί
対	χαρίεντα	χαρίεσσαν	χαρίεν	πάντα	πᾶσαν	πᾶν
呼	χαρίεν	χαρίεσσα	χαρίεν			
双主対呼	χαρίεντε	χαριέσσᾱ	χαρίεντε			
属与	χαριέντοιν	χαριέσσαιν	χαριέντοιν			
複主呼	χαρίεντες	χαρίεσσαι	χαρίεντα	πάντες	πᾶσαι	πάντα
属	χαριέντων	χαριεσσῶν	χαριέντων	πάντων	πᾱσῶν	πάντων
与	χαρίεσι(ν)	χαριέσσαις	χαρίεσι(ν)	πᾶσι(ν)	πᾱ́σαις	πᾶσι(ν)
対	χαρίεντας	χαριέσσᾱς	χαρίεντα	πάντας	πᾱ́σᾱς	πάντα

	ἑκών(ἑκοντ) 自発的な			μέλᾱς(μελαν) 黒い		
	男	女	中	男	女	中
単主	ἑκών	ἑκοῦσα	ἑκόν	μέλᾱς	μέλαινα	μέλαν
属	ἑκόντος	ἑκούσης	ἑκόντος	μέλανος	μελαίνης	μέλανος
与	ἑκόντι	ἑκούσῃ	ἑκόντι	μέλανι	μελαίνῃ	μέλανι
対	ἑκόντα	ἑκοῦσαν	ἑκόν	μέλανα	μέλαιναν	μέλαν
呼	ἑκών	ἑκοῦσα	ἑκόν	μέλαν	μέλαινα	μέλαν
双主対呼	ἑκόντε	ἑκούσᾱ	ἑκόντε	μέλανε	μελαίνᾱ	μέλανε
属与	ἑκόντοιν	ἑκούσαιν	ἑκόντοιν	μελάνοιν	μελαίναιν	μελάνοιν
複主呼	ἑκόντες	ἑκοῦσαι	ἑκόντα	μέλανες	μέλαιναι	μέλανα
属	ἑκόντων	ἑκουσῶν	ἑκόντων	μελάνων	μελαινῶν	μελάνων
与	ἑκοῦσι(ν)	ἑκούσαις	ἑκοῦσι(ν)	μέλασι(ν)	μελαίναις	μέλασι(ν)
対	ἑκόντας	ἑκούσᾱς	ἑκόντα	μέλανας	μελαίνᾱς	μέλανα

	εὐδαίμων(εὐδαιμον) 幸運な		ἀληθής(ἀληθεσ) 真実の			
	男・女	中	男・女		中	
単主	εὐδαίμων	εὔδαιμον		ἀληθής		ἀληθές
属	εὐδαίμονος	εὐδαίμονος	(ἀληθέ-ος)	ἀληθοῦς	(ἀληθέ-ος)	ἀληθοῦς
与	εὐδαίμονι	εὐδαίμονι	(ἀληθέ-ϊ)	ἀληθεῖ	(ἀληθέ-ϊ)	ἀληθεῖ
対	εὐδαίμονα	εὔδαιμον	(ἀληθέ-α)	ἀληθῆ		ἀληθές
呼	εὔδαιμον	εὔδαιμον		ἀληθές		ἀληθές
双主対呼	εὐδαίμονε	εὐδαίμονε	(ἀληθέ-ε)	ἀληθεῖ	(ἀληθέ-ε)	ἀληθεῖ
属与	εὐδαιμόνοιν	εὐδαιμόνοιν	(ἀληθέ-οιν)	ἀληθοῖν	(ἀληθέ-οιν)	ἀληθοῖν
複主呼	εὐδαίμονες	εὐδαίμονα	(ἀληθέ-ες)	ἀληθεῖς	(ἀληθέ-α)	ἀληθῆ
属	εὐδαιμόνων	εὐδαιμόνων	(ἀληθέ-ων)	ἀληθῶν	(ἀληθέ-ων)	ἀληθῶν
与	εὐδαίμοσι(ν)	εὐδαίμοσι(ν)		ἀληθέσι(ν)		ἀληθέσι(ν)
対	εὐδαίμονας	εὐδαίμονα		ἀληθεῖς	(ἀληθέ-α)	ἀληθῆ

		ἡδύς(ἡδυ)　甘い			ἡδῑ́ων(ἡδῑον)　より甘い(比較級)	
		男	女	中	男・女	中
単主		ἡδύς	ἡδεῖα	ἡδύ	ἡδῑ́ων	ἥδῑον
属		ἡδέος	ἡδείᾱς	ἡδέος	ἡδῑ́ον-ος	ἡδῑ́ον-ος
与	(ἡδέ-ϊ)	ἡδεῖ	ἡδείᾳ	ἡδεῖ	ἡδῑ́ον-ι	ἡδῑ́ονι
対		ἡδύν	ἡδεῖαν	ἡδύ	ἡδῑ́ον-α	ἥδῑον
呼		ἡδύ	ἡδεῖα	ἡδύ		
双主対呼	(ἡδέ-ε)	ἡδεῖ	ἡδείᾱ	ἡδεῖ	ἡδῑ́ον-ε	ἡδῑ́ον-ε
属呼		ἡδέοιν	ἡδείαιν	ἡδέοιν	ἡδῑόν-οιν	ἡδῑόν-οιν
複主体呼	(ἡδέ-ες)	ἡδεῖς	ἡδεῖαι	ἡδέα	ἡδῑ́ον-ες	ἡδῑ́ον-α
属		ἡδέων	ἡδειῶν	ἡδέων	ἡδῑόν-ων	ἡδῑόν-ων
与		ἡδέσι(ν)	ἡδείαις	ἡδέσι(ν)	ἡδῑ́οσι	ἡδῑ́οσι
対		ἡδεῖς	ἡδείᾱς	ἡδέα	ἡδῑ́ον-ας	ἡδῑ́ον-α

(注)　ἡδῑ́ων より甘い（比較級）の変化に別形が良く使われる
(男性・女性)単数・対格　ἡδῑ́ω
(男性・女性)複数(主格・対格)　ἡδῑ́ους
中性・複数(主格・対格)　ἡδῑ́ω

●不規則変化形容詞

	μέγας(μεγα, μεγαλο)　大きい			πολύς(πολυ, πολλο)　多くの		
	男	女	中	男	女	中
単主	μέγας	μεγάλη	μέγα	πολύς	πολλή	πολύ
属	μεγάλου	μεγάλης	μεγάλου	πολλοῦ	πολλῆς	πολλοῦ
与	μεγάλῳ	μεγάλῃ	μεγάλῳ	πολλῷ	πολλῇ	πολλῷ
対	μέγαν	μεγάλην	μέγα	πολύν	πολλήν	πολύ
呼	μεγάλε	μεγάλη	μέγα			
双主体呼	μεγάλω	μεγάλᾱ	μεγάλω			
属与	μεγάλοιν	μεγάλαιν	μεγάλοιν			
複主呼	μεγάλοι	μεγάλαι	μεγάλα	πολλοί	πολλαί	πολλά
属	μεγάλων	μεγάλων	μεγάλων	πολλῶν	πολλῶν	πολλῶν
与	μεγάλοις	μεγάλαις	μεγάλοις	πολλοῖς	πολλαῖς	πολλοῖς
対	μεγάλους	μεγάλᾱς	μεγάλα	πολλούς	πολλᾱ́ς	πολλά

3　分詞

● ω 動詞，能動態現在分詞

	λῡ́ων (λῡοντ)		
	男	女	中
単主呼	λῡ́ων	λῡ́ουσα	λῦον
属	λῡ́οντος	λῡούσης	λῡ́οντος
与	λῡ́οντι	λῡούσῃ	λῡ́οντι
対	λῡ́οντα	λῡ́ουσαν	λῦον
双主対呼	λῡ́οντε	λῡούσᾱ	λῡ́οντε
属与	λῡόντοιν	λῡούσαιν	λῡόντοιν
複主呼	λῡ́οντες	λῡ́ουσαι	λῡ́οντα
属	λῡόντων	λῡουσῶν	λῡόντων
与	λῡ́ουσι	λῡούσαις	λῡ́ουσι
対	λῡ́οντας	λῡούσᾱς	λῡ́οντα

● ω 動詞，能動態アオリスト分詞

λῡ́σᾱς (λῡσαντ)		
男	女	中
λῡ́σᾱς	λῡ́σᾱσα	λῦσαν
λῡ́σαντος	λῡσᾱ́σης	λῡ́σαντος
λῡ́σαντι	λῡσᾱ́σῃ	λῡ́σαντι
λῡ́σαντα	λῡ́σᾱσαν	λῦσαν
λῡ́σαντε	λῡσᾱ́σᾱ	λῡ́σαντε
λῡσάντοιν	λῡσᾱ́σαιν	λῡσάντοιν
λῡ́σαντες	λῡ́σᾱσαι	λῡ́σαντα
λῡσάντων	λῡσᾱσῶν	λῡσάντων
λῡ́σᾱσι	λῡσᾱ́σαις	λῡ́σᾱσι
λῡ́σαντας	λῡσᾱ́σᾱς	λῡ́σαντα

● ω 動詞，能動態現在完了分詞

	λελυκώς (λελυκοτ)		
	男	女	中
単主呼	λελυκώς	λελυκυῖα	λελυκός
属	λελυκότος	λελυκυίᾱς	λελυκότος
与	λελυκότι	λελυκυίᾳ	λελυκότι
対	λελυκότα	λελυκυῖαν	λελυκός
双主対呼	λελυκότε	λελυκυίᾱ	λελυκότε
属与	λελυκότοιν	λελυκυίαιν	λελυκότοιν
複主呼	λελυκότες	λελυκυῖαι	λελυκότα
属	λελυκότων	λελυκυιῶν	λελυκότων
与	λελυκόσι	λελυκυίαις	λελυκόσι
対	λελυκότας	λελυκυίᾱς	λελυκότα

● ω 動詞，受動態アオリスト分詞

λυθείς (λυθεντ)		
男	女	中
λυθείς	λυθεῖσα	λυθέν
λυθέντος	λυθείσης	λυθέντος
λυθέντι	λυθείσῃ	λυθέντι
λυθέντα	λυθεῖσαν	λυθέν
λυθέντε	λυθείσᾱ	λυθέντε
λυθέντοιν	λυθείσαιν	λυθέντοιν
λυθέντες	λυθεῖσαι	λυθέντα
λυθέντων	λυθεισῶν	λυθέντων
λυθεῖσι	λυθείσαις	λυθεῖσι
λυθέντας	λυθείσᾱς	λυθέντα

●約音動詞の分詞

	τῑμῶν(τῑμα-οντ) 尊重する			ποιῶν(ποιε-οντ) 為す，行う		
	男	女	中	男	女	中
単主呼	τῑμῶν	τῑμῶσα	τῑμῶν	ποιῶν	ποιοῦσα	ποιοῦν
属	τῑμῶντος	τῑμώσης	τῑμῶντος	ποιοῦντος	ποιούσης	ποιοῦντος
与	τῑμῶντι	τῑμώσῃ	τῑμῶντι	ποιοῦντι	ποιούσῃ	ποιοῦντι
対	τῑμῶντα	τῑμῶσαν	τῑμῶν	ποιοῦντα	ποιοῦσαν	ποιοῦν
双主対呼	τῑμῶντε	τῑμώσᾱ	τῑμῶντε	ποιοῦντε	ποιούσᾱ	ποιοῦντε
属与	τῑμώντοιν	τῑμώσαιν	τῑμώντοιν	ποιούντοιν	ποιούσαιν	ποιούντοιν
複主呼	τῑμῶντες	τῑμῶσαι	τῑμῶντα	ποιοῦντες	ποιοῦσαι	ποιοῦντα
属	τῑμώντων	τῑμωσῶν	τῑμώντων	ποιούντων	ποιουσῶν	ποιούντων
与	τῑμῶσι	τῑμώσαις	τῑμῶσι	ποιοῦσι	ποιούσαις	ποιοῦσι
対	τῑμῶντας	τῑμώσᾱς	τῑμῶντα	ποιοῦντας	ποιούσᾱς	ποιοῦντα

4　冠詞と代名詞

●冠詞

	男	女	中
単主	ὁ	ἡ	τό
属	τοῦ	τῆς	τοῦ
与	τῷ	τῇ	τῷ
対	τόν	τήν	τό
双主対	τώ	τώ	τώ
属与	τοῖν	τοῖν	τοῖν
複主	οἱ	αἱ	τά
属	τῶν	τῶν	τῶν
与	τοῖς	ταῖς	τοῖς
対	τούς	τᾱ́ς	τά

●人称代名詞

一人称	二人称	三人称
ἐγώ	σύ	
ἐμοῦ	σοῦ	οὗ
ἐμοί	σοί	οἷ
ἐμέ	σέ	ἕ
νώ	σφώ	
νῷν	σφῷν	
ἡμεῖς	ῡ̔μεῖς	σφεῖς
ἡμῶν	ῡ̔μῶν	σφῶν
ἡμῖν	ῡ̔μῖν	σφίσι
ἡμᾶς	ῡ̔μᾶς	σφᾶς

●強意代名詞

男	女	中
αὐτός	αὐτή	αὐτό
αὐτοῦ	αὐτῆς	αὐτοῦ
αὐτῷ	αὐτῇ	αὐτῷ
αὐτόν	αὐτήν	αὐτό
αὐτώ	αὐτᾱ́	αὐτώ
αὐτοῖν	αὐταῖν	αὐτοῖν
αὐτοί	αὐταί	αὐτά
αὐτῶν	αὐτῶν	αὐτῶν
αὐτοῖς	αὐταῖς	αὐτοῖς
αὐτούς	αὐτᾱ́ς	αὐτά

(注)　人称代名詞一人称には　μου, μοι, με
　　　　　　　　二人称には　σου, σοι, σε
　　　　　　　　三人称には　οὑ, οἱ, ἑ
　　という別形がありこれらは後寄辞.

●再帰代名詞「私自身，私たち自身」「あなた自身，あなた方自身」

	男	女
単属	ἐμαυτοῦ	ἐμαυτῆς
与	ἐμαυτῷ	ἐμαυτῇ
対	ἐμαυτόν	ἐμαυτήν
複属	ἡμῶν αὐτῶν	ἡμῶν αὐτῶν
与	ἡμῖν αὐτοῖς	ἡμῖν αὐταῖς
対	ἡμᾶς αὐτούς	ἡμᾶς αὐτᾱ́ς

男		女	
σεαυτοῦ	(σαυτοῦ)	σεαυτῆς	(σαυτῆς)
σεαυτῷ	(σαυτῷ)	σεαυτῇ	(σαυτῇ)
σεαυτόν	(σαυτόν)	σεαυτήν	(σαυτήν)
ῡ̔μῶν αὐτῶν		ῡ̔μῶν αὐτῶν	
ῡ̔μῖν αὐτοῖς		ῡ̔μῖν αὐταῖς	
ῡ̔μᾶς αὐτούς		ῡ̔μᾶς αὐτᾱ́ς	

「彼自身，彼ら自身」

	男		女		中	
単属	ἑαυτοῦ	(αὑτοῦ)	ἑαυτῆς	(αὑτῆς)	ἑαυτοῦ	(αὑτοῦ)
与	ἑαυτῷ	(αὑτῷ)	ἑαυτῇ	(αὑτῇ)	ἑαυτῷ	(αὑτῷ)
対	ἑαυτόν	(αὑτόν)	ἑαυτήν	(αὑτήν)	ἑαυτό	(αὑτό)
複属	ἑαυτῶν	(αὑτῶν)	ἑαυτῶν	(αὑτῶν)	ἑαυτῶν	(αὑτῶν)
与	ἑαυτοῖς	(αὑτοῖς)	ἑαυταῖς	(αὑταῖς)	ἑαυτοῖς	(αὑτοῖς)
対	ἑαυτούς	(αὑτούς)	ἑαυτᾱ́ς	(αὑτᾱ́ς)	ἑαυτά	(αὑτά)

●相互代名詞(双数・複数の斜格のみ)

	男	女	中
双属	ἀλλήλοιν	ἀλλήλαιν	ἀλλήλοιν
与	ἀλλήλοιν	ἀλλήλαιν	ἀλλήλοιν
対	ἀλλήλω	ἀλλήλᾱ	ἀλλήλω
複属	ἀλλήλων	ἀλλήλων	ἀλλήλων
与	ἀλλήλοις	ἀλλήλαις	ἀλλήλοις
対	ἀλλήλους	ἀλλήλᾱς	ἄλληλα

●指示代名詞

男	女	中	男	女	中	男	女	中
οὗτος	αὕτη	τοῦτο	ὅδε	ἥδε	τόδε	ἐκεῖνος	ἐκείνη	ἐκεῖνο
τούτου	ταύτης	τούτου	τοῦδε	τῆσδε	τοῦδε	ἐκείνου	ἐκείνης	ἐκείνου
τούτῳ	ταύτῃ	τούτῳ	τῷδε	τῇδε	τῷδε	ἐκείνῳ	ἐκείνῃ	ἐκείνῳ
τοῦτον	ταύτην	τοῦτο	τόνδε	τήνδε	τόδε	ἐκεῖνον	ἐκείνην	ἐκεῖνο
τούτω	τούτω	τούτω	τώδε	τώδε	τώδε	ἐκείνω	ἐκείνω	ἐκείνω
τούτοιν	τούτοιν	τούτοιν	τοῖνδε	τοῖνδε	τοῖνδε	ἐκείνοιν	ἐκείνοιν	ἐκείνοιν
οὗτοι	αὗται	ταῦτα	οἵδε	αἵδε	τάδε	ἐκεῖνοι	ἐκεῖναι	ἐκεῖνα
τούτων	τούτων	τούτων	τῶνδε	τῶνδε	τῶνδε	ἐκείνων	ἐκείνων	ἐκείνων
τούτοις	ταύταις	τούτοις	τοῖσδε	ταῖσδε	τοῖσδε	ἐκείνοις	ἐκείναις	ἐκείνοις
τούτους	ταύτᾱς	ταῦτα	τούσδε	τᾱ́σδε	τάδε	ἐκείνους	ἐκείνᾱς	ἐκεῖνα

●疑問代名詞

	男女	中
単主	τίς	τί
属	τίνος, τοῦ	τίνος, τοῦ
与	τίνι, τῷ	τίνι, τῷ
対	τίνα	τί
双主対	τίνε	τίνε
属与	τίνοιν	τίνοιν
複主	τίνες	τίνα
属	τίνων	τίνων
与	τίσι	τίσι
対	τίνας	τίνα

●不定代名詞

男女	中
τὶς	τὶ
τινός, του	τινός, του
τινί, τῳ	τινί, τῳ
τινά	τὶ
τινέ	τινέ
τινοῖν	τινοῖν
τινές	τινά
τινῶν	τινῶν
τισί	τισί
τινάς	τινά

●関係代名詞

単主	ὅς	ἥ	ὅ
属	οὗ	ἧς	οὗ
与	ᾧ	ᾗ	ᾧ
対	ὅν	ἥν	ὅ
双主対	ὥ	ὥ	ὥ
属与	οἷν	οἷν	οἷν
複主	οἵ	αἵ	ἅ
属	ὧν	ὧν	ὧν
与	οἷς	αἷς	οἷς
対	οὕς	ἅς	ἅ

●不定関係代名詞

ὅστις	ἥτις	ὅ τι
οὗτινος, ὅτου	ἧστινος	οὗτινος, ὅτου
ᾧτινι, ὅτῳ	ᾗτινι	ᾧτινι, ὅτῳ
ὅντινα	ἥντινα	ὅ τι
ὥτινε	ὥτινε	ὥτινε
οἷντινοιν	οἷντινοιν	οἷντινοιν
οἵτινες	αἵτινες	ἅτινα, ἅττα
ὧντινων, ὅτων	ὧντινων	ὧντινων, ὅτων
οἷστισι, ὅτοις	αἷστισι	οἷστισι, ὅτοις
οὕστινας	ἅστινας	ἅτινα, ἅττα

5　数詞

	基数詞	序数詞	副詞
1	εἷς, μία, ἕν	πρῶτος, -η, -ον, 第一の	ἅπαξ, 一度
2	δύο,	δεύτερος, ᾱ-, -ον, 第二の	δίς, 二度
3	τρεῖς, τρία	τρίτος 第三の	τρίς 三度
4	τέτταρες, τέτταρα	τέταρτος	τετράκις
5	πέντε	πέμπτος	πεντάκις
6	ἕξ	ἕκτος	ἑξάκις
7	ἑπτά	ἕβδομος	ἑπτάκις
8	ὀκτώ	ὄγδοος	ὀκτάκις
9	ἐννέα	ἔνατος	ἐνάκις
10	δέκα	δέκατος	δεκάκις
11	ἕνδεκα	ἑνδέκατος	ἑνδεκάκις
12	δώδεκα	δωδέκατος	δωδεκάκις
13	τρεισκαίδεκα	τρίτος καὶ δέκατος	
14	τετταρεσκαίδεκα	τέταρτος καὶ δέκατος	
15	πεντεκαίδεκα	πέμπτος καὶ δέκατος	
16	ἑκκαίδεκα	ἕκτος καὶ δέκατος	
17	ἑπτακαίδεκα	ἕβδομος καὶ δέκατος	
18	ὀκτωκαίδεκα	ὄγδοος καὶ δέκατος	
19	ἐννεακαίδεκα	ἔνατος καὶ δέκατος	
20	εἴκοσι(ν)	εἰκοστός	εἰκοσάκις
21	εἷς καὶ εἴκοσι, 又は εἴκοσι καὶ εἷς, 又は εἴκοσιν εἷς		
30	τριᾱ́κοντα	τριᾱκοστός	τριᾱκοντάκις
40	τετταράκοντα	τετταρακοστός	τετταρακοντάκις
50	πεντήκοντα	πεντηκοστός	πεντηκοντάκις
60	ἑξήκοντα	ἑξηκοστός	ἑξηκοντάκις
70	ἑβδομήκοντα	ἑβδομηκοστός	ἑβδομηκοντάκις
80	ὀγδοήκοντα	ὀγδοηκοστός	ὀγδοηκοντάκις
90	ἐνενήκοντα	ἐνενηκοστός	ἐνενηκοντάκις
100	ἑκατόν	ἑκατοστός	ἑκατοντάκις

200	διᾱκόσιοι, -αι, -α	διᾱκοσιοστός	διᾱκοσιάκις
300	τριᾱκόσιοι, -αι, α	τριᾱκοσιοστός	
400	τετρακόσιοι, -αι, -α	τετρακοσιοστός	
500	πεντακόσιοι, -αι, -α	πεντακοσιοστός	
600	ἑξακόσιοι, -αι, -α	ἑξακοσιοστός	
700	ἑπτακόσιοι, -αι, -α	ἑπτακοσιοστός	
800	ὀκτακόσιοι, -αι, -α	ὀκτακοσιοστός	
900	ἐνακόσιοι, -αι, -α	ἐνακοσιοστός	
1,000	χῑ́λιοι, -αι, -α	χῑλιοστός	χῑλιάκις
2,000	δισχῑ́λιοι, -αι, -α	δισχῑλιοστός	
3,000	τρισχῑ́λιοι, -αι, -α	τρισχῑλιοστός	
10,000	μῡ́ριοι, -αι, -α	μῡριοστός	μῡριάκις
20,000	δισμῡ́ριοι, -αι, -α	δισμῡριοστός	
100,000	δεκακισμῡ́ριοι, -αι, -α	δεκακισμῡριοστός	

● 1～4の基数詞の格変化

	1 単数変化			2 双数変化	
主	εἷς	μία	ἕν	主対	δύο
属	ἑνός	μιᾶς	ἑνός	属与	δυοῖν
与	ἑνί	μιᾷ	ἑνί		
対	ἕνα	μίαν	ἕν		

	3 複数変化		4 複数変化	
主	τρεῖς	τρία	τέτταρες	τέτταρα
属	τριῶν	τριῶν	τεττάρων	τεττάρων
与	τρισί	τρισί	τέτταρσι	τέτταρσι
対	τρεῖς	τρία	τέτταρας	τέτταρα

「誰も～ない．何も～ない」

	男	女	中
主	οὐδείς	οὐδεμία	οὐδέν
属	οὐδενός	οὐδεμιᾶς	οὐδενός
与	οὐδενί	οὐδεμιᾷ	οὐδενί
対	οὐδένα	οὐδεμίαν	οὐδέν

μηδείς も同様

●動詞変化の一覧表　　　λῡ́ω（λῡ́-）解く

動詞の主要部分　① λῡ́ω，② λῡ́σω，③ ἔλῡσα，

		① λῡ́ω 現在システム		② λῡ́σω 未来システム	③ ἔλῡσα 第一アオリストシステム
能動態		現在	未完了過去	未来	（第一）アオリスト
	直説法	λῡ́ω　①	ἔλῡον	λῡ́σω　②	ἔλῡσα　③
	接続法	λῡ́ω			λῡ́σω
	希求法	λύοιμι		λῡ́σοιμι	λῡ́σαιμι
	命令法	λῦε			λῦσον
	不定法	λῡ́ειν		λῡ́σειν	λῦσαι
	分詞	λῡ́ων		λῡ́σων	λῡ́σᾱς
中動態	直説法	λῡ́ομαι	ἐλῡόμην	λῡ́σομαι	ἐλῡσάμην
	接続法	λῡ́ωμαι			λῡ́σωμαι
	希求法	λῡοίμην		λῡσοίμην	λῡσαίμην
	命令法	λῡ́ου			λῦσαι
	不定法	λῡ́εσθαι		λῡ́σεσθαι	λῡ́σασθαι
	分詞	λῡόμενος		λῡσόμενος	λῡσάμενος
受動態				⑥ ἐλύθην 第一受動態システム	
				未来（受動態）	アオリスト（受動態）
	直説法	λῡ́ομαι	ἐλῡόμην	λυθήσομαι	ἐλύθην　⑥
	接続法	中動態と同じ			λυθῶ
	希求法	同上		λυθησοίμην	λυθείην
	命令法	同上			λύθητι
	不定法	同上		λυθήσεσθαι	λυθῆναι
	分詞	同上		λυθησόμενος	λυθείς

動詞の主要部分から動詞変化が全て導き出されることを上の一覧表で示した．
動詞の主要部分の一つから導き出される語形変化のグループを「システム」と総称する．

④ λέλῡκα　⑤ λέλυμαι　⑥ ἐλύθην

④ λέλῡκα 第一完了システム		⑤ λέλῡμαι 完了中動態システム				
(第一)現在完了	過去完了					能動態
λέλυκα ④	ἐλελύκη				直説法	
λελύκω　又は λελυκὼς ὦ λελύκοιμι　又は λελυκὼς εἴην					接続法 希求法	
[λέλυκε] λελυκέναι					命令法 不定法	
λελυκώς					分詞	
		現在完了(中)	過去完了(中)	未来完了(中)		中動態
		λέλυμαι ⑤	ἐλελύμην		直説法	
		λελυμένος ὦ λελυμένος εἴην			接続法 希求法	
		λέλυσο λελύσθαι			命令法 不定法	
		λελυμένος			分詞	
		現在完了(受)	過去完了(受)	未来完了(受)		受動態
		λέλυμαι	ἐλελύμην	λελῡ́σομαι	直説法	
		中動態と同じ 同上		λελυσοίμην	接続法 希求法	
		同上 同上		λελῡ́σεσθαι	命令法 不定法	
		同上		λελῡσόμενος	分詞	

第二アオリスト ἔλιπον，第二完了 λέλοιπα，第二アオリスト(受)ἐστάλην については
はそれぞれの表を参照.

6　動詞

			現在システム		未来システム	
			能動態	中・受動態	能動態	中動態
			現在	現在	未来	未来
直説法	単	1	λῡ́ω	λῡ́ο-μαι	λῡ́σω	λῡ́σο-μαι
		2	λῡ́εις	λῡ́ει	λῡ́σεις	λῡ́σει
		3	λῡ́ει	λῡ́ε-ται	λῡ́σει	λῡ́σε-ται
	双	2	λῡ́ε-τον	λῡ́ε-σθον	λῡ́σε-τον	λῡ́σε-σθον
		3	λῡ́ε-τον	λῡ́ε-σθον	λῡ́σε-τον	λῡ́σε-σθον
	複	1	λῡ́ο-μεν	λῡό-μεθα	λῡ́σο-μεν	λῡσό-μεθα
		2	λῡ́ε-τε	λῡ́ε-σθε	λῡ́σε-τε	λῡ́σε-σθε
		3	λῡ́ουσι	λῡ́ο-νται	λῡ́σουσι(ν)	λῡ́σο-νται
接続法	単	1	λῡ́ω	λῡ́ω-μαι		
		2	λῡ́ῃς	λῡ́ῃ		
		3	λῡ́ῃ	λῡ́η-ται		
	双	2	λῡ́η-τον	λῡ́η-σθον		
		3	λῡ́η-τον	λῡ́η-σθον		
	複	1	λῡ́ω-μεν	λῡώ-μεθα		
		2	λῡ́η-τε	λῡ́η-σθε		
		3	λῡ́ωσι(ν)	λῡ́ω-νται		
希求法	単	1	λῡ́οι-μι	λῡοί-μην	λῡ́σοι-μι	λῡσοί-μην
		2	λῡ́οι-ς	λῡ́οι-ο	λῡ́σοι-ς	λῡ́σοι-ο
		3	λῡ́οι	λῡ́οι-το	λῡ́σοι	λῡ́σοι-το
	双	2	λῡ́οι-τον	λῡ́οι-σθον	λῡ́σοι-τον	λῡ́σοι-σθον
		3	λῡοί-την	λῡοί-σθην	λῡσοί-την	λῡσοί-σθην
	複	1	λῡ́οι-μεν	λῡοί-μεθα	λῡ́σοι-μεν	λῡσοί-μεθα
		2	λῡ́οι-τε	λῡ́οι-σθε	λῡ́σοι-τε	λῡ́σοι-σθε
		3	λῡ́οιε-ν	λῡ́οι-ντο	λῡ́σοιε-ν	λῡ́σοι-ντο
命令法	単	2	λῦε	λῡ́ου		
		3	λῡέ-τω	λῡέ-σθω		
	双	2	λῡ́ε-τον	λῡ́ε-σθον		
		3	λῡέ-των	λῡέ-σθων		

	数	人称	能動	中動	未来能動	未来中動
	複	2	λῡ́ε-τε	λῡ́ε-σθε		
		3	λῡό-ντων	λῡέ-σθων		
不定法			λῡ́ειν	λῡ́ε-σθαι	λῡ́σειν	λῡ́σε-σθαι
分詞			λῡ́ων, -ουσα, -ον	λῡό-μενος, -η, -ον	λῡ́σων, -ουσα, -ον	λῡσό-μενος, -η, -ον
			未完了過去	未完了過去		
直説法	単	1	ἔ-λῡο-ν	ἐ-λῡό-μην		
		2	ἔ-λῡε-ς	ἐ-λῡ́ου		
		3	ἔ-λῡε	ἐ-λῡ́ε-το		
	双	2	ἐ-λῡ́ε-τον	ἐ-λῡ́ε-σθον		
		3	ἐ-λῡέ-την	ἐ-λῡέ-σθην		
	複	1	ἐ-λῡ́ο-μεν	ἐ-λῡό-μεθα		
		2	ἐ-λῡ́ε-τε	ἐ-λῡ́ε-σθε		
		3	ἔ-λῡο-ν	ἐ-λῡ́ο-ντο		

第1アオリストシステム				
第1アオリスト				
能動				中動
直説法	単	1	ἔ-λῡσα	ἐ-λῡσά-μην
		2	ἔ-λῡσα-ς	ἐ-λῡ́σω
		3	ἔ-λῡσε	ἐ-λῡ́σα-το
	双	2	ἐ-λῡ́σα-τον	ἐ-λῡ́σα-σθον
		3	ἐ-λῡσά-την	ἐ-λῡσά-σθην
	複	1	ἐ-λῡ́σα-μεν	ἐ-λῡσά-μεθα
		2	ἐ-λῡ́σα-τε	ἐ-λῡ́σα-σθε
		3	ἔ-λῡσα-ν	ἐ-λῡ́σα-ντο
接続法	単	1	λῡ́σω	λῡ́σω-μαι
		2	λῡ́σῃς	λῡ́σῃ
		3	λῡ́σῃ	λῡ́ση-ται
	双	2	λῡ́ση-τον	λῡ́ση-σθον
		3	λῡ́ση-τον	λῡ́ση-σθον
	複	1	λῡ́σω-μεν	λῡσώ-μεθα
		2	λῡ́ση-τε	λῡ́ση-σθε

		3	λῡ́σωσι	λῡ́σω-νται
希求法	単	1	λῡ́σαι-μι	λῡσαί-μην
		2	λῡ́σαι-ς	λῡ́σαι-ο
		3	λῡ́σαι	λῡ́σαι-το
	双	2	λῡ́σαι-τον	λῡ́σαι-σθον
		3	λῡσαί-την	λῡσαί-σθην
	複	1	λῡ́σαι-μεν	λῡσαί-μεθα
		2	λῡ́σαι-τε	λῡ́σαι-σθε
		3	λῡ́σαιε-ν	λῡ́σαι-ντο
命令法	単	2	λῦσον	λῦσαι
		3	λῡσά-τω	λῡσά-σθω
	双	2	λῡ́σα-τον	λῡ́σα-σθον
		3	λῡσά-των	λῡσά-σθων
	複	2	λῡ́σα-τε	λῡ́σα-σθε
		3	λῡσά-ντων	λῡσά-σθων
不定法			λῦσαι	λῡ́σα-σθαι
分詞			λῡ́σᾱς, -σᾱσα, -σαν	λῡσά-μενος, -η, -ον

(注)　第一アオリスト能動態希求法の別形には単 2 λῡ́σειας, 単 3 λῡ́σειε, 複 3 λῡ́σειαν があり，こちらの形の方が良く使われる.

完了システム					
現在完了					未来完了
			能動	中・受動	中・受動
直説法	単	1	λέλυκα	λέλυ-μαι	λελῡ́σο-μαι
		2	λέλυκα-ς	λέλυ-σαι	λελῡ́σει
		3	λέλυκε	λέλυ-ται	λελῡ́σε-ται
	双	2	λελύκα-τον	λέλυ-σθον	λελῡ́σε-σθον
		3	λελύκα-τον	λέλυ-σθον	λελῡ́σε-σθον
	複	1	λελύκα-μεν	λελύ-μεθα	λελῡσό-μεθα
		2	λελύκα-τε	λέλυ-σθε	λελῡ́σε-σθε
		3	λελύκᾱσι	λέλυ-νται	λελῡ́σο-νται
接続法	単	1	λελύκω	λελυ-μένος　ὦ	
		2	λελύκῃς	λελυ-μένος　ᾖς	
		3	λελύκῃ	λελυ-μένος　ᾖ	

	双	2	λελύκη-τον	λελυ-μένω	ἦτον	
		3	λελύκη-τον	λελυ-μένω	ἦτον	
	複	1	λελύκω-μεν	λελυ-μένοι	ὦμεν	
		2	λελύκη-τε	λελυ-μένοι	ἦτε	
		3	λελύκωσι	λελυ-μένοι	ὦσι	
希求法	単	1	λελύκοι-μι	λελυ-μένος	εἴην	λελῡσοί-μην
		2	λελύκοι-ς	λελυ-μένος	εἴης	λελῡ́σοι-ο
		3	λελύκοι	λελυ-μένος	εἴη	λελῡ́σοι-το
		2	λελύκοι-τον	λελυ-μένω	εἶτον / εἴητον	λελῡ́σοι-σθον
		3	λελυκοί-την	λελυ-μένω	εἴτην / εἰήτην	λελῡσοί-σθην
	複	1	λελύκοι-μεν	λελυ-μένοι	εἶμεν / εἴημεν	λελῡσοί-μεθα
		2	λελύκοι-τε	λελυ-μένοι	εἶτε / εἴητε	λελῡ́σοι-σθε
		3	λελύκοιε-ν	λελυ-μένοι	εἶεν / εἴησαν	λελῡ́σοι-ντο
命令法	単	2	λελυκὼς ἴσθι	λέλυ-σο		
		3	λελυκὼς ἔστω	λελύ-σθω		
	双	2	λελυκότε ἔστον	λέλυ-σθον		
		3	λελυκότε ἔστων	λελύ-σθων		
	複	2	λελυκότες ἔστε	λέλυ-σθε		
		3	λελυκότες ἔστων	λελύ-σθων		
不定法			λελυκέ-ναι	λελύ-σθαι		λελῡ́σε-σθαι
分詞			λελυκώς, -κυῖα, -ός	λελυ-μένος, -η, -ον		λελῡσό-μενος, -η, -ον

現在完了・命令法(単純形)		過去完了(能動)	過去完了(中・受動)
λέλυκε	直説法	ἐ-λελύκη	ἐ-λελύ-μην
λελυκέτω		ἐ-λελύκη-ς	ἐ-λέλυ-σο
λελύκετον		ἐ-λελύκει	ἐ-λέλυ-το
λελυκέτων		ἐ-λελύκε-τον	ἐ-λέλυ-σθον
λελύκετε		ἐ-λελυκέ-την	ἐ-λελύ-σθην
λελυκέτωσαν		ἐ-λελύκε-μεν	ἐ-λελύ-μεθα
		ἐ-λελύκε-τε	ἐ-λέλυ-σθε
		ἐ-λελύκε-σαν	ἐ-λέλυ-ντο

(注)　現在完了・命令法の単純変化は稀

第１受動システム					
			第１アオリスト，受動		第１未来，受動
直説法	単	1	ἐ-λύθη-ν		λυθήσο-μαι
		2	ἐ-λύθη-ς		λυθήσει
		3	ἐ-λύθη		λυθήσε-ται
	双	2	ἐ-λύθη-τον		λυθήσε-σθον
		3	ἐ-λυθή-την		λυθήσε-σθον
	複	1	ἐ-λύθη-μεν		λυθησό-μεθα
		2	ἐ-λύθη-τε		λυθήσε-σθε
		3	ἐ-λύθη-σαν		λυθήσον-ται
接続法	単	1	λυθῶ		
		2	λυθῇς		
		3	λυθῇ		
	双	2	λυθῆ-τον		
		3	λυθῆ-τον		
	複	1	λυθῶ-μεν		
		2	λυθῆ-τε		
		3	λυθῶσι		
希求法	単	1	λυθείη-ν		λυθησοί-μην
		2	λυθείη-ς		λυθήσοι-ο
		3	λυθείη		λυθήσοι-το
	双	2	λυθεῖ-τον	λυθείη-τον	λυθήσοι-σθον
		3	λυθεί-την	λυθειή-την	λυθησοί-σθην
	複	1	λυθεῖ-μεν	λυθείη-μεν	λυθησοί-μεθα
		2	λυθεῖ-τε	λυθείη-τε	λυθήσοι-σθε
		3	λυθεῖε-ν	λυθείη-σαν	λυθήσοι-ντο
命令法	単	2	λύθη-τι		
		3	λυθή-τω		
	双	2	λύθη-τον		
		3	λυθή-των		
	複	2	λύθη-τε		
		3	λυθέ-ντων		
不定法			λυθῆ-ναι		λυθήσε-σθαι
分詞			λυθείς, -εῖσα, -έν		λυθησό-μενος, -η, -ον

●約音動詞現在システム

τιμάω 尊重する

		能動		中・受動	
		現在		現在	
直説法	単 1	(τῑμάω)	τῑμῶ	(τῑμάομαι)	τῑμῶμαι
	2	(τῑμάεις)	τῑμᾷς	(τῑμάει)	τῑμᾷ
	3	(τῑμάει)	τῑμᾷ	(τῑμάεται)	τῑμᾶται
	双 2	(τῑμάετον)	τῑμᾶτον	(τῑμάεσθον)	τῑμᾶσθον
	3	(τῑμάετον)	τῑμᾶτον	(τῑμάεσθον)	τῑμᾶσθον
	複 1	(τῑμάομεν)	τῑμῶμεν	(τῑμαόμεθα)	τῑμώμεθα
	2	(τῑμάετε)	τῑμᾶτε	(τῑμάεσθε)	τῑμᾶσθε
	3	(τῑμάουσι)	τῑμῶσι	(τῑμάονται)	τῑμῶνται
接続法	単 1	(τῑμάω)	τῑμῶ	(τῑμάωμαι)	τῑμῶμαι
	2	(τῑμάῃς)	τῑμᾷς	(τῑμάῃ)	τῑμᾷ
	3	(τῑμάῃ)	τῑμᾷ	(τῑμάηται)	τῑμᾶται
	双 2	(τῑμάητον)	τῑμᾶτον	(τῑμάησθον)	τῑμᾶσθον
	3	(τῑμάητον)	τῑμᾶτον	(τῑμάησθον)	τῑμᾶσθον
	複 1	(τῑμάωμεν)	τῑμῶμεν	(τῑμαώμεθα)	τῑμώμεθα
	2	(τῑμάητε)	τῑμᾶτε	(τῑμάησθε)	τῑμᾶσθε
	3	(τῑμάωσι)	τῑμῶσι	(τῑμάωνται)	τῑμῶνται
希求法	1	(τῑμάοιμι)	[τῑμῷμι	(τῑμαοίμην)	τῑμῴμην
	2	(τῑμάοις)	τῑμῷς	(τῑμάοιο)	τῑμῷο
	3	(τῑμάοι)	τῑμῷ]	(τῑμάοιτο)	τῑμῷτο
	双 2	(τῑμάοιτον)	τῑμῷτον	(τῑμάοισθον)	τῑμῷσθον
	3	(τῑμαοίτην)	τῑμῴτην	(τῑμαοίσθην)	τῑμῴσθην
	複 1	(τῑμάοιμεν)	τῑμῷμεν	(τῑμαοίμεθα)	τῑμῴμεθα
	2	(τῑμάοιτε)	τῑμῷτε	(τῑμάοισθε)	τῑμῷσθε
	3	(τῑμάοιεν)	τῑμῷεν	(τῑμάοιντο)	τῑμῷντο
希求法別形	1	(τῑμαοίην)	τῑμῴην		
	2	(τῑμαοίης)	τῑμῴης		
	3	(τῑμαοίη)	τῑμῴη		
	双 2	(τῑμαοίητον)	[τῑμῴητον		
	3	(τῑμαοιήτην)	τῑμῳήτην]		
	複 1	(τῑμαοίημεν)	[τῑμῴημεν		
	2	(τῑμαοίητε)	τῑμῴητε		

	3	(τῑμαοίησαν)	τῑμῴησαν]		
命令法	単 2	(τί̄μαε)	τί̄μᾱ	(τῑμάου)	τῑμῶ
	3	(τῑμαέτω)	τῑμᾱ́τω	(τῑμαέσθω)	τῑμᾱ́σθω
	双 2	(τῑμάετον)	τῑμᾶτον	(τῑμάεσθον)	τῑμᾶσθον
	3	(τῑμαέτων)	τῑμᾱ́των	(τῑμαέσθων)	τῑμᾱ́σθων
	複 2	(τῑμάετε)	τῑμᾶτε	(τῑμάεσθε)	τῑμᾶσθε
	3	(τῑμαόντων)	τῑμώντων	(τῑμαέσθων)	τῑμᾱ́σθων
不定法		(τῑμάειν)	τῑμᾶν	(τῑμάεσθαι)	τῑμᾶσθαι
分詞		(τῑμάων)	τῑμῶν, -ῶσα, -μῶν	(τῑμαόμενος)	τῑμώμενος, -μένη, -μένον
		未完了過去		未完了過去	
直説法	単 1	(ἐτί̄μαον)	ἐτί̄μων	(ἐτῑμαόμην)	ἐτῑμώμην
	2	(ἐτί̄μαες)	ἐτί̄μᾱς	(ἐτῑμάου)	ἐτῑμῶ
	3	(ἐτί̄μαε)	ἐτί̄μᾱ	(ἐτῑμάετο)	ἐτῑμᾶτο
	双 2	(ἐτῑμάετον)	ἐτῑμᾶτον	(ἐτῑμάεσθον)	ἐτῑμᾶσθον
	3	(ἐτῑμαέτην)	ἐτῑμᾱ́την	(ἐτῑμαέσθην)	ἐτῑμᾱ́σθην
	複 1	(ἐτῑμάομεν)	ἐτῑμῶμεν	(ἐτῑμαόμεθα)	ἐτῑμώμεθα
	2	(ἐτῑμάετε)	ἐτῑμᾶτε	(ἐτῑμάεσθε)	ἐτῑμᾶσθε
	3	(ἐτί̄μαον)	ἐτί̄μων	(ἐτῑμάοντο)	ἐτῑμῶντο

ποιέω なす，作る

		能動		中・受動	
		現在		現在	
直説法	単 1	(ποιέω)	ποιῶ	(ποιέομαι)	ποιοῦμαι
	2	(ποιέεις)	ποιεῖς	(ποιέει)	ποιεῖ
	3	(ποιέει)	ποιεῖ	(ποιέεται)	ποιεῖται
	双 2	(ποιέετον)	ποιεῖτον	(ποιέεσθον)	ποιεῖσθον
	3	(ποιέετον)	ποιεῖτον	(ποιέεσθον)	ποιεῖσθον
	複 1	(ποιέομεν)	ποιοῦμεν	(ποιεόμεθα)	ποιούμεθα
	2	(ποιέετε)	ποιεῖτε	(ποιέεσθε)	ποιεῖσθε
	3	(ποιέουσι)	ποιοῦσι	(ποιέονται)	ποιοῦνται

接続法	単 1	(ποιέω)	ποιῶ	(ποιέωμαι)	ποιῶμαι
	2	(ποιέῃς)	ποιῇς	(ποιέῃ)	ποιῇ
	3	(ποιέῃ)	ποιῇ	(ποιέηται)	ποιῆται
	双 2	(ποιέητον)	ποιῆτον	(ποιέησθον)	ποιῆσθον
	3	(ποιέητον)	ποιῆτον	(ποιέησθον)	ποιῆσθον
	複 1	(ποιέωμεν)	ποιῶμεν	(ποιεώμεθα)	ποιώμεθα
	2	(ποιέητε)	ποιῆτε	(ποιέησθε)	ποιῆσθε
	3	(ποιέωσι)	ποιῶσι	(ποιέωνται)	ποιῶνται
希求法	単 1	(ποιέοιμι)	[ποιοῖμι	(ποιεοίμην)	ποιοίμην
	2	(ποιέοις)	ποιοῖς	(ποιέοιο)	ποιοῖο
	3	(ποιέοι)	ποιοῖ]	(ποιέοιτο)	ποιοῖτο
	双 2	(ποιέοιτον)	ποιοῖτον	(ποιέοισθον)	ποιοῖσθον
	3	(ποιεοίτην)	ποιοίτην	(ποιεοίσθην)	ποιοίσθην
	複 1	(ποιέοιμεν)	ποιοῖμεν	(ποιεοίμεθα)	ποιοίμεθα
	2	(ποιέοιτε)	ποιοῖτε	(ποιέοισθε)	ποιοῖσθε
	3	(ποιέοιεν)	ποιοῖεν	(ποιέοιντο)	ποιοῖντο
希求法別形	単 1	(ποιεοίην)	ποιοίην		
	2	(ποιεοίης)	ποιοίης		
	3	(ποιεοίη)	ποιοίη		
	双 2	(ποιεοίητον)	[ποιοίητον		
	3	(ποιεοιήτην)	ποιοιήτην]		
	複 1	(ποιεοίημεν)	[ποιοίημεν		
	2	(ποιεοίητε)	ποιοίητε		
	3	(ποιεοίησαν)	ποιοίησαν]		
命令法	単 2	(ποίεε)	ποίει	(ποιέου)	ποιοῦ
	3	(ποιεέτω)	ποιείτω	(ποιεέσθω)	ποιείσθω
	双 2	(ποιέετον)	ποιεῖτον	(ποιέεσθον)	ποιεῖσθον
	3	(ποιεέτων)	ποιείτων	(ποιεέσθων)	ποιείσθων
	複 2	(ποιέετε)	ποιεῖτε	(ποιέεσθε)	ποιεῖσθε
	3	(ποιεόντων)	ποιούντων	(ποιεέσθων)	ποιείσθων
不定法		(ποιέειν)	ποιεῖν	(ποιέεσθαι)	ποιεῖσθαι
分詞		(ποιέων)	ποιῶν, -οῦσα, -οῦν	(ποιεόμενος)	ποιούμενος, -μένη, -μένον

		未完了過去		未完了過去	
直説法	単 1	(ἐποίεον)	ἐποίουν	(ἐποιεόμην)	ἐποιούμην
	2	(ἐποίεες)	ἐποίεις	(ἐποιέου)	ἐποιοῦ
	3	(ἐποίεε)	ἐποίει	(ἐποιέετο)	ἐποιεῖτο
	双 2	(ἐποιέετον)	ἐποιεῖτον	(ἐποιέεσθον)	ἐποιεῖσθον
	3	(ἐποιεέτην)	ἐποιείτην	(ἐποιεέσθην)	ἐποιείσθην
	複 1	(ἐποιέομεν)	ἐποιοῦμεν	(ἐποιεόμεθα)	ἐποιούμεθα
	2	(ἐποιέετε)	ἐποιεῖτε	(ἐποιέεσθε)	ἐποιεῖσθε
	3	(ἐποίεον)	ἐποίουν	(ἐποιέοντο)	ἐποιοῦντο

δηλόω　示す

		能動		中・受動	
		現在		現在	
直説法	単 1	(δηλόω)	δηλῶ	(δηλόομαι)	δηλοῦμαι
	2	(δηλόεις)	δηλοῖς	(δηλόει)	δηλοῖ
	3	(δηλόει)	δηλοῖ	(δηλόεται)	δηλοῦται
	双 2	(δηλόετον)	δηλοῦτον	(δηλόεσθον)	δηλοῦσθον
	3	(δηλόετον)	δηλοῦτον	(δηλόεσθον)	δηλοῦσθον
	複 1	(δηλόομεν)	δηλοῦμεν	(δηλοόμεθα)	δηλούμεθα
	2	(δηλόετε)	δηλοῦτε	(δηλόεσθε)	δηλοῦσθε
	3	(δηλόουσι)	δηλοῦσι	(δηλόονται)	δηλοῦνται
接続法	単 1	(δηλόω)	δηλῶ	(δηλόωμαι)	δηλῶμαι
	2	(δηλόῃς)	δηλοῖς	(δηλόῃ)	δηλοῖ
	3	(δηλόῃ)	δηλοῖ	(δηλόηται)	δηλῶται
	双 2	(δηλόητον)	δηλῶτον	(δηλόησθον)	δηλῶσθον
	3	(δηλόητον)	δηλῶτον	(δηλόησθον)	δηλῶσθον
	複 1	(δηλόωμεν)	δηλῶμεν	(δηλοώμεθα)	δηλώμεθα
	2	(δηλόητε)	δηλῶτε	(δηλόησθε)	δηλῶσθε
	3	(δηλόωσι)	δηλῶσι	(δηλόωνται)	δηλῶνται

希求法	単 1	(δηλόοιμι)	[δηλοῖμι	(δηλοοίμην)	δηλοίμην
	2	(δηλόοις)	δηλοῖς	(δηλόοιο)	δηλοῖο
	3	(δηλόοι)	δηλοῖ]	(δηλόοιτο)	δηλοῖτο
	双 2	(δηλόοιτον)	δηλοῖτον	(δηλόοισθον)	δηλοῖσθον
	3	(δηλοοίτην)	δηλοίτην	(δηλοοίσθην)	δηλοίσθην
	複 1	(δηλόοιμεν)	δηλοῖμεν	(δηλοοίμεθα)	δηλοίμεθα
	2	(δηλόοιτε)	δηλοῖτε	(δηλόοισθε)	δηλοῖσθε
	3	(δηλόοιεν)	δηλοῖεν	(δηλόοιντο)	δηλοῖντο
希求法別形	単 1	(δηλοοίην)	δηλοίην		
	2	(δηλοοίης)	δηλοίης		
	3	(δηλοοίη)	δηλοίη		
	双 2	(δηλοοίητον)	[δηλοίητον		
	3	(δηλοοιήτην)	δηλοιήτην]		
	複 1	(δηλοοίημεν)	[δηλοίημεν		
	2	(δηλοοίητε)	δηλοίητε		
	3	(δηλοοίησαν)	δηλοίησαν]		
命令法	単 2	(δήλοε)	δήλου	(δηλόου)	δηλοῦ
	3	(δηλοέτω)	δηλούτω	(δηλοέσθω)	δηλούσθω
	双 2	(δηλόετον)	δηλοῦτον	(δηλόεσθον)	δηλοῦσθον
	3	(δηλοέτων)	δηλούτων	(δηλοέσθων)	δηλούσθων
	複 2	(δηλόετε)	δηλοῦτε	(δηλόεσθε)	δηλοῦσθε
	3	(δηλοόντων)	δηλούντων	(δηλοέσθων)	δηλούσθων
不定法		(δηλόειν)	δηλοῦν	(δηλόεσθαι)	δηλοῦσθαι
分詞		(δηλόων)	δηλῶν, -οῦσα, -οῦν	(δηλοόμενος)	δηλούμενος, -μένη, -μενον
		未完了過去		未完了過去	
直説法	単 1	(ἐδήλοον)	ἐδήλουν	(ἐδηλοόμην)	ἐδηλούμην
	2	(ἐδήλοες)	ἐδήλους	(ἐδηλόου)	ἐδηλοῦ
	3	(ἐδήλοε)	ἐδήλου	(ἐδηλόετο)	ἐδηλοῦτο
	双 2	(ἐδηλόετον)	ἐδηλοῦτον	(ἐδηλόεσθον)	ἐδηλοῦσθον
	3	(ἐδηλοέτην)	ἐδηλούτην	(ἐδηλοέσθην)	ἐδηλούσθην
	複 1	(ἐδηλόομεν)	ἐδηλοῦμεν	(ἐδηλοόμεθα)	ἐδηλούμεθα
	2	(ἐδηλόετε)	ἐδηλοῦτε	(ἐδηλόεσθε)	ἐδηλοῦσθε
	3	(ἐδήλοον)	ἐδήλουν	(ἐδηλόοντο)	ἐδηλοῦντο

流音幹動詞の未来システム					
φαίνω(φαν-)示す					
			能動		受動
直説法	単	1	φανῶ		φανοῦ-μαι
		2	φανεῖς		φανεῖ
		3	φανεῖ		φανεῖ-ται
	双	2	φανεῖ-τον		φανεῖ-σθον
		3	φανεῖ-τον		φανεῖ-σθον
	複	1	φανοῦ-μεν		φανού-μεθα
		2	φανεῖ-τε		φανεῖ-σθε
		3	φανοῦσι		φανοῦ-νται
希求法	単	1	φινοίη-ν	/ φανοῖ-μι	φανοί-μην
		2	φανοίη-ς	/ φανοῖ-ς	φανοῖ-ο
		3	φανοίη	/ φανοῖ	φανοῖ-το
	双	2	φανοῖ-τον		φανοῖ-σθον
		3	φανοί-την		φανοί-σθην
	複	1	φανοῖ-μεν		φανοί-μεθα
		2	φανοῖ-τε		φανοῖ-σθε
		3	φανοῖε-ν		φανοῖ-ντο
不定法			φανεῖν		φανεῖ-σθαι
分詞			φανῶν, -οῦσα, -οῦν		φανού-μενος -η, -ον

		●流音幹動詞第１アオリストシステム		●黙音幹第２アオリストシステム	
		φαίνω（φαν-）　示す		λείπω（λιπ）　残す	
		第１アオリスト		第２アオリスト	
		能動	中動	能動	中動
直説法	単１	ἔ-φηνα	ἐ-φηνά-μην	ἔ-λιπο-ν	ἐ-λιπό-μην
	２	ἔ-φηνα-ς	ἐ-φήνω	ἔ-λιπε-ς	ἐ-λίπου
	３	ἔ-φηνε	ἐ-φήνα-το	ἔ-λιπε	ἐ-λίπε-το
	双	ἐ-φήνα-τον	ἐ-φήνα-σθον	ἐ-λίπε-τον	ἐ-λίπε-σθον
		ἐ-φηνά-την	ἐ-φηνά-σθην	ἐ-λιπέ-την	ἐ-λιπέ-σθην
	複１	ἐ-φήνα-μεν	ἐ-φηνά-μεθα	ἐ-λίπο-μεν	ἐ-λιπό-μεθα
	２	ἐ-φήνα-τε	ἐ-φήνα-σθε	ἐ-λίπε-τε	ἐ-λίπε-σθε
	３	ἔ-φηνα-ν	ἐ-φήνα-ντο	ἔ-λιπο-ν	ἐ-λίπο-ντο
接続法	単１	φήνω	φήνω-μαι	λίπω	λίπω-μαι
	２	φήνῃς	φήνῃ	λίπῃς	λίπῃ
	３	φήνῃ	φήνη-ται	λίπῃ	λίπη-ται
	双２	φήνη-τον	φήνη-σθον	λίπη-τον	λίπη-σθον
	３	φήνη-τον	φήνη-σθον	λίπη-τον	λίπη-σθον
	複１	φήνω-μεν	φηνώ-μεθα	λίπω-μεν	λιπώ-μεθα
	２	φήνη-τε	φήνη-σθε	λίπη-τε	λίπη-σθε
	３	φήνωσι	φήνω-νται	λίπωσι	λίπω-νται
希求法	単１	φήναι-μι	φηναί-μην	λίποι-μι	λιποί-μην
	２	φήναι-ς, φήνεια-ς	φήναι-ο	λίποι-ς	λίποι-ο
	３	φήναι, φήνειε	φήναι-το	λίποι	λίποι-το
	双２	φήναι-τον	φήναι-σθον	λίποι-τον	λίποι-σθον
	３	φηναί-την	φηναί-σθην	λιποί-την	λιποί-σθην
	複１	φήναι-μεν	φηναί-μεθα	λίποι-μεν	λιποί-μεθα
	２	φήναι-τε	φήναι-σθε	λίποι-τε	λίποι-σθε
	３	φήναιε-ν, φήνεια-ν	φήναι-ντο	λίποιε-ν	λίποι-ντο
命令法	単２	φῆνον	φῆναι	λίπε	λιποῦ
	３	φηνά-τω	φηνά-σθω	λιπέ-τω	λιπέ-σθω
	双２	φήνα-τον	φήνα-σθον	λίπε-τον	λίπε-σθον
	３	φηνά-των	φηνά-σθων	λιπέ-των	λιπέ-σθων
	複２	φήνα-τε	φήνα-σθε	λίπε-τε	λίπε-σθε
	３	φηνά-ντων	φηνά-σθων	λιπό-ντων	λιπέ-σθων

不定詞	φῆναι	φήνα-σθαι	λιπεῖν	λιπέ-σθαι
分詞	φήνᾱς, -ᾱσα, -αν	φηνά-μενος, -η, -ον	λιπών, -οῦσα, -όν	λιπό-μενος, -η, -ον

●黙音幹第二完了幹システム			
	λείπω（λιπ-） 残す 能動		
		第 2 現在完了	第 2 過去完了
直説法	単 1	λέλοιπα	ἐ-λελοίπη
	2	λέλοιπα-ς	ἐ-λελοίπη-ς
	3	λέλοιπε	ἐ-λελοίπει
	双 2	λελοίπα-τον	ἐ-λελοίπε-τον
	3	λελοίπα-τον	ἐ-λελοιπέ-την
	複 1	λελοίπα-μεν	ἐ-λελοίπε-μεν
	2	λελοίπα-τε	ἐ-λελοίπε-τε
	3	λελοίπᾱσι	ἐ-λελοίπε-σαν
接続法	単 1	λελοίπω	
	2	λελοίπῃς	
	3	λελοίπῃ	
	双 2	λελοίπη-τον	
	3	λελοίπη-τον	
	複 1	λελοίπω-μεν	
	2	λελοίπη-τε	
	3	λελοίπωσι	
希求法	単 1	λελοίποι-μι	
	2	λελοίποι-ς	
	3	λελοίποι	
	双 2	λελοίποι-τον	
	3	λελοιποί-την	
	複 1	λελοίποι-μεν	
	2	λελοίποι-τε	
	3	λελοίποιε-ν	
不定法		λελοιπέ-ναι	
分詞		λελοιπώς, -υῖα, -ός	

●黙音幹動詞完了システム						
λείπω（λιπ-）　残す						
現在完了　中・受動					過去完了　中・受動	
直説法	単 1	(λελειπ-μαι)	λέλειμ-μαι		(ἐ-λελειπ-μην)	ἐ-λελείμ-μην
	2	(λελειπ-σαι)	λέλειψαι		(ἐ-λελειπ-σο)	ἐ-λέλειψο
	3	(λελειπ-ται)	λέλειπ-ται		(ἐ-λελειπ-το)	ἐ-λέλειπ-το
	双 2	(λελειπ-σθον)	λέλειφ-θον		(ἐ-λελειπ-σθον)	ἐ-λέλειφ-θον
	3	(λελειπ-σθον)	λέλειφ-θον		(ἐ-λελειπ-σθην)	ἐ-λελείφ-θην
	複 1	(λελειπ-μεθα)	λελείμ-μεθα		(ἐ-λελειπ-μεθα)	ἐ-λελείμ-μεθα
	2	(λελειπ-σθε)	λέλειφ-θε		(ἐ-λελειπ-σθε)	ἐ-λέλειφ-θε
	3	(λελειπ-μενοι)	λελειμ-μένοι	εἰσί	(λελειπ-μενοι)	λελειμ-μένοι ἦσαν
接続法	単 1	(λελειπ-μενος)	λελειμ-μένος	ὦ		
	2			ᾖς		
	3			ᾖ		
	双 2	(λελειπ-μενω)	λελειμ-μένω	ἦτον		
	3			ἦτον		
	複 1	(λελειπ-μενοι)	λελειμ-μένοι	ὦμεν,		
	2			ἦτε		
	3			ὦσι		
希求法	単 1	(λελειπ-μενος)	λελειμ-μένος	εἴην,		
	2			εἴης,		
	3			εἴη		
	双 2	(λελειπ-μενω)	λελειμ-μένω	εἶτον		
	3			εἴτην		
	複 1	(λελειπ-μενοι)	λελειμ-μένοι	εἶμεν,		
	2			εἶτε		
	3			εἶεν		
命令法	単 2	(λελειπ-σο)	λέλειψο			
	3	(λελειπ-σθω)	λελείφ-θω			
	双 2	(λελειπ-σθον)	λέλειφ-θον			
	3	(λελειπ-σθων)	λελείφ-θων			
	複 2	(λελειπ-σθε)	λέλειφ-θε			
	3	(λελειπ-σθων)	λελείφ-θων			
不定法		(λελειπ-σθαι)	λελεῖφ-θαι			
分詞		(λελειπ-μενος)	λελειμ-μένος, -η, -ον			

未来完了　中・受動			
直説法	単 1	(λελειπ-σο-μαι)	λελείψο-μαι
	2	(λελειπ-σε-σαι)	λελείψει, -ῃ
	3	(λελειπ-σε-ται)	λελείψε-ται
	双 2	(λελειπ-σε-σθον)	λελείψε-σθον
	3	(λελειπ-σε-σθον)	λελείψε-σθον
	複 1	(λελειπ-σο-μεθα)	λελειψό-μεθα
	2	(λελειπ-σε-σθε)	λελείψε-σθε
	3	(λελειπ-σο-νται)	λελείψο-νται
希求法	単 1	(λελειπ-σοι-μην)	λελειψοί-μην,
	2	(λελειπ-σοι-σο)	λελείψοιο
	3	(λελειπ-σοι-το)	λελείψοι-το
	双 2	(λελειπ-σοι-σθον)	λελείψοι-σθον
	3	(λελειπ-σοι-σθην)	λελειψοί-σθην
	複 1	(λελειπ-σοι-μεθα)	λελειψοί-μεθα
	2	(λελειπ-σοι-σθε)	λελείψοι-σθε
	3	(λελειπ-σοι-ντο)	λελείψοι-ντο
不定法		(λελειπ-σε-σθαι)	λελείψε-σθαι
分詞		(λελειπ-σο-μενος)	λελειψό-μενος, -η, -ον

●黙音幹動詞完了システム					
	ἄγω（ἀγ-）　導く			πείθω（πιθ-）　説得する	
	現在完了　（中・受動）				
直説法	単 1	(ἠγ-μαι)	ἦγ-μαι	(πεπειθ-μαι)	πέπεισ-μαι
	2	(ἠγ-σαι)	ἦξαι	(πεπειθ-σαι)	πέπει-σαι
	3	(ἠγ-ται)	ἦκ-ται	(πεπειθ-ται)	πέπεισ-ται
	双 2	(ἠγ-σθον)	ἦχ-θον	(πεπειθ-σθον)	πέπει-σθον
	3	(ἠγ-σθον)	ἦχ-θον	(πεπειθ-σθον)	πέπει-σθον
	複 1	(ἠγ-μεθα)	ἤγ-μεθα	(πεπειθ-μεθα)	πεπείσ-μεθα
	2	(ἠγ-σθε)	ἦχ-θε	(πεπειθ-σθε)	πέπει-σθε
	3	(ἠγ-μενοι)	ἠγ-μένοι εἰσί	(πεπειθ-μενοι)	πεπεισ-μένοι εἰσί
	現在完了　（中・受動）				
接		(ἠγ-μενος)	ἠγ-μένος ὦ,	(πεπειθ-μενος)	πεπεισ-μένος ὦ,

	(以下現在完了分詞と εἰμί の接続法)	(以下現在完了分詞と εἰμί の接続法)
希	(ἠγ-μενος) ἠγ-μένος εἴην, (以下現在完了分詞と εἰμί の希求法)	(πεπειθ-μενος) πεπεισ-μένος εἴην, (以下現在完了分詞と εἰμί の希求法)
命令法	単 2 (ἠγ-σο) ἦξο	(πεπειθ-σο) πέπει-σο
	3 (ἠγ-σθω) ἤχ-θω	(πεπειθ-σθω) πεπεί-σθω
	2 (ἠγ-σθον) ἦχ-θον	(πεπειθ-σθον) πέπει-σθον
	3 (ἠγ-σθων) ἤχ-θων	(πεπειθ-σθων) πεπεί-σθων
	複 2 (ἠγ-σθε) ἦχ-θε	(πεπειθ-σθε) πέπει-σθε
	3 (ἠγ-σθων ἤχ-θων	(πεπειθ-σθων) πεπεί-σθων
不定法	(ἠγ-σθαι) ἦχ-θαι	(πεπειθ-σθαι) πεπεῖ-σθαι
分詞	(ἠγ-μενος) ἠγ-μένος, -η, -ον	(πεπειθ-μενος) πεπεισ-μένος, -η, -ον
	過去完了 (中・受動)	
直説法	単 1 (ἠγ-μην) ἤγ-μην	(ἐ-πεπειθ-μην) ἐ-πεπείσ-μην
	2 (ἠγ-σο) ἦξο	(ἐ-πεπειθ-σο) ἐ-πέπει-σο
	3 (ἠγ-το) ἦκ-το	(ἐ-πεπειθ-το) ἐ-πέπεισ-το
	双 2 (ἠγ-σθον) ἦχ-θον	(ἐ-πεπειθ-σθον) ἐ-πέπει-σθον
	3 (ἠγ-σθην) ἤχ-θην	(ἐ-πεπειθ-σθην) ἐ-πεπεί-σθην
	複 1 (ἠγ-μεθα) ἤγ-μεθα	(ἐ-πεπειθ-μεθα) ἐ-πεπείσ-μεθα
	2 (ἠγ-σθε) ἦχ-θε	(ἐ-πεπειθ-σθε) ἐ-πέπει-σθε
	3 (ἠγ-μενοι) ἠγ-μένοι ἦσαν	(ἐ-πεπειθ-μενοι) πεπεισ-μένοι ἦσαν

●流音幹動詞の完了システム

	στέλλω (στελ)	φαίνω (φαν)
	現在完了 (中・受動)	現在完了 (中・受動)
直説法	単 1 ἔσταλ-μαι	πέφασ-μαι
	2 ἔσταλ-σαι	[πέφαν-σαι]
	3 ἔσταλ-ται	πέφαν-ται
	双 2 ἔσταλ-θον	πέφαν-θον
	3 ἔσταλ-θον	πέφαν-θον
	複 1 ἐστάλ-μεθα	πεφάσ-μεθα
	2 ἔσταλ-θε	πέφαν-θε
	3 ἐσταλ-μένοι εἰσί	πεφασ-μένοι εἰσί

接続法	単	ἐσταλ-μένος ὦ, ᾖς ᾖ	πεφασ-μένος ὦ, ᾖς, ᾖ
	双	ἐσταλ-μένω ἦτον, ἦτον	πεφασ-μένω ἦτον, ἦτον
	複	ἐσταλ-μένοι ὦμεν, ἦτε, ὦσι	πεφασ-μένοι ὦμεν, ἦτε, ὦσι
希求法	単	ἐσταλ-μένος εἴην, εἴης, εἴη	πεφασ-μένος εἴην, εἴης, εἴη
	双	ἐσταλ-μένω εἶτον, εἴτην	πεφασ-μένω εἶτον, εἴτην
	複	ἐ͂τελ-μένοι εἶμεν, εἶτε, εἶεν	πεφασ-μένοι εἶμεν, εἶτε, εἶεν
命令法	単 2	ἔσταλ-σο	[πέφαν-σο]
	3	ἐστάλ-θω	πεφάν-θω
	双 2	ἔσταλ-θον	πέφαν-θον
	3	ἐστάλ-θων	πεφάν-θων
	複 2	ἔσταλ-θε	πέφαν-θε
	3	ἐστάλ-θων	πεφάν-θων
不定法		ἐστάλ-θαι	πεφάν-θαι
分詞		ἐσταλ-μένος, -η, -ον	πεφασ-μένος, -η, -ον
直説法		過去完了	過去完了（中・受動）
	単 1	ἐστάλ-μην	ἐ-πεφάσ-μην
	2	ἔσταλ-σο	[ἐπέφαν-σο]
	3	ἔσταλ-το	ἐ-πέφαν-το
	双 2	ἔσταλ-θον	ἐ-πέφαν-θον
	3	ἐστάλ-θην	ἐ-πεφάν-θην
	複 1	ἐστάλ-μεθα	ἐ-πεφάσ-μεθα
	2	ἔσταλ-θε	ἐ-πέφαν-θε
	3	ἐσταλ-μένοι ἦσαν	πεφασ-μένοι ἦσαν

●流音幹動詞第 2 受動システム

στέλλω（στελ-）　送る				
		第 2 アオリスト		第 2 未来
直説法	単 1	ἐ-στάλη-ν		σταλήσο-μαι
	2	ἐ-στάλη-ς		σταλήσει
	3	ἐ-στάλη		σταλήσε-ται
	双 2	ἐ-στάλη-τον		σταλήσε-σθον
	3	ἐ-σταλή-την		σταλήσε-σθον
	複 1	ἐ-στάλη-μεν		σταλησό-μεθα
	2	ἐ-στάλη-τε		σταλήσε-σθε
	3	ἐ-στάλη-σαν		σταλήσο-νται
接続法	単 1	σταλῶ		
	2	σταλῇς		
	3	σταλῇ		
	双 2	σταλῆ-τον		
	3	σταλῆ-τον		
	複 1	σταλῶ-μεν		
	2	σταλῆ-τε		
	3	σταλῶσι		
希求法	単 1	σταλείη-ν		σταλησοί-μην
	2	σταλείη-ς		σταλήσοι-ο
	3	σταλείη		σταλήσοι-το
	双 2	σταλεῖ-τον　又は	σταλείη-τον	σταλήσοι-σθον
	3	σταλεί-την	σταλειή-την	σταλησοί-σθην
	複 1	σταλεῖ-μεν	σταλείη-μεν	σταλησοί-μεθα
	2	σταλεῖ-τε	σταλείη-τε	σταλήσοι-σθε
	3	σταλεῖε-ν	σταλείη-σαν	σταλήσοι-ντο
命令法	単 2	στάλη-θι		
	3	σταλή-τω		
	双 2	στάλη-τον		
	3	σταλή-των		
	複 2	στάλη-τε		
	3	σταλέ-ντων		
不定法		σταλῆ-ναι		σταλήσε-σθαι
分詞		σταλείς, -εῖσα, -έν		σταλησό-μενος, -η, -ον

● μι 動詞

		現在システム τίθημι (-θε-) 置く			
		能動		中・受動	
直説法		現在	未完了過去	現在	未完了過去
	単 1	τί-θη-μι	ἐ-τί-θη-ν	τί-θε-μαι	ἐ-τι-θέ-μην
	2	τί-θη-ς	ἐ-τί-θεις	τί-θε-σαι	ἐ-τί-θε-σο
	3	τί-θη-σι	ἐ-τί-θει	τί-θε-ται	ἐ-τί-θε-το
	双 2	τί-θε-τον	ἐ-τί-θε-τον	τί-θε-σθον	ἐ-τί-θε-σθον
	3	τί-θε-τον	ἐ-τι-θέ-την	τί-θε-σθον	ἐ-τι-θέ-σθην
	複 1	τί-θε-μεν	ἐ-τί-θε-μεν	τι-θέ-μεθα	ἐ-τι-θέ-μεθα
	2	τί-θε-τε	ἐ-τί-θε-τε	τί-θε-σθε	ἐ-τί-θε-σθε
	3	τι-θέ-ᾱσι	ἐ-τί-θε-σαν	τί-θε-νται	ἐ-τί-θε-ντο
		現在		現在	
接続法	単 1	τι-θῶ		τι-θῶ-μαι	
	2	τι-θῇς		τι-θῇ	
	3	τι-θῇ		τι-θῆ-ται	
	双 2	τι-θῆ-τον		τι-θῆ-σθον	
	3	τι-θῆ-τον		τι-θῆ-σθον	
	複 1	τι-θῶ-μεν		τι-θώ-μεθα	
	2	τι-θῆ-τε		τι-θῆ-σθε	
	3	τι-θῶσι		τι-θῶ-νται	
希求法	単 1	τι-θείη-ν		τι-θεί-μην	
	2	τι-θείη-ς		τι-θεῖ-ο	
	3	τι-θείη		τι-θεῖ-το	
	双 2	τι-θεῖ-τον 又は	τι-θείη-τον	τι-θεῖ-σθον	
	3	τι-θεί-την	τι-θειή-την	τι-θεί-σθην	
	複 1	τι-θεῖ-μεν	τι-θείη-μεν	τι-θεί-μεθα	
	2	τι-θεῖ-τε	τι-θείη-τε	τι-θεῖ-σθε	
	3	τι-θεῖε-ν	τι-θείη-σαν	τι-θεῖ-ντο	
命令法	単 2	τί-θει		τί-θε-σο	
	3	τι-θέ-τω		τι-θέ-σθω	
	双 2	τί-θε-τον		τί-θε-σθον	
	3	τι-θέ-των		τι-θέ-σθων	
	複 2	τί-θε-τε		τί-θε-σθε	
	3	τι-θέ-ντων		τι-θέ-σθων	

不定法	τι-θέ-ναι	τί-θε-σθαι
分詞	τι-θείς, -εῖσα, -έν	τι-θέ-μενος, -η, -ον

現在システム　δίδωμι（-δο-）　与える					
		能動		中・受動	
		現在	未完了過去	現在	未完了過去
直説法	単 1	δί-δω-μι	ἐ-δί-δουν	δί-δο-μαι	ἐ-δι-δό-μην
	2	δί-δω-ς	ἐ-δί-δους	δί-δο-σαι	ἐ-δί-δο-σο
	3	δί-δω-σι	ἐ-δί-δου	δί-δο-ται	ἐ-δί-δο-το
	双 2	δί-δο-τον	ἐ-δί-δο-τον	δί-δο-σθον	ἐ-δί-δο-σθον
	3	δί-δο-τον	ἐ-δι-δό-την	δί-δο-σθον	ἐ-δι-δό-σθην
	複 1	δί-δο-μεν	ἐ-δί-δο-μεν	δι-δό-μεθα	ἐ-δι-δό-μεθα
	2	δί-δο-τε	ἐ-δί-δο-τε	δί-δο-σθε	ἐ-δί-δο-σθε
	3	δι-δό-ᾱσι	ἐ-δί-δο-σαν	δί-δο-νται	ἐ-δί-δο-ντο
		現在		現在	
接続法	単 1	δι-δῶ		δι-δῶ-μαι	
	2	δι-δῷς		δι-δῷ	
	3	δι-δῷ		δι-δῶ-ται	
	双 2	δι-δῶ-τον		δι-δῶ-σθον	
	3	δι-δῶ-τον		δι-δῶ-σθον	
	複 1	δι-δῶ-μεν		δι-δώ-μεθα	
	2	δι-δῶ-τε		δι-δῶ-σθε	
	3	δι-δῶσι		δι-δῶ-νται	
希求法	単 1	δι-δοίη-ν		δι-δοί-μην	
	2	δι-δοίη-ς		δι-δοῖ-ο	
	3	δι-δοίη		δι-δοῖ-το	
	双 2	δι-δοῖ-τον 又は	δι-δοίη-τον	δι-δοῖ-σθον	
	3	δι-δοί-την	δι-δοιή-την	δι-δοί-σθην	
	複 1	δι-δοῖ-μεν	δι-δοίη-μεν	δι-δοί-μεθα	
	2	δι-δοῖ-τε	δι-δοίη-τε	δι-δοῖ-σθε	
	3	δι-δοῖε-ν	δι-δοίη-σαν	δι-δοῖ-ντο	
	単 2	δί-δου		δί-δο-σο	
	3	δι-δό-τω		δι-δό-σθω	

命令法	双2	δί-δο-τον	δί-δο-σθον
	3	δι-δό-των	δι-δό-σθων
	複2	δί-δο-τε	δί-δο-σθε
	3	δι-δό-ντων	δι-δό-σθων
不定法		δι-δό-ναι	δί-δο-σθαι
分詞		δι-δούς, -οῦσα, -όν	δι-δό-μενος, -η, -ον

現在システム　ἵστημι（στα-）　置く、据える、立てる					
		能動		中・受動	
		現在	未完了過去	現在	未完了過去
直説法	単1	ἵ-στη-μι	ῑ̔́-στη-ν	ἵ-στα-μαι	ῑ̔-στά-μην
	2	ἵ-στη-ς	ῑ̔́-στη-ς	ἵ-στα-σαι	ῑ̔́-στα-σο
	3	ἵ-στη-σι	ῑ̔́-στη	ἵ-στα-ται	ῑ̔́-στα-το
	双2	ἵ-στα-τον	ῑ̔́στα-τον	ἵ-στα-σθον	ῑ̔́-στα-σθον
	3	ἵ-στα-τον	ῑ̔-στά-την	ἵ-στα-σθον	ῑ̔-στά-σθην
	複1	ἵ-στα-μεν	ῑ̔́-στα-μεν	ἱ-στά-μεθα	ῑ̔-στά-μεθα
	2	ἵ-στα-τε	ῑ̔́-στα-τε	ἵ-στα-σθε	ῑ̔́-στα-σθε
	3	ἱ-στᾶσι	ῑ̔́-στα-σαν	ἵ-στα-νται	ῑ̔́-στα-ντο
		現在		現在	
接続法	単1	ἱ-στῶ		ἱ-στῶ-μαι	
	2	ἱ-στῇς		ἱ-στῇ	
	3	ἱ-στῇ		ἱ-στῆ-ται	
	双2	ἱ-στῆ-τον		ἱ-στῆ-σθον	
	3	ἱ-στῆ-τον		ἱ-στῆ-σθον	
	複1	ἱ-στῶ-μεν		ἱ-στώ-μεθα	
	2	ἱ-στῆ-τε		ἱ-στῆ-σθε	
	3	ἱ-στῶσι		ἱ-στῶ-νται	
希求法	単1	ἱ-σταίη-ν		ἱ-σταί-μην	
	2	ἱ-σταίη-ς		ἱ-σταῖ-ο	
	3	ἱ-σταίη		ἱ-σταῖ-το	
	双2	ἱ-σταῖ-τον	ἱ-σταίη-τον	ἱ-σταῖ-σθον	
	3	ἱ-σταί-την	ἱ-σταιή-την	ἱ-σταί-σθην	
	複1	ἱ-σταῖ-μεν	ἱ-σταίη-μεν	ἱ-σταί-μεθα	

	2	ἱ-σταῖ-τε	ἱ-σταίη-τε	ἱ-σταῖ-σθε
	3	ἱ-σταῖε-ν	ἱ-σταίη-σαν	ἱ-σταῖ-ντο
命令法	単 2	ἵ-στη		ἵ-στα-σο
	3	ἱ-στά-τω		ἱ-στά-σθω
	双 2	ἵ-στα-τον		ἵ-στα-σθον
	3	ἱ-στά-των		ἱ-στά-σθων
	複 2	ἵ-στα-τε		ἵ-στα-σθε
	3	ἱ-στά-ντων		ἱ-στά-σθων
不定法		ἱ-στά-ναι		ἵ-στα-σθαι
分詞		ἱ-στᾱ́ς, -ᾶσα, -άν		ἱ-στά-μενος, -η, -ον

現在システム　δείκνῡμι（δεικ）　示す					
		能動		中・受動	
		現在	未完了過去	現在	未完了過去
直説法	単 1	δείκ-νῡ-μι	ἐ-δείκ-νῡ-ν	δείκ-νυ-μαι	ἐ-δεικ-νύ-μην
	2	δείκ-νῡ-ς	ἐ-δείκ-νῡ-ς	δείκ-νυ-σαι	ἐ-δείκ-νυ-σο
	3	δείκ-νῡ-σι	ἐ-δείκ-νῡ	δείκ-νυ-ται	ἐ-δείκ-νυ-το
	双 2	δείκ-νυ-τον	ἐ-δείκ-νυ-τον	δείκ-νυ-σθον	ἐ-δείκ-νυ-σθον
	3	δείκ-νυ-τον	ἐ-δεικ-νύ-την	δείκ-νυ-σθον	ἐ-δεικ-νύ-σθην
	複 1	δείκ-νυ-μεν	ἐ-δείκ-νυ-μεν	δεικ-νύ-μεθα	ἐ-δεικ-νύ-μεθα
	2	δείκ-νυ-τε	ἐ-δείκ-νυ-τε	δείκ-νυ-σθε	ἐ-δείκ-νυ-σθε
	3	δεικ-νύ-ᾱσι	ἐ-δείκ-νυ-σαν	δείκ-νυ-νται	ἐ-δείκ-νυ-ντο
		現在		現在	
接続法	単 1	δεικνύω		δεικνύωμαι	
	2	δεικνύῃς		δεικνύῃ	
	3	δεικνύῃ		δεικνύηται	
	双 2	δεικνύητον		δεικνύησθον	
	3	δεικνύητον		δεικνύησθον	
	複 1	δεικνύωμεν		δεικνυώμεθα	
	2	δεικνύητε		δεικνύησθε	
	3	δεικνύωσι		δεικνύωνται	
	単 1	δεικνύοιμι		δεικνυοίμην	
	2	δεικνύοις		δεικνύοιο	
	3	δεικνύοι		δεικνύοιτο	

希求法	双 2	δεικνύοιτον	δεικνύοισθον
	3	δεικνυοίτην	δεικνυοίσθην
	複 1	δεικνύοιμεν	δεικνυοίμεθα
	2	δεικνύοιτε	δεικνύοισθε
	3	δεικνύοιεν	δεικνύοιντο
命令法	単 2	δείκ-νῡ	δείκ-νυ-σο
	3	δεικ-νύ-τω	δεικ-νύ-σθω
	双 2	δείκ-νυ-τον	δείκ-νυ-σθον
	3	δεικ-νύ-των	δεικ-νύ-σθων
	複 2	δείκ-νυ-τε	δείκ-νυ-σθε
	3	δεικ-νύ-ντων	δεικ-νύ-σθων
不定法		δεικ-νύ-ναι	δείκ-νυ-σθαι
分詞		δεικ-νῡ́ς, -ῦσα, -ύν	δεικ-νύ-μενος, -η, -ον

第 2 アオリストシステム					
		τίθημι (θε) 置く・据える		δίδωμι (δο-) 与える	
		能動	中動	能動	中動
直説法	単 1	ἔ-θη-κα	ἐ-θέ-μην	ἔ-δω-κα	ἐ-δό-μην
	2	ἔ-θη-κας	ἔ-θου	ἔ-δω-κας	ἔ-δου
	3	ἔ-θη-κε(ν)	ἔ-θε-το	ἔ-δε-κε(ν)	ἔ-δο-το
	双 2	ἔ-θε-τον	ἔ-θε-σθον	ἔ-δο-τον	ἔ-δο-σθον
	3	ἐ-θέ-την	ἐ-θέ-σθην	ἐ-δό-την	ἐ-δό-σθην
	複 1	ἔ-θε-μεν	ἐ-θέ-μεθα	ἔ-δο-μεν	ἐ-δό-μεθα
	2	ἔ-θε-τε	ἔ-θε-σθε	ἔ-δο-τε	ἔ-δο-σθε
	3	ἔ-θε-σαν	ἔ-θε-ντο	ἔ-δο-σαν	ἔ-δο-ντο
接続法	単 1	θῶ	θῶ-μαι	δῶ	δῶ-μαι
	2	θῇς	θῇ	δῷς	δῷ
	3	θῇ	θῆ-ται	δῷ	δῶ-ται
	双 2	θῆ-τον	θῆ-σθον	δῶ-τον	δῶ-σθον
	3	θῆ-τον	θῆ-σθον	δῶ-τον	δῶ-σθον
	複 1	θῶ-μεν	θώ-μεθα	δῶ-μεν	δώ-μεθα
	2	θῆ-τε	θῆ-σθε	δῶ-τε	δῶ-σθε
	3	θῶσι	θῶ-νται	δῶσι	δῶ-νται

希求法	単1	θείη-ν	θεί-μην	δοίη-ν	δοί-μην
	2	θείη-ς	θεῖ-ο	δοίη-ς	δοῖ-ο
	3	θείη	θεῖ-το	δοίη	δοῖ-το
	双2	θεῖ-τον 又は θείη-τον	θεῖ-σθον	δοῖ-τον 又は δοίη-τον	δοῖ-σθον
	3	θεί-την θειή-την	θεί-σθην	δοί-την δοιή-την	δοί-σθην
	複1	θεῖ-μεν θείη-μεν	θεί-μεθα	δοῖ-μεν δοίη-μεν	δοί-μεθα
	2	θεῖ-τε θείη-τε	θεῖ-σθε	δοῖ-τε δοίη-τε	δοῖ-σθε
	3	θεῖε-ν θείη-σαν	θεῖ-ντο	δοῖε-ν δοίη-σαν	δοῖ-ντο
命令法	単2	θέ-ς	θοῦ	δό-ς	δοῦ
	3	θέ-τω	θέ-σθω	δό-τω	δό-σθω
	双2	θέ-τον	θέ-σθον	δό-τον	δό-σθον
	3	θέ-των	θέ-σθων	δό-των	δό-σθων
	複2	θέ-τε	θέ-σθε	δό-τε	δό-σθε
	3	θέ-ντων	θέ-σθων	δό-ντων	δό-σθων
不定法		θεῖναι	θέ-σθαι	δοῦναι	δό-σθαι
分詞		θείς, θεῖσα, θέ-ν	θέ-μενος, -η, -ον	δούς, δοῦσα, δό-ν	δό-μενος, -η, -ον

		第2アオリストシステム		第2完了システム	
		ἵστημι (στα) 置く，立てる	δῡ́ω 入る	ἵστημι (στα) 置く，立てる	
		能動	能動	能動	
		第2アオリスト	第2アオリスト	第2完了	第2過去完了
直説法	単1	ἔ-στη-ν	ἔ-δῡ-ν	ἕ-στη-κα	εἱ-στή-κη
	2	ἔ-στη-ς	ἔ-δῡ-ς	ἕ-στη-κας	εἱ-στή-κης
	3	ἔ-στη	ἔ-δῡ	ἕ-στη-κει(ν)	εἱ-στή-κει(ν)
	双2	ἔ-στη-τον	ἔ-δῡ-τον	ἕ-στα-τον	ἕ-στα-τον
	3	ἐ-στή-την	ἐ-δῡ́-την	ἕ-στα-τον	ἑ-στά-την
	複1	ἔ-στη-μεν	ἔ-δῡ-μεν	ἕ-στα-μεν	ἕ-στα-μεν
	2	ἔ-στη-τε	ἔ-δῡ-τε	ἕ-στα-τε	ἕ-στα-τε
	3	ἔ-στη-σαν	ἔ-δῡ-σαν	ἑ-στᾶσι	ἕ-στα-σαν
接続法	単1	στῶ	δύω	ἑ-στῶ	
	2	στῇς	δύῃς	ἑ-στῇς	
	3	στῇ	δύῃ	ἑ-στῇ	
	双2	στῆ-τον	δύητον	ἑ-στῆ-τον	

	3	στῆ-τον	δύητον	ἑ-στῆ-τον
	複 1	στῶ-μεν	δύωμεν	ἑ-στῶ-μεν
	2	στῆ-τε	δύητε	ἑ-στῆ-τε
	3	στῶσι	δύωσι	ἑ-στῶσι
希求法	単 1	σταίη-ν		ἑ-σταίη-ν
	2	σταίη-ς		ἑ-σταίη-ς
	3	σταίη		ἑ-σταίη
	双 2	σταῖ-τον 又は σταίη-τον		ἑ-σταῖ-τον 又は ἑ-σταίη-τον
	3	σταί-την σταιή-την		ἑ-σταί-την ἑ-σταιή-την
	複 1	σταῖ-μεν σταίη-μεν		ἑ-σταῖ-μεν ἑ-σταίη-μεν
	2	σταῖ-τε σταίη-τε		ἑ-σταῖ-τε ἑ-σταίη-τε
	3	σταῖε-ν σταίη-σαν		ἑ-σταῖε-ν ἑ-σταίη-σαν
命令法	単 2	στῆ-θι	δῦ-θι	ἕ-στα-θι
	3	στή-τω	δῡ́-τω	ἑ-στά-τω
	双 2	στῆ-τον	δῦ-τον	ἕ-στα-τον
	3	στή-των	δῡ́των	ἑ-στά-των
	複 2	στῆ-τε	δῦ-τε	ἕ-στα-τε
	3	στά-ντων	δύ-ντων	ἑ-στά-ντων
不定法		στῆ-ναι	δῦ-ναι	ἑ-στά-ναι
分詞		στᾱ́ς, στᾶσα, στά-ν	δῡ́ς, δῦσα, δύ-ν	ἑ-στώς, ἑ-στῶσα, ἑ-στός

● μι 動詞　不規則変化

		οἶδα（ἰδ-）知る		φημί（φα-）言う	
		能動		能動	
		第 2 完了	第 2 過去完了	現在	未完了過去
直説法	単 1	οἶδα	ᾔδη/　ᾔδειν	φημί	ἔφην
	2	οἶσθα	ᾔδησθα/ ᾔδεισθα	φῄς/φής	ἔφησθα/ ἔφης
	3	οἶδε	ᾔδει/　ᾔδειν	φησί	ἔφη
	双 2	ἴστον	ᾖστον	φατόν	ἔφατον
	3	ἴστον	ᾔστην	φατόν	ἐφάτην
	複 1	ἴσμεν	ᾖσμεν	φαμέν	ἔφαμεν
	2	ἴστε	ᾖστε	φατέ	ἔφατε
	3	ἴσᾱσι	ᾖσαν/　ᾔδεσαν	φᾱσί	ἔφασαν

接続法	単 1	εἰδῶ		φῶ	
	2	εἰδῇς		φῇς	
	3	εἰδῇ		φῇ	
	双 2	εἰδῆτον		φῆτον	
	3	εἰδῆτον		φῆτον	
	複 1	εἰδῶμεν		φῶμεν	
	2	εἰδῆτε		φῆτε	
	3	εἰδῶσι		φῶσι	
希求法	単 1	εἰδείην		φαίην	
	2	εἰδείης		φαίης	
	3	εἰδείη		φαίη	
	双 2	εἰδεῖτον		φαῖτον 又は	φαίητον
	3	εἰδείτην		φαίτην	φαιήτην
	複 1	εἰδεῖμεν 又は	εἰδείημεν	φαῖμεν	φαίημεν
	2	εἰδεῖτε	εἰδείητε	φαῖτε	φαίητε
	3	εἰδεῖεν	εἰδίησαν	φαῖεν	φαίησαν
命令法	単 2	ἴσθι		φαθί 又は	φάθι
	3	ἴστω		φάτω	
	双 2	ἴστον		φάτον	
	3	ἴστων		φάτων	
	複 2	ἴστε		φάτε	
	3	ἴστων		φάντων	
不定法		εἰδέναι		φάναι	
分詞		εἰδώς, εἰδυῖα, εἰδός		φᾱ́ς, φᾶσα, φάν	

		εἰμί (ἐσ-) ～である，在る			εἶμι (ἰ-) 行く	
		能動			能動	
		現在	未完了過去		現在	未完了過去	
直説法	単 1	εἰμί	ἦ 又は	ἦν	εἶμι	ᾖα 又は	ᾔειν
	2	εἶ	ἦσθα		εἶ	ᾔεις	ᾔεισθα
	3	ἐστί	ἦν		εἶσι	ᾔει	ᾔειν
	双 2	ἐστόν	ἦστον 又は	ἦτον	ἴτον	ᾖτον	
	3	ἐστόν	ἤστην	ἤτην	ἴτον	ᾔτην	
	複 1	ἐσμέν	ἦμεν		ἴμεν	ᾖμεν	

	2	ἐστέ	ἦστε　　ἦτε	ἴτε	ᾖτε
	3	εἰσί	ἦσαν	ἴᾱσι	ᾖσαν　　ᾔεσαν
接続法	単 1	ὦ		ἴω	
	2	ᾖς		ἴῃς	
	3	ᾖ		ἴῃ	
	双 2	ἦτον		ἴητον	
	3	ἦτον		ἴητον	
	複 1	ὦμεν		ἴωμεν	
	2	ἦτε		ἴητε	
	3	ὦσι		ἴωσι	
希求法	単 1	εἴην		ἴοιμι 又は	ἰοίην
	2	εἴης		ἴοις	
	3	εἴη		ἴοι	
	双 2	εἶτον 又は	εἴητον	ἴοιτον	
	3	εἴτην	εἰήτην	ἰοίτην	
	複 1	εἶμεν	εἴημεν	ἴοιμεν	
	2	εἶτε	εἴητε	ἴοιτε	
	3	εἶεν	εἴησαν	ἴοιεν	
命令法	単 2	ἴσθι		ἴθι	
	3	ἔστω		ἴτω	
	双 2	ἔστον		ἴτον	
	3	ἔστων		ἴτων	
	複 2	ἔστε		ἴτε	
	3	ἔστων		ἰόντων	
不定法		εἶναι		ἰέναι	
分詞		ὤν, οὖσα, ὄν,		ἰών, ἰοῦσα, ἰόν	

ῑ̔́ημι（ἑ-）　送る							
		能動		中・受動		能動	中動
		現在	未完了過去	現在	未完了過去	第2アオリスト	
直説法	単 1	ῑ̔́ημι	ῑ̔́ην	ῑ̔́εμαι	ῑ̔έμην	ἧκα	εἵμην
	2	ῑ̔́ης	ῑ̔́εις	ῑ̔́εσαι	ῑ̔́εσο	ἧκας	εἷσο
	3	ῑ̔́ησι	ῑ̔́ει	ῑ̔́εται	ῑ̔́ετο	ἧκε(ν)	εἷτο
	双 2	ῑ̔́ετον	ῑ̔́ετον	ῑ̔́εσθον	ῑ̔́εσθον	εἷτον	εἷσθον

	3	ἵετον	ἱέτην	ἵεσ-θον	ἱέσθην	εἵτην		εἵσθην
	複 1	ἵεμεν	ἵεμεν	ἱέμεθα	ἱέμεθα	εἷεν		εἵμεθα
	2	ἵετε	ἵετε	ἵεσθε	ἵεσθε	εἷτε		εἷσθε
	3	ἱᾶσι	ἵεσαν	ἵενται	ἵεντο	εἷσαν		εἷντο
接続法	単 1	ἱῶ		ἱῶμαι		ὧ		ὧμαι
	2	ἱῆς		ἱῆ		ἧς		ἧ
	3	ἱῆ		ἱῆται		ἧ		ἧται
	双 2	ἱῆτον		ἱῆσθον		ἧτον		ἧσθον
	3	ἱῆτον		ἱῆσθον		ἧτον		ἧσθον
	複 1	ἱῶμεν		ἱώμεθα		ὧμεν		ὥμεθα
	2	ἱῆτε		ἱῆσθε		ἧτε		ἧσθε
	3	ἱῶσι		ἱῶνται		ὧσι		ὧνται
希求法	単 1	ἱείην		ἱείμην		εἵην		εἵμην
	2	ἱείης		ἱεῖο		εἵης		εἷο
	3	ἱείη		ἱεῖτο		εἵη		εἷτο
	双 2	ἱεῖτον 又は	ἱείητον	ἱεῖσθον		εἷτον 又は	εἵητον	εἷσθον
	3	ἱείτην	ἱειήτην	ἱείσθην		εἵτην	εἱήτην	εἵσθην
	複 1	ἱεῖμεν	ἱείημεν	ἱείμεθα		εἷμεν	εἵημεν	εἵμεθα
	2	ἱεῖτε	ἱείητε	ἱεῖσθε		εἷτε	εἵητε	εἷσθε
	3	ἱεῖεν	ἱείησαν	ἱεῖντο		εἷεν	εἵησαν	εἷντο
命令法	単 2	ἵει		ἵεσο		ἕς		οὗ
	3	ἱέτω		ἱέσθω		ἕτω		ἕσθω
	双 2	ἵετον		ἵεσθον		ἕτον		ἕσθον
	3	ἱέτων		ἱέσθων		ἕτων		ἕσθων
	複 2	ἵετε		ἵεσθε		ἕτε		ἕσθε
	3	ἱέντων		ἱέσθων		ἕντων		ἕσθων
不定法		ἱέναι		ἵεσθαι		εἷναι		ἕσθαι
分詞		ἱείς, ἱεῖσα, ἱέν		ἱέμενος		εἵς, εἷσα, ἕν		ἕμενος

		κεῖμαι（κει-） 横になる		κάθ-ημαι（ἡσ-） 座る		
		現在	未完過去	現在	未完了過去	
直説法	単 1	κεῖμαι	ἐκείμην	κάθημαι	ἐκαθήμην	καθήμην
直説法	2	κεῖσαι	ἔκεισο	κάθησαι	ἐκάθησο	καθῆσο
直説法	3	κεῖται	ἔκειτο	κάθηται	ἐκάθητο	καθῆστο
直説法	双 2	κεῖσθον	ἔκεισθον	κάθησθον	ἐκάθησθον	καθῆσθον
直説法	3	κεῖσθον	ἐκείσθην	κάθησθον	ἐκαθήσθην	καθήσθην
直説法	複 1	κείμεθα	ἐκείμεθα	καθήμεθα	ἐκαθήμεθα	καθήμεθα
直説法	2	κεῖσθε	ἔκεισθε	κάθησθε	ἐκάθησθε	καθῆσθε
直説法	3	κεῖνται	ἔκειντο	κάθηνται	ἐκάθηντο	καθῆντο
接続法	単 1	κέωμαι		καθῶμαι		
接続法	2	κέῃ		καθῇ		
接続法	3	κέηται		καθῆται		
接続法	双 2	κέησθον		καθῆσθον		
接続法	3	κέησθον		καθῆσθον		
接続法	複 1	κεώμεθα		καθώμεθα		
接続法	2	κέησθε		καθῆσθε		
接続法	3	κέωνται		καθῶνται		
希求法	単 1	κεοίμην		καθοίμην		
希求法	2	κέοιο		καθοῖο		
希求法	3	κέοιτο		καθοῖτο		
希求法	双 2	κέοισθον		καθοῖσθον		
希求法	3	κεοίσθην		καθοίσθην		
希求法	複 1	κεοίμεθα		καθοίμεθα		
希求法	2	κέοισθε		καθοῖσθε		
希求法	3	κέοιντο		καθοῖντο		
命令法	単 2	κεῖσο		κάθησο		
命令法	3	κείσθω		καθήσθω		
命令法	双 2	κεῖσθον		κάθησθον		
命令法	3	κείσθων		καθήσθων		
命令法	複 2	κεῖσθε		κάθησθε		
命令法	3	κείσθων		καθήσθων		
不定法		κεῖσθαι		καθῆσθαι		
分詞		κείμενος, η, ον		καθήμενος, η, ον		

動詞の主要部分

現在	未来	アオリスト	完了(能動)	完了(中・受動)	アオリスト(受動)
ἀγγέλλω 伝える	ἀγγελῶ	ἤγγειλα	ἤγγελκα	ἤγγελμαι	ἠγγέλθην
ἄγω 導く	ἄξω	ἤγαγον	ἦχα	ἦγμαι	ἤχθην
αἱρέω 捕える	αἱρησω	εἷλον	ᾕρηκα	ᾕρήμαι	ᾑρέθην
αἴρω 持ちあげる	ἀρῶ	ἦρα	ἦρκα	ἦρμαι	ἤρθην
αἰσθάνομαι 認める	αἰσθήσομαι	ᾐσθόμην		ᾔσθημαι	
αἰσχύνομαι 恥じる	αἰσχυνοῦμαι				ᾐσχύνθην
ἀκούω 聞く	ἀκούσομαι	ἤκουσα	ἀκήκοα		ἠκούσθην
ἁλίσκομαι 捕まる	ἁλώσομαι	ἑάλων	ἑάλωκα		
ἁμαρτάνω 誤る	ἁμαρτήσομαι	ἥμαρτον	ἡμάρτηκα	ἡμάρτημαι	ἡμαρτήθην
ἀμύνω 防ぐ	ἀμυνῶ	ἤμυνα			
ἀναλίσκω 浪費する	ἀναλώσω	ἀνήλωσα	ἀνήλωκα	ἀνήλωμαι	ἀνηλώθην
ἀνέχομαι 耐える	ἀνέξομαι	ἠνεσχόμην			
ἀνοίγνυμι 開ける	ἀνοίξω	ἀνέῳξα		ἀνέῳγμαι	ἀνεῴχθην
ἀπαντάω 会う	ἀπαντήσομαι	ἀπήντησα	ἀπήντηκα		
ἀποκρίνομαι 答える	ἀποκρινοῦμαι	ἀπεκρινάμην		ἀποκέκριμαι	
ἄρχω 支配する	ἄρξω	ἦρξα	ἦρχα	ἦργμαι	ἤρχθην
αὐξάνω, αὔξω, 増やす	αὐξήσω	ηὔξησα	ηὔξηκα	ηὔξημαι	ηὐξήθην
ἀφικνέομαι 到着する	ἀφίξομαι	ἀφικόμην		ἀφῖγμαι	
βαίνω 行く、歩く	βήσομαι	ἔβην	βέβηκα		
βάλλω 投げる	βαλῶ	ἔβαλον	βέβληκα	βέβλημαι	ἐβλήθην
βούλομαι 望む	βουλήσομαι			βεβούλημαι	ἐβουλήθην
γαμέω 結婚する	γαμῶ	ἔγημα	γεγάμηκα	γεγάμημαι	
γίγνομαι 成る	γενήσομαι	ἐγενόμην	γέγονα	γεγένημαι	
γιγνώσκω 知る	γνώσομαι	ἔγνων	ἔγνωκα	ἔγνωσμαι	ἐγνώσθην
δάκνω 咬む	δήξομαι	ἔδακον		δέδηγμαι	ἐδήχθην
δείκνυμι 示す	δείξω	ἔδειξα	δέδειχα	δέδειγμαι	ἐδείχθην
δέχομαι 受取る	δέξομαι	ἐδεξάμην		δέδεγμαι	
δέομαι 必要とする	δεήσομαι			δεδέημαι	ἐδεήθην
δεῖ べきである	δεήσει	ἐδέησε			
δέω 欠ける	δεήσω	ἐδέησα			
δέω 縛る	δήσω	ἔδησα	δέδεκα	δέδεμαι	ἐδέθην
διαλέγομαι 話し合う	διαλέξομαι			διείλεγμαι	διελέχθην
διαφθείρω 破壊する	διαφθερῶ	διέφθειρα	διέφθαρκα	διέφθαρμαι	διεφθάρην
διδάσκω 教える	διδάξω	ἐδίδαξα	δεδίδαχα	δεδίδαγμαι	ἐδιδάχθην
δίδωμι 与える	δώσω	ἔδωκα ἐδόμην	δέδωκα	δέδομαι	ἐδόθην
δοκέω 思われる	δόξω	ἔδοξα		δέδοκται	
δύναμαι 可能である	δυνήσομαι			δεδύνημαι	ἐδυνήθην
δύω 入り込む	δύσω	ἔδυσα ἔδυν	δέδυκα	δέδυμαι	ἐδύθην
ἐάω 許す	ἐάσω	εἴασα	εἴακα	εἴαμαι	εἰάθην
ἐγείρω 目覚ます	ἐγερῶ	ἤγειρα	ἐγρήγορα		ἠγέρθην

現在	未来	アオリスト	完了(能動)	完了(中・受動)	アオリスト(受動)
ἐθέλω 欲する	ἐθελήσω	ἠθέλησα	ἠθέληκα		
εἴργω 妨げる	εἴρξω	εἶρξα		εἶργμαι	εἴρχθην
ἐλαύνω 駆る	ἐλῶ	ἤλασα	ἐλήλακα	ἐλήλαμαι	ἠλάθην
ἕλκω 引張る	ἕλξω	εἵλκυσα	εἵλκυκα	εἵλκυσμαι	εἱλκύσθην
ἐναντιόομαι 反対する	ἐναντιώ- σομαι			ἠναντίωμαι	ἠναντιώθην
ἐπαινέω 褒める	ἐπαινέσομαι	ἐπῄνεσα	ἐπῄνεκα		ἐπῃνέθην
ἐπιλανθάνομαι 忘れる	ἐπιλήσομαι	ἐπελαθόμην		ἐπιλέλησμαι	
ἐπίσταμαι 理解する	ἐπιστήσομαι				ἠπιστήθην
ἕπομαι 従う	ἕψομαι	ἑσπόμην			
ἐρωτάω 問う	ἐρωτήσω ἐρήσομαι	 ἠρόμην	ἠρώτηκα	ἠρώτημαι	ἠρωτήθην
ἐργάζομαι 働く	ἐργάσομαι	εἰργασάμην		εἴργασμαι	εἰργάσθην
ἔρχομαι 来る、行く	εἶμι	ἦλθον	ἐλήλυθα		
ἐσθίω 食べる	ἔδομαι	ἔφαγον			
εὑρίσκω 見出す	εὑρήσω	ηὗρον	ηὕρηκα εὗρον	ηὕρημαι	ηὑρέθην
ἔχω 持つ	ἕξω σχήσω	ἔσχον	ἔσχηκα	-έσχημαι	
ζάω 生きる	βιώσομαι	ἐβίων	βεβίωκα		
ἥδομαι 喜ぶ	ἡσθήσομαι				ἥσθην
ἥκω 来ている	ἥξω				
θάπτω 葬う	θάψω	ἔθαψα		τέθαμμαι	ἐτάφην
θαυμάζω 驚く	θαυμάσομαι	ἐθαύμασα	τεθαύμακα	τεθαύμασμαι	ἐθαυμάσθην
-θνήσκω 死ぬ	θανοῦμαι	-ἔθανον	τέθνηκα		
ἵημι 放つ、送る	ἥσω	ἧκα	εἷκα	εἷμαι	εἵθην
ἵστημι 据える	στήσω	ἔστησα ἔστην	ἕστηκα	ἕσταμαι	ἐστάθην
καίω 焼く	καύσω	ἔκαυσα	κέκαυκα	κέκαυμαι	ἐκαύθην
καλέω 呼ぶ	καλῶ	ἐκάλεσα	κέκληκα	κέκλημαι	ἐκλήθην
κάμνω 疲れる	καμοῦμαι	ἔκαμον	κέκμηκα		
κεῖμαι 横になる	κείσομαι				
κελεύω 命令する	κελεύσω	ἐκέλευσα	κεκέλευκα	κεκέλευσμαι	ἐκελεύσθην
κλαίω 泣く	κλαύσομαι	ἔκλαυσα		κέκλαυμαι	
κλέπτω 盗む	κλέψω	ἔκλεψα	κέκλοφα	κέκλεμμαι	ἐκλάπην
κομίζω 運ぶ	κομιῶ	ἐκόμισα	κεκόμικα	κεκόμισμαι	ἐκομίσθην
κρίνω 判断する	κρινῶ	ἔκρινα	κέκρικα	κέκριμαι	ἐκρίθην
κτάομαι 手に入れる	κτήσομαι	ἐκτησάμην		κέκτημαι	ἐκτήθην
κτείνω 殺す	-κτενῶ	-ἔκτεινα	-ἔκτονα		
λαμβάνω 取る	λήψομαι	ἔλαβον	εἴληφα	εἴλημμαι	ἐλήφθην
λανθάνω 注意を免れる	λήσω	ἔλαθον	λέληθα		
λέγω, φημί } 言う	{ λέξω ἐρῶ	ἔλεξα εἶπον	} εἴρηκα	εἴρημαι	{ ἐλέχθην ἐρρήθην
λείπω 残す	λείψω	ἔλιπον	λέλοιπα	λέλειμμαι	λείφθην
μανθάνω 学ぶ	μαθήσομαι	ἔμαθον	μεμάθηκα		
μάχομαι 戦う	μαχοῦμαι	ἐμαχεσάμην		μεμάχημαι	

現在	未来	アオリスト	完了(能動)	完了(中・受動)	アオリスト(受動)
μέλει 関心がある	μελήσει	ἐμέλησε	μεμέληκε		
μέλλω 〜しようとする	μελλήσω	ἐμέλλησα			
μέμφομαι 咎める	μέμψομαι	ἐμεμψάμην			
μένω 残る	μενῶ	ἔμεινα			
(ἀνα)μιμνήσκω 思い出させる	-μνήσω	-ἔμνησα		μέμνημαι 覚えている	ἐμνήσθην
νέω 泳ぐ	νεύσομαι	ἔνευσα	νένευκα		
νομίζω 思う	νομιῶ	ἐνόμισα	νενόμικα	νενόμισμαι	ἐνομίσθην
οἶδα 知っている	εἴσομαι				
οἴομαι, οἶμαι, } 思う	οἰήσομαι				ᾠήθην
οἴχομαι 行く、去る	οἰχήσομαι				
(ἀπ)-ολλυμι 滅ぼす	-ολῶ	-ώλεσα -ωλόμην	-ολώλεκα -όλωλα		
ὄμνυμι 誓う	ὀμοῦμαι	ὤμοσα	ὀμώμοκα		
ὀξύνω 鋭くする	ὀξυνῶ	ὤξυνα	ὤξυγκα	ὤξυμμαι	ὠξύνθην
ὁράω 見る	ὄψομαι	εἶδον	ἑόρᾱκα ἑώρακα	ἑώρᾱμαι ὦμμαι	ὤφθην
ὀργίζομαι 怒る	ὀργιοῦμαι			ὤργισμαι	ὠργίσθην
ὁρμάομαι 出発する	ὁρμήσομαι			ὥρμημαι	ὡρμήθην
ὀφείλω 負う		ὤφελον			
ὀφλισκάνω 負う	ὀφλήσω	ὦφλον	ὤφληκα		
[παίω] τύπτω } 打つ	πατάξω	ἐπάταξα		πέπληγμαι	ἐπλήγην
παρέχω 提供する	παρέξω παρασχήσω	παρέσχον	παρέσχηκα	παρέσχημαι	
πάσχω 受ける、蒙むる	πείσομαι	ἔπαθον	πέπονθα		
πείθω 説得する	πείσω	ἔπεισα	πέπεικα πέποιθα	πέπεισμαι	ἐπείσθην
πέμπω 送る	πέμψω	ἔπεμψα	πέπομφα	πέπεμμαι	ἐπέμφθην
πέτομαι 飛ぶ	πτήσομαι	ἐπτόμην			
πίμπλημι 充たす	πλήσω	ἔπλησα	πέπληκα	πέπλησμαι	ἐπλήσθην
πίπτω 落ちる	πεσοῦμαι	ἔπεσον	πέπτωκα		
πλέω 出帆する	πλεύσομαι	ἔπλευσα	πέπλευκα		
πράσσω 為す、行う	πράξω	ἔπραξα	πέπραχα πέπραγα	πέπραγμαι	ἐπράχθην
πυνθάνομαι 聞く、知る	πεύσομαι	ἐπυθόμην		πέπυσμαι	
πωλέω 売る	πωλήσω		πέπρακα	πέπραμαι	ἐπράθην
ῥήγνυμι 壊す	ῥήξω	ἔρρηξα	ἔρρωγα		ἐρράγην
ῥίπτω 投げる	ῥίψω	ἔρριψα	ἔρριφα	ἔρριμμαι	ἐρρίφθην
σκεδάννυμι 散らす	σκεδῶ	ἐσκέδασα		ἐσκέδασμαι	ἐσκεδάσθην
σπείρω 撒く	σπερῶ	ἔσπειρα	ἔσπαρκα	ἔσπαρμαι	ἐσπάρην
σπουδάζω 熱心である	σπουδάσομαι	ἐσπούδασα	ἐσπούδακα	ἐσπούδασμαι	ἐσπουδάσθην
στέλλω 用意させる	στελῶ	ἔστειλα	ἔσταλκα	ἔσταλμαι	ἐστάλην
στρέφω 回転させる	στρέψω	ἔστρεψα		ἔστραμμαι	ἐστράφην
σῴζω 救う	σώσω	ἔσωσα	σέσωκα	σέσῳσμαι	ἐσώθην

現在	未来	アオリスト	完了(能動)	完了(中・受動)	アオリスト(受動)
τελέω 完成する	τελῶ	ἐτέλεσα	τετέλεκα	τετέλεσμαι	ἐτελέσθην
τέμνω 切る	τεμῶ	ἔτεμον	τέτμηκα	τέτμημαι	ἐτμήθην
τίθημι 置く	θήσω	ἔθηκα ἐθέμην	τέθηκα	[κεῖμαι]	ἐτέθην
τιτρώσκω 傷つける	τρώσω	ἔτρωσα		τέτρωμαι	ἐτρώθην
τρέπω 転ずる、変える	τρέψω	ἔτρεψα ἐτραπόμην	τέτροφα	τέτραμμαι	ἐτράπην
τρέφω 養う	θρέψω	ἔθρεψα	τέτροφα	τέθραμμαι	ἐτράφην
τρέχω, θέω, } 走る	δραμοῦμαι	ἔδραμον	δεδράμηκα		
τυγχάνω 偶然～する	τεύξομαι	ἔτυχον	τετύχηκα		
ὑπισχνέομαι 約束する	ὑποσχήσομαι	ὑπεσχόμην		ὑπέσχημαι	
φαίνω 明らかにする	φανῶ	ἔφηνα	πέφαγκα πέφηνα	πέφασμαι	ἐφάνθην ἐφάνην
φέρω 担う、運ぶ	οἴσω	ἤνεγκον	ἐνήνοχα	ἐνήνεγμαι	ἠνέχθην
φεύγω 逃げる	φεύξομαι	ἔφυγον	πέφευγα		
φημί(λέγω 参照)					
φθάνω 先んずる	φθήσομαι	ἔφθασα ἔφθην	ἔφθακα		
φοβέομαι 恐れる	φοβήσομαι			πεφόβημαι	ἐφοβήθην
χαίρω 喜ぶ	χαιρήσω				ἐχάρην
χράομαι 用いて	χρήσομαι	ἐχρησάμην		κέχρημαι	ἐχρήσθην
χρή ～ねばならない 必要である	χρήσει	未完了過去 χρῆν ἐχρῆν			
ψεύδω 欺す	ψεύσω	ἔψευσα		ἔψευσμαι	ἐψεύσθην
ὠνέομαι 買う	ὠνήσομαι	ἐπριάμην		ἐώνημαι	ἐωνήθην

練習問題解答

●練習問題　1

I. 1. Zeus, 2. Hera, 3. Athene, 4. Poseidon,
5. Aphrodite, 6. Heracles, 7. angelos, 8. barbaros,
9. dendron, 10. hydor, 11. onoma, 12. philia

II. 1. Ὀλυμπια, 2. Δηλος, 3. Ξερξης, 4. Σολων, 5. Ἱππιας,
6. Λεωνιδας, 7. δραμα, 8. νεκταρ, 9. ἀναλυσις, 10. ἱππος,
11. σοφια, 12. χρονος

●練習問題　2

1. 私たちは導く.
2. あなたは犠牲を捧げる.（ギリシア語では二人称に「君，あなた」の区別を特にしません．その文の流れの中で適宜に訳し分けて下さい.）
3. あなた方は送りますか？（；は？に相当します.）
4. 私たちは切る.
5. 彼らは持っている.
6. あなたは計画します.
7. 君は言う.
8. πείθει.
9. βουλεύουσιν.(文末なのでνを附けます．主語の性はギリシア語にすると分らなくなります.）
10. θύετε ;

●練習問題　3

1. 兄弟は書く.
2. 女神は説得するだろう.
3. 敵たちは追うだろうか？
4. 乙女たちは犠牲を捧げるだろう.
5. あなた方は兵士たちを送るだろうか？
6. ἡ χώρα τὰς κώμας ἔχει.
7. οἱ ἀδελφοὶ τὰ δῶρα ταῖς ἀδελφαῖς πέμπουσιν.
8. ἡ παρθένος τῇ θεᾷ θύσει.
9. οἱ στρατιῶται βουλεύουσι τὴν γέφυραν λύειν.

●練習問題　4

1. (その) 国は小さい.
2. 若者の言葉は良い.
3. 家の戸は美しい.
4. 敵たちの武器は恐ろしかった.
5. 彼らは若者たちが逃げることを望む.
6. 姉 (妹) の手紙は長かった.
7. 神々は賢者たちに親しい.
8. ἡ τῆς παρθένου κόμη ἦν καλή.
9. χαλεπὸν ἦν τὴν μακρὰν ἐπιστολὴν γράφειν.
10. ὁ ἀγαθὸς διδάσκαλος κελεύσει τοῖς θεοῖς πιστεύειν.
11. ἡ μακρὰ ὁδὸς ἐκώλυε τοὺς πολεμίους.

●練習問題　5

I. 1. φύλαξι(ν)　2. Ἄραψι(ν)　3. σάλπιγξι(ν)　4. ἀσπίσι(ν)
5. χάρισι(ν)　6. ὀδοῦσι(ν)　7. ὄρνῑσι(ν)　8. γάλαξι(ν)
9. νέκταρσι(ν)　10. δαίμοσι(ν)

II. 1. 若者は馬を解き放った.
2. アテーナイ人たちは河に犠牲を捧げた.
3. 医者は奴隷の病気を治療した.
4. 詩人の手紙は平和を守ることを命じた.
5. 主人は雄弁家の奴隷を叩いた.
6. 雄弁家は若者たちに静粛にするように説いた.
7. 知恵によって教師は子供を救った.

8. οἱ φύλακες ἔλυσαν τὸν νεανίαν.
9. οἱ ὄνυχες ἔσωσαν τοὺς θῆρας.
10. ὁ διδάσκαλος ἐκέλευσε τὸν παῖδα ὄρνιν λύειν.

●練習問題　6

I.

1. ἀληθεῖς　2. εὐτυχῆ　3. εὐγενῆ　4. ἀσθενοῦς　5. πλήρεσι(ν)
6. (男，女，中)，単，属　7. (男，女)，単，対；中，複 (主，対，呼)
8. (男，女)，複，(主，呼)　9. (男，女，中)，複，与
10. (男，女，中)，複，属

II.

1. 兵士たちは捕虜たちを解放した．(＝解放してしまった)．
2. 詩人は教師の話を妨げた．
3. 将軍の勇気が勝利を勝ち取った．
4. 老人たちは若者たちに祖国を救うことを教育した．
5. 神官は奴隷たちに動物を犠牲に捧げるように命じた．
6. 善い主人は馬たちのくびきを解いてしまっていた．
7. 敵たちは使者が手紙をもたらすのを妨げてしまっていた．
8. 子供たちは馬たちに石を投げつけた．
9. 子供たちに不正を為すことを教えてはいけない．
10. 急げ，(おお) 兵士たちよ，そして盾を持って来い．
11. ὁ δοῦλος κέκρουκε τὰς τοῦ δεσπότου θύρας.
12. χαλεπόν ἐστι τοὺς ἵππους ἐλαύνειν.

●練習問題　7

1. 男たちは遠征し，女たちは留まる．
2. 教師は教え，弟子たちは学ぶ．
3. 老人は若者たちに祖国を守るように命じる．
4. 敵たちは農夫たちの樹を切り倒した．
5. 母親たちは美しい娘たちを都に送るだろう．
6. 奴隷たちは黒い馬を主人の家から連れて行った．
7. 野蛮人たちは野獣を速い馬に乗って狩をしていた．
8. (その) 樹の実は甘い．(冠詞は総称的にも，特定のものにも用いられる．)

9. οἱ μὲν στρατιῶται φεύγουσιν, ὁ δὲ στρατηγὸς μένει.
10. οἱ γεωργοὶ ἔπεμψαν τοὺς χαρίεντας ἵππους εἰς ἐκείνην τὴν χώραν.

●練習問題　8

1. 市民たちは善き神々に感謝する.
2. ペルシア人たちの同盟者は多く，勇敢だった.
3. 船乗りたちは大きな黒い船を持っている.
4. 河を渡ることは恐ろしかった，大きな河だったから.
5. 子供たちは四日間，森の中に留まっていた.
6. 少女たちの誰も踊りも，歌いもしていなかった.（踊ろうとも歌おうともしなかった）
7. 三人の騎士たちが一頭の大きな美しい鹿を狩っていた.
8. ὦ βασιλεῦ, τίνος στρατιὰν ἐνίκησας;
9. μεγάλη ἦν ἡ τῶν συμμάχων αὐτῶν ἐλπίς.
10. οἱ πολῖται αὐτοὶ τοῖς αὐτοῖς θεοῖς πιστεύουσιν.

●練習問題　9

1. ギリシア人の大使たちは平和について議論していた.
2. 愚かな弁論家たちは論争を止めることを望まなかった.
3. そこで市民たちは沢山の黄金によって彼らの兄弟たちを解放してもらった.
4. 熱心な生徒たちは，善い教師に従うことを望んでいた.
5. その後でギリシアの諸都市は長い間お互いに戦っていた.
6. 私の息子は，アテーナイで教育を受けさせたい.
7. 王の回りの従者たちは急いで祝宴の準備をした.
8. μετὰ δὲ τὸν τοῦ Περικλέους θάνατον οἱ Ἀθηναῖοι ἐπαύσαντο τοῦ πολέμου.
9. οἱ ἐλεύθεροι οὐκ ἐβούλοντο πείθεσθαι τῷ τυράννῳ.
10. ὁ ἀνδρεῖος νεανίας ἐπορεύετο διὰ τοῦ ἐρήμου πεδίου.

●練習問題　10

1. 詩人の知恵は全ての市民たちによって賞讃されていた.
2. たとえ敵の都においてであっても教育を受けることは良いことだ.

3. おべっか使いの言葉を信じることは安全ではなかった.
4. 牛たちと馬たちは奴隷たちによって牧場へと追われている.
5. 船乗りたちの船は大きな嵐の中で破壊されるだろう.
6. おお旅人たちよ，あなた方は高い山によって妨げられるでしょう.
7. その弁論家は賢く勇敢であると言われている.
8. ἡ μάχη πέπαυται καὶ οἱ ἡμέτεροι πρὸς τὴν πόλιν πορεύονται.
9. ἑπόμεθα τῷ στρατηγῷ ὃς ἐπίσταται τὴν μάχην.
10. οἱ πολέμιοι οὐκ ἐδύναντο διαβαίνειν τὸν εὐρὺν ποταμόν.

●練習問題　11

1. 主人は家の者たちに家を離れるように命じた.
2. 教師は青年たちを教えるのは容易であると言った.
3. 一体，その犬たちは雌鹿を追うことができなかったのか？
4. あの弁論家は話すことは有能だが，歌うことは下手だった.
5. この考えの足らぬ農夫は熱心に働くことの代りに酒を飲むのが好きだ.
6. 悪友によって堕落させられることは恥ずべきことだろう.
7. ὁ ποιητὴς τὴν ψῡχὴν ἐλευθεροῖ.
8. οἱ στρατιῶται τοὺς πολίτᾱς ἠδίκουν.
9. ἡ πατρὶς ἐνῑκᾶτο καὶ οἱ πολῖται ἐδουλοῦντο.
10. οἱ στρατιῶται τὸν ἀγαθὸν στρατηγὸν ἐτῑ́μων.
11. ὁ στρατηγὸς τοὺς μὲν πονηροὺς πολεμίους μῑσεῖ, τοὺς δὲ ἀγαθοὺς στρατιώτας φιλεῖ.

●練習問題　12

1. アテーナイ人たちは他のギリシア人たちよりも勇敢である.
2. アキレウスは当時のすべての英雄たちの中で最も強かった.
3. 集会に於いて弁論術は弁論家にとって金銭よりも有用である.
4. 法廷で嘘を吐くことは非常に恥ずべきことである.
5. 非常に優れた騎手たちは善い馬によって楽々と勝った.
6. 非常に有能な教師たちによって王は最高の教育を受けている.
7. （その）不幸な詩人にとって粗野な王を喜ばすことは非常に困難だった.
8. 独裁者はもっと多くのもっと大きな船を送ることを約束した.
9. οἱ πλουσιώτατοι τῶν πολιτῶν ἐκελεύσθησαν ὑπὸ τοῦ δήμου τὰ

χρήματα δοῦναι τοῖς πένησιν.

10. νομίζομεν τοὺς ἰσχυροτάτους ὁπλίτας βεβαιοτέρους εἶναι τῶν ὑψηλοτάτων τειχῶν.

●練習問題　13

1. 観客たちは踊り手たちが踊っているにも関わらず劇場から出て行った．
2. そういう事を為した者たちは罰を受けるというのが私たちの法律である．
3. 悪人たちによって為された事を知ると彼らは報復した．
4. 私たちは真実を語る友人を信用する．
5. 番人たちは奴隷たちを棍棒で叩いて追い出した．
6. 何かを為す者ばかりでなく為さぬ者もまたしばしば不正である．
7. 祖国のために死んだ祖先たちに私たちは感謝する．
8. οἱ ἐν τῇ πόλει μένοντες ἦσαν δειλοί.
9. οἱ πολῖται χάριν ἔχουσι τοῖς βοήθειαν πέμψασιν.
10. οἱ τοῖς θεοῖς θύοντές εἰσιν ἀγαθοί.

●練習問題　14

1. 彼らは囚人たちを解放しようとして牢獄へ急いだ．
2. その時居合わせた者たちはその行為に驚嘆した．
3. 私は逃亡者たちが隠した金を見つけた．
4. 私は木こりたちが樹木を切り倒しているのを見る．
5. 怠惰な子供たちを罰した後で先生は立去った．
6. 羊の群を追って来た者たちは，牧場で休息している．
7. 父親が命じているのに息子たちはお互いに争い合うのを止めなかった．
8. ἡμῶν διωκόντων ὁ κλέπτης κατέλιπε τὰ χρήματα.
9. οὐδενὸς ἀκούοντος ὁ ῥήτωρ ἐπαύσατο τοῦ λόγου.
10. ἀδύνατον ὂν φεύγειν οἱ γέροντες ἔμενον ἐν τῇ πόλει.

●練習問題　15

1. 市民たちよ，好戦的な弁論家たちを信じないようにしよう．
2. 逃げぬようにしよう，男たちよ，勇敢に持場に踏み止まろう．
3. 正直に率直に語ることを恐れる者を尊敬せぬようにしよう．

4. 自分よりも賢い者に従う人々を賢い人と見なそうではないか.
5. 誰も私たちを助けてくれないのではないかと私は恐れる.
6. 私たちは家に帰ることができないのではないかと私は恐れる.
7. 敵たちが夜の間に攻撃して来るのではないかという危険がある.
8. 王はその報告（されたことがら）が真実でないのではないかと恐れている.
9. ἀεὶ διώκωμεν τὴν ἀρετήν, ὦ φίλοι, καὶ φεύγωμεν τὴν αἰσχύνην.
10. φοβοῦνται μὴ οὐ δύνησθε οἴκαδε ἐπανελθεῖν*.
(*aorist の方が ἐπανέρχεσθαι よりきっぱりした言い方になる.)

●練習問題　16

1. あなたがデーモステネースのように雄弁に語りますように！
2. 手紙を少女の母親に見せてはいけない.
3. 戦争を阻止した者たちを常に賞讃しよう.
4. 私の望むことではなく，有益なことが私に起きますように！
5. 一生ずっと無教育のままで居ることを誰が選ぶだろうか？
6. 亡命者たちは彼らの財産を取返そうとして戻って来た.
7. 彼はもっと多くの金を得ようとして，もっと良いもっと美しい本を送ると約束した.
8. ティモテオスはギリシア人の誰も彼を恐れないように気を配っていた.
9. ταῦτα ἔφη ἵνα φαίνοιτο σοφὸς εἶναι.
10. ὁ στρατηγὸς φροντίζει ὅπως τὰ ἐπιτήδεια ἕξομεν.

読解訳文

ソクラテスが国家にとって死に値するということを，あの告発者たちは一体どんな論法でアテーナイ人に説きつけたのかと私はしばしば疑問に思った．彼に対する告発は次のようなものであった.「ソクラテスは国家が信ずる神々を信ぜぬことにより，また新奇な神霊を導入することによって有罪である．さらにまた彼は若者を堕落させることにより有罪である.」

●練習問題　17

1. 彼は喉が渇かなければ，（いつも水を）飲まなかった.
2. もし神々が何か恥ずべきことを為すなら，彼らは神々ではない.
3. もし人が嘘を吐くなら，それは人間を恐れながら神を軽んずることに他ならないのではないか？

4. 従者たちは，もし主人が金をくれないのなら，従うのは嫌だと言っていた．
5. もし死が近づけば，誰も死ぬことを望まない．
6. もし被告が言葉を控えなければ，法に従って罰される．
7. 教師は若者たちが時間を無駄にするのを防ごうと試みた．
8. 誰もこれまでこれが真実でないと言って反対しなかった．
9. εἰ τάδ' ἀγνοεῖς, κακῶς ἐπαιδεύθης.
10. εἰ ὁ διδάσκαλος ἐκέλευσε ταῦτα ποιεῖν, ἡδέως ἐποιήσαμεν.

読解訳文

さてまず第一に，国家が信ずる神々を彼が信じていなかったという点であるが，一体彼らはどんな証拠を挙げてそう言うのだろうか？　彼が自宅でよく犠牲を捧げていたことは広く知られていたし，国家の祭壇でもしばしばそういう姿が見られ，また彼が占いを行っていたことも隠れもない事実だった．確かにソクラテスは神霊が自分に兆(きざ)しを与えると言っていた．彼が新奇な神霊を導入すると彼らが告発したのはそれが主な理由であると私には思われる．

●練習問題　18

1. もし彼らが勇敢な男たちだったら，こんな目に遭わなかっただろうに．
2. もし我々がお互いに有用であるならば，我々はそれを大きな利益と考える．
3. もし君が良い教育を受けていたら，そんな話はしなかっただろうに．
4. もしそれが真実であるなら，私は決してあの男を二度と信じないだろう．
5. もし全ての人間が死を免れないなら，あなた方も死ぬだろう．
6. あなたがもっと良い事を知っているなら，語りなさい，さもなければ，黙っていなさい．
7. たとえ私たちが金銭に富んでいるとしても，豊かであるわけではない．
8. もしあなた方が来なかったなら，私たちは王に向って進んでいるところでしょう．
9. εἰ ἦλθον, αὐτοὺς εἶδον ἄν.
10. εἰ τοῦτο πράττοις, κακῶς πάσχοις ἂν ὑπ' αὐτοῦ.

読解訳文

しかし彼（ソークラテース）は，占いを信じて鳥占いやお告げや前兆や犠牲に神託を求める他の人々に較べても何の新奇なものを導入してはいなかった．というのはこれらの人々も鳥やたまたま出会った人々が神託を求める者たちにとって有益なことがらを知っていると考えているわけではなく，神々がこれらを通じてそれ(有益なこと)

を示していると考えているのであり，彼もまたそのように考えていたからである．

●練習問題　19

1. ペルシア人の王クセルクセースがこの手紙を書いた．
2. たった 300 人のスパルタ人が侵入路を守ったが無益であった．
3. ある案内人がアルメニア人の中に居て，彼らを山まで導いた．
4. 裁判官の命ずることは何でもそれをしなさい，そうすればあなたは安全でしょう．
5. あなた方が獲得した良い評判を自ら放棄してはいけません．
6. 不正を行うことができるのにそうすることを望まぬ人は（誰でも）正しい人である．
7. どんな悪い点も持ち合わせぬ人を，この上なく幸いな者と私は呼ぶ．
8. 仲間によって欺されることを望む者が本当に居るだろうか？
9. ὅστις ἀεὶ τὰ ἀληθῆ λέγει, τούτῳ πάντες πιστεύουσιν.
10. ἦσαν αὐτοῖς βόες οὓς ἔθυσαν τοῖς θεοῖς οὐρανίοις.

読解訳文

しかしほとんどの人は鳥や行き合う人々によって思い止められたり勧められたりすると言い表わすのに反して，ソークラテースの場合は，自分が理解したとおりに語ったのである．なぜなら彼は神霊が兆（きざ）しを与えると言っていたからである．そして話し相手の多くの者に対して或る事は為すように，他の事は為さぬようにと，神霊の兆（きざ）すとおりに忠告を与えたのである．そして彼に聞き従った者は得をして，聞き従わなかった者は後悔した．

●練習問題　20

1. 夕方になる前に彼らは港に入港した．
2. あなたが家に戻って来る時はいつも母親はあなたのしたいようにさせます．
3. 我々の国土が荒らされるまで我々は待っていない．
4. まあとにかく使者たちが来るまでは，希望を持っていなさい．
5. 彼は誰か不幸な者を見る度に，その男をいつも助けようとする．
6. 彼らは誰も彼らを捕えられないほどに速く走った．
7. 統治者自身が法律によって治められるその時に，彼は真に正義に従って治めるのである．
8. いかなる人も誰かが幸せな死に方をしたのを見るまでは，その人を幸福な者と判断してはならない．

9. ἦν ποτὲ χρόνος ὅτε θεοὶ μὲν ἦσαν θνητοὶ δὲ οὔ.
10. οὐχ οὕτω μῶρός εἰμι ὥστε τῷ δημαγωγῷ πείθεσθαι.

読解訳文

また本当に彼が仲間の者に愚か者とも詐欺師とも見えるのを望まなかった（～でないと見えることを望んだ）ことを誰が認めないだろうか？　神によって告げ知らされた事だなどと公言しておいて，もしそれが本当でないと分ったりしたら，（馬鹿と詐欺師の）両方だと思われたことだろう．だからもしそれが本当になるだろうと信じていなければ，彼が忠告したりしなかっただろうということは明らかである．またこういう事については神以外の何者を頼りにすることができるだろうか？　そして神々に頼っておきながら，どうして神々が存在しないと彼が考えただろうか？

●練習問題　21

1. 水夫たちは病気になった船長を島に残したと言った．
2. ペルシア人がギリシアから直ちに退却するだろうと我々は考えていた．
3. 使者は野蛮人たちを彼らの国に連れ戻そうと答えた．
4. 王は馬がラクダを恐れることに気附いた．
5. アテーナイ人は戦いにおいて逃げることを非常に恥ずべきことと考えていたと人々は言う．
6. 私は彼が(自分では)賢いと思っているが，そうではないことを示そうと試みた．
7. この河が歩いて渡れるようになったことは，その時を除いてこれまでに全く無かったと彼らは言った．
8. ペリクレースはアルキダーモスが自分の客人ではあるが，国家の不利益にならなかったと皆に語った．
9. ὁ ἄγγελος ἔφη τοὺς πολεμίους ὀλίγους εἶναι.
10. ἠκούσαμεν τοὺς Πέρσας τὸν ποταμὸν διαβάντας.

読解訳文

ダーレイオスとパリュサティスから二人の息子が生まれた，年上の息子はアルタクセルクセースで年下の方はキューロスであった．さてダーレイオスが病気で衰え生命の終りを案じた時，彼は二人の息子が両方とも傍に在ることを望んだ．ところで年上の息子はたまたま彼の傍に居たので，彼はキューロスをその任地から寄び寄せた．彼はキューロスをその属州の太守に任じ，カストーロスの野に集合する全軍の総司令官に任命しておいたのである．そこでキューロスはティッサペルネースを盟友のつもりで伴い，パッラシアー出身のクセニアースが指揮する三百人のギリシア人の重装歩兵を率いて（バビロンの都に）上った．

●練習問題　22

1. テミストクレースはアテーナイ人が海軍を信頼すべきだと言った．
2. 我々は案内人にどちらの道がもっと安全か尋ねた．
3. そして王は召仕に，王妃が何をしているのかと尋ねた．
4. すると彼は，王妃は侍女たちと共に奥部屋から出ていくところだと言った．
5. クロイソスはソローンに彼が知る限りの全ての人々の中で誰が最も幸福であると思われるかと尋ねたが，それは自分を差し置いて選ぶのに価する者は明らかに誰も居ないだろうと考えてのことであった．
6. だがソローンは，誰かが彼の人生の終りを見届けるまでは，誰のことも幸福と見なすことはできないと言った．
7. ὁ σκοπὸς ἤγγειλεν ὅτι οἱ πολέμιοι οὐκ ἀνδρεῖοι εἶεν.
8. ὁ βασιλεὺς ἤρετο τὸν φιλόσοφον τίνα εὐδαιμονίζει (εὐδαιμονίζοι).

読解訳文

ダーレイオスが死にアルタクセルクセースが王位に即いた時，ティッサペルネースはキューロスをその兄に対して陰謀を企んでいると言って（王に）中傷した．王はそれを信じこみキューロスを殺すつもりで逮捕した．母后は彼の身柄を請い受けると彼を再びその領地に送り返した．危険を冒し辱めを受けた後で帰り着いた時に彼は，もはやこれ以上兄王の意のままにならずに済むばかりでなく，もし可能ならば彼に代って王位に即く方法は無いかと思案をめぐらした．母親のパリュサティスの方はといえば，王位にあるアルタクセルクセースよりもキューロスの方を愛しているので，彼に味方した．

●練習問題　23

1. ミレートスの市民たちはペルシア人によって圧迫されているからと言って反乱を起した．
2. アレクサンダー大王は王宮を焼き払ったが，それはペルシア人もギリシア人の神殿や都市を破壊したからである．
3. あなたは民を貪る王だが，それというのもあなたが役立たずどもを治めているからだ．
4. それ故，何事も隠してはならない，時は全てを見て全てを聞き全てを明るみに出すからだ.

5. 祖国のために死んだ者たちは我々によって尊敬されるべきではないだろうか?
6. だがもし神々があなたに恵み深くあるように望むなら,あなたは神々に奉仕すべきだし,もしまた友人に好かれたいと望むなら,あなたは友人に親切にしなくてはならない.
7. οἱ σύμμαχοι ἀπέστησαν ὅτι οὐκ ἐβούλοντο τὸν φόρον φέρειν.
8. φυλακτέον ἐστὶν ἡμῖν τὴν πόλιν ἀπὸ τῶν πολεμίων.

読解訳文

(キューロスは)王の側近の者の中で彼の許にやって来る者があれば,王よりも自分に一層好意を持つように皆を待遇していつも帰らせていた.彼はまた自分のまわりに居るペルシア人が,戦いには有能でありまた自分に対しても好意を寄せるように心掛けていた.彼はさらに自分のギリシアの(傭兵の)軍隊を,王をできるだけ不意討ちしようとして,可能な限り人目に附かぬように召集した.

●練習問題 24

1. キューロスは姿は美しく,心が優しかった.
2. ラリッサという名の大きな都市があり,その城壁は幅が20フィートあった.
3. ホメーロスは人の一生を木の葉にたとえている.
4. 妬み深い人は他人の幸福に苦しみ,その不幸を喜ぶ.
5. 全ての河は水源に遡って行けば渡れるようになる.
6. 神々は我々の労苦と汗に対して美徳(の報酬)を与えてくれる.
7. 他人から受けた親切をすぐに忘れてしまうのは下劣な者のすることだ.
8. 誓約を無視する者をその富の故に幸福者と見なすことを我々はしない.
9. ἐθαύμασα αὐτὸν τῆς ἀνδρείας.
10. τῷ Σωκράτει οὐδὲν μὲν ἀργύριον πολλὴ δὲ σοφία ἦν.

読解訳文

そこで彼は次のようにして(軍隊の)召集を行った.彼が諸都市に置いてあったすべての守備隊の隊長のそれぞれに,ティッサペルネースがそれらの都市に対して陰謀を企んでいるからと称して,できるだけ多くの優秀なペロポンネーソス出身の兵士を確保するようにと通達した.

そして実際イオーニアーの諸都市は,以前には王から与えられてティッサペルネースのものとなっていたのであったが,当時はミレートスを除いた全て(の都市)が離反してキューロス側に附いていたのである.

語彙集

ギリシア語 —— 日本語

*印の動詞の変化は動詞の主要部分一覧表(p.171～)を参照.
一覧表にない主な動詞には未来形語尾を併記してある.

α

ἄβουλος, ον	考えの無い
ἀγαθός, ή, όν	良い，善い，勇敢な
ἀγαπάω	好む，愛する
*ἀγγέλλω	報せる，伝える
ἀγνοέω	知らない，間違いを犯す
ἄγνοια, ας, ἡ	無知
ἀγνώμων, ον	無情な，無分別な
ἀγορεύω	話す，演説する
ἄγριος, ᾱ, ον	野蛮な，粗野な
*ἄγω	導く，連れて行く
ἀγών, ῶνος, ὁ	競技，競争，闘争
ἀδελφή, ῆς, ἡ	姉妹
ἀδελφός, οῦ, ὁ	兄弟
ἀδικέω, -ήσω	不正である，害を為す
ἀδικίᾱ, ᾱς, ἡ	不正，悪事
ἀδύνατος, ον	不可能な，～できない
ᾄδω, (ἀείδω)	歌う
Ἀθῆναι, ῶν, αἱ	アテーナイ市
Ἀθηναῖος, ᾱ, ον	アテーナイ人
ἀθροίζω, σω	集める，召集する
αἰδέομαι, σομαι	恥じる
*αἱρέω	取る，握る，捕える (中)選ぶ，好む
*αἰσθάνομαι	認める，気附く
αἴσχιστος, η, ον	αἰσχρός の最上級
αἰσχρός, ᾱ́, όν	恥ずべき，不名誉な
αἰσχρῶς	(副)みっともなく
*αἰσχύνω	恥じ入らせる，恥かしめる (受)恥じる
αἰτίᾱ, ᾱς, ἡ	非難，原因
αἰτιάομαι, σομαι	非難する，告訴する
αἰχμάλωτος, ον	捕虜の，捕えられた (名)捕虜
ἀκουστός, ή, όν	(動形)聞くことができる，聞える
*ἀκούω	聞く
ἀκρῑβῶς	(副)正確に，詳しく
ἀλαζών, όνος, ὁ	詐欺師
ἀλήθεια, ᾱς, ἡ	真実
ἀληθεύω	真実を語る，(予言が)本当になる
ἀληθής, ές	真実の
ἀληθῶς	(副)まことに，真実に
ἀλλήλων	(相互代名詞・属格)お互いの
ἄλλος, η, ο	他の，別の
*ἁμαρτάνω	誤つ，間違いを犯す，失敗する，罪を犯す

ἀμείνων, ον	(ἀγαθός の比較級) より良い
ἀμελέω, ήσω	無視する，怠る，(＋属格)
*ἀμῦνω	防ぐ
ἀμφί	(前) ἀμφί (＋属格) 〜のために，〜について (＋対格) 〜のまわりに (＋与格) 〜の辺りで，傍で
ἀμφότερος, α, ον	両方とも，どちらも
ἄν	(小辞) (索引参照)
ἀνά	(前) 〜を上って (＋対格)
ἀναβαίνω	(内陸部へ) 上る，攻め上る，進軍する
ἀναλαμβάνω	取り戻す，取り返す
ἀναμένω, μενῶ	待つ，留まる
ἀνάξιος, ον	ふさわしくない，値しない
ἀναπαύω, σω	終える，止める (中) 休む，休息する
ἀναπτύσσω	明らかにする，露わにする
ἀνάσσω, ξω	支配する，治める (＋与格)
ἀναχωρέω, ήσω	退却する
ἀνδρεία, ᾱς, ἡ	男らしさ，勇気
ἀνδρεῖος, ᾱ, ον	男らしい，勇敢な
ἀνήρ, ἀνδρός, ὁ	男，夫
ἄνθρωπος, ου, ὁ	人間
ἀντεῖπον	(ἀντιλέγω の aor. 2 として用いられる)
ἀντί	(前) 〜の代わりに (＋属格)
ἀντιλέγω	反対する，反対意見を述べる
ἄξιος, ᾱ, ον	価値のある，〜に値する (＋属格)
ἀξιόω, ώσω	〜の価値があると思う
ἀπαγγέλλω	報告する
ἀπάγω	導く，連れ戻す，連れ去る
ἀπαίδευτος, ον	無教育な
*ἀπαντάω	出会う
ἀπαράσκευος, ον	用意ができていない
ἀπατάω, ήσω	欺く
ἄπειμι	(εἶμι, go) 立ち去る
ἀπέρχομαι	立ち去る
ἀπιστέω, ήσω	信じない，疑う
ἀπό	(前) 〜から (＋属格)
ἀποδείκνυμι	指示する，指名する，任命する
*ἀποθνῄσκω	死ぬ (θνῄσκω を見よ)
ἀποκτείνω, ενῶ	殺す
*ἀποκρίνομαι	答える
ἀπολείπω	棄てる，立ち去る
ἀποπέμπω	立ち去らせる，送り返す，遣わす (中) 自分の許から立ち去らせる
ἀπορρίπτω	棄てる，投げ出す
ἀποτρέπω	しりぞける，止めさせる，思い止まらせる
ἀποψηφίζομαι	反対の投票をする
ἀποχωρέω	立ち去る，(ἐκ〜) 〜から退却する
ἆρα	(小辞) 疑問文の始めに置く
Ἄραψ, βος, ὁ	アラビア人
ἀρετή, ῆς, ἡ	美徳
ἄριστος, η, ον	ἀγαθός の最上級

ἄριστα	(副)最も良く(副詞の最上級)
Ἀρμένιος, ου, ὁ	アルメニア人
Ἀρταξέρξης, ου, ὁ	ペルシア王アルタクセルクセース2世(在位404〜359 B.C.)キューロスの兄
ἀρχαῖος, α, ον	古くからの，昔の，τὸ ἀρχαῖον(副)始めに，以前には
ἀρχή, ῆς, ἡ	支配，領地，属州
Ἀρχίδᾱμος, ου, ὁ	スパルタ王
*ἄρχω	支配する，始める；(中)始める
ἄρχων, οντος, ὁ	治める者，統領，アルコーン
ἀσθενέω, ήσω	弱る，病気になる
ἀσθενής, ές	弱い
ἄσιτος	食物がない
ἀσπίς, ίδος, ἡ	楯
ἀσφαλής, ές	安全な
ἅτε	(接)〜だから，〜なので
ἀτιμάζω	恥辱を与える，辱しめる
αὐδάω	声を出す，語る
αὖθις	(副)再び
αὐτός, ή, ό	(代)彼，彼自身
ἀφαιρέω	取り去る (中)自分から取り去る(＋属格)
ἀφανής, ές	見えない，秘密の
ἀφικνέομαι	来る，到着する
ἀφίστημι	離れて立つ，背く，反乱する
ἄφρων, ον	弁えのない，愚かな
ἄχθομαι, έσομαι	悩む，苦しむ
Ἀχιλλεύς, έως, ὁ	アキレウス，トロイア戦争におけるギリシアの英雄

β

βαθύς, εῖα, ύ	深い，厚い
*βαίνω	行く，歩く
βάκτρον, τό	杖，棍棒
*βάλλω	投げる，〜で打つ(＋与格)
βάρβαρος, ον	(形)野蛮な (名)野蛮人(ギリシア語以外の言葉を話す人)
βασίλεια, ᾱς, ἡ	妃，王女
βασιλείᾱ, ᾱς, ἡ	王国，王位
βασίλειον, ου, τό	王宮
βασιλεύς, έως, ὁ	王
βέλτιστος, η, ον	ἀγαθός の最上級
βελτί̄ων, ον	ἀγαθός の比較級，より良い
βίβλος, ου, ἡ	本
βίος, ου, ὁ	生命，人生
βλάπτω, ψω	害する，損なう
βοάω, ήσομαι	叫ぶ
βοηθέω, ήσω	助ける，救援する(＋与格)
βουλεύω, σω	計画する (中)議論する
*βούλομαι	望む
βοῦς, βοός, ὁ, ἡ	牛
βωμός, οῦ, ὁ	祭壇

γ

γάλα, γάλακτος, τό	牛乳
γάρ	(後置詞)〜というのは，なぜなら，〜だから

γαστήρ, γαστρός, ἡ	腹
γέ	(後寄辞)ともかく，少くとも
γελάω, σομαι	笑う
γένος, εος, τό	種族，生まれ
γέρων, οντος, ὁ	老人
γέφῡρα, ᾱς, ἡ	橋
γεωργός, οῦ, ὁ	農夫
*γίγνομαι	生じる，〜と成る
*γιγνώσκω	知る
γλυκύς, εῖα, ύ	甘い
γλῶσσα, (-ττα), ης, ἡ	舌，言葉
γραφή, ῆς, ἡ	書き物，告発
γράφω, ψω	書く
γυμνάζω, σω	訓練する (中)運動する
γυνή, γυναικός, ἡ	女，妻

δ

δαιμόνιον, τό	神霊
δαίμων, ονος, ὁ, ἡ	神霊
δανείζω, σω	金を貸す (中)金を借りる
Δᾱρεῖος, ου, ὁ	ペルシア王ダーレイオス二世(在位425-404B.C.)
*δεῖ	(非人称)〜ねばならない，〜するべきだ(must, should)
δείδω, σομαι	恐れる
*δείκνῡμι	示す，証明する，説明する(p.163)
δειλία, ας, ἡ	卑怯，臆病
δεινός, ή, όν	恐ろしい，力強い，有能な，熟練している
δένδρον, ου τό	樹木
δεσμωτήριον, ου, τό	牢獄
δεσμώτης, ου, ὁ	囚人
δεσπότης, ου, ὁ	主人，専制君主
*δέχομαι	受け取る，得る
*δέω	欠如する，不足する
δῆλος, η, ον	明らかな
δηλονότι	(副)明らかに
δηλόω	示す，明らかにする
δημοβόρος, ον	民を貪る(貪慾な王の形容)
Δημοσθένης, ους, ὁ	アテーナイの雄弁家(384-322B.C.)
διά	(前)〜の故に，〜を通って(第7課参照)
*διαβαίνω	横切る，渡る(*βαίνω参照)
διαβάλλω	中傷する，仲違いさせる
διαβατός, ή, όν	(動形)歩いて渡れる
διαγωνίζομαι	争い合う
διαλέγομαι	(中)話し合う
διαπορθέω	破壊する，掠奪する
διατελέω	〜し続ける
διατίθημι	手配・処置する，もてなす
διατρίβω	時間を無駄に費す
διαφέρω	異なる，優れる
διαφθείρω, ερῶ	堕落させる，破壊させる
διδακτός, ή, όν	教え得る，学び得る
διδάσκαλος, ου, ὁ	教師
διδάσκω, άξω	教える
*δίδωμι	与える(p.161)
δίκαιος, ᾱ, ον	正しい
δικαίως	正しく
δικαστήριον, ου, τό	法廷，裁判所
δικαστής, οῦ, ὁ	裁判官

δίκη, ης, ἡ	正義，裁き，罰；δίκην διδόναι 罰を受ける
διόπερ	(接)それ故
διότι	(接)それ故，～だから
διψάω	喉が渇く
διώκω, ξω	追う
*δοκέω	～に(与格)～と思われる，と見える；良いと思われる
δόλος, ου, ὁ	企み，計略
δόξα, ης, ἡ	評判，名声，名誉
δουλόω, ώσω	奴隷にする
δοῦλος, ου, ὁ	奴隷
δράω, δράσω	為す，行う
*δύναμαι	～できる，可能である
δύναμις, εως, ἡ	力，戦力，軍隊
δύο	(数詞) 2
δυστυχής, ές	不幸な，不運な
δυστυχία, ας, ἡ	不幸
*δύω	入る，入り込む
δῶρον, ου, τό	贈り物

ε

ἑαυτοῦ ῆς, οῦ (αὑτοῦ),	彼・彼女・それ自身の
ἐάω	～させる，許す(to let)
ἐγγύς	(副)近くに，近くで
ἐγώ	(代)私
*ἐθέλω	望む，願う
εἰ	(接)もし(if)，かどうか(whether)
εἰ μή	～を除いて，～以外に(if not, except)
*εἶδον	ὁράω の aor. 2 として用いられる
εἶδος, εος, τό	姿，形
εἰκόσι	(数詞)20
εἰμί, ἔσομαι	在る，～である；(+与格)～には～が在る，～の所有である，～に属する
εἶμι	行く(p.167)
εἴργω, (ἔργω), ἔρξω	閉じ込める，締め出す
*εἶπον	aor. 2 言った，λέγω, φημί のアオリストとして使われる
εἰρήνη, ης, ἡ	平和，平静；εἰρήνην ἄγειν 平和を守ること
εἰς, ἐς	(前)～の中へ(+対格)
εἷς, μία, ἕν	(数詞) 1
εἰσβάλλω	侵入する
εἰσβολή, ῆς, ἡ	侵入，侵入路，隘路
εἰσπλέω	入港する
εἰσφέρω	持ち込む，導入する
ἐκ, ἐξ	(前)～から外に，(+属格)
ἐκβάλλω	放り出す，追い出す
ἐκεῖ	(副)そこに，その場所に
ἐκεῖνος, η, ον	(指示代名詞)あれ，彼
ἐκκλησίᾱ, ᾱς, ἡ	集会
ἑκών, οῦσα, όν	自ら進んで，自発的な
ἐλάττων, ον	より小さい，少ない(μικρός の比較級)
*ἐλαύνω	駆る，駆り立てる
ἔλαφος, ου, ὁ, ἡ	鹿

ἐλεύθερος, ᾱ, ον　自由な
ἐλευθερόω　自由にする
Ἕλλην, ηνος, ὁ　ギリシア人
Ἑλληνικός, ή, όν　ギリシアの
ἐλπίζω, ίσω　予期する，期待する
ἐλπίς, ίδος, ἡ　希望
ἐμαυτοῦ, ῆς, οῦ　(再帰代名詞・属格)私自身の
ἐμός, ή, όν　(所有代名詞)私の(もの)
ἐμπίπρημι　火を点ける，焼く
ἐξαιτέω　貰う，(中)下げ渡して貰う
ἔξειμι, (εἶμι, go)　出て行く
ἐξέρχομαι　出て来る，出て行く
ἔξεστι　(非人称)〜が許されている，できる(it is allowed)(＋与格)
ἑξηκοστός, ή, όν　第60の，60番目の
ἐν　(前)〜の中に(＋与格)
ἐναντιοῦμαι　反対する
ἐνιαυτός, οῦ, ὁ　一年
ἑορτή, ῆς, ἡ　祭り，祝宴；ἑορτὴν ἄγειν 祭りを行うこと
*ἐπαινέω　褒める，讃える
*ἐπανέρχομαι　帰る，戻る
ἐπεί　(接)〜の時に(when)，〜の後で(after)，〜以来(since)，〜の理由で(since)
　ἐπεὶ πρῶτον　〜するとすぐに(as soon as)
ἐπειδή　(接)ἐπεί の強調形
ἐπέρχομαι　押寄せる，攻撃する
ἐπί　(前)〜の上へ，上に，上で(第7課参照)
ἐπιβουλεύω　陰謀を企む，(＋与格)〜に対して
ἐπικρύπτω　隠す，(中)隠れて行う，偽わる
ἐπιλάνθανομαι　忘れる(＋属格)〜について
*ἐπιμελέομαι　配慮する
*ἐπίσταμαι　知る，理解する
ἐπιστολή, ής, ἡ　手紙
ἐπιτήδειος, ᾱ, ον　必要な，有用な；(複)τὰ ἐπιτήδεια 生活必需品，補給物資
*ἕπομαι　従う，追う，ついて行く
*ἐργάζομαι　働く，作る，為す
*ἔρχομαι　来る，行く
*ἐσθίω　食べる
ἔστε　(接)〜するまで
ἔτος, εος, τό　一年，年
ἔρομαι　聞く，尋ねる
*ἐρωτάω　聞く，尋ねる
ἑσπέρα, ας, ἡ　夕方
ἕτερος, ᾱ, ον　別の，異なった
εὖ　(副)良く(well)
εὐδαιμονίζω　〜を幸福と見なす
εὐδαίμων, ον　幸運な
εὐγενής, ές　高貴な(生まれの)
εὐεργετητέον　(動形)親切にすべき
εὐθύς　(副)直ちに
εὐνοικῶς　(副) ε.ἔχειν τινί 〜に対して親切にする，好意を持つ
εὐπορέω　〜に富む(＋属格)
εὐπρᾱγία, ας, ἡ　幸福，成功
*εὑρίσκω　見出す，発見する
εὖρος, ους, τό　幅

εὐρύς, εὐρεῖα, εὐρύ	広い
εὐτυχέω, ήσω	幸運である
εὐτυχής, ές	幸運な
εὐφραίνω, ανῶ	喜ばせる
*ἔχω	持つ
ἕως	（接）～するまで (until)

ζ

ζάω, ζήσω	生きる
ζηλόω, ώσω	羨やむ
ζητέω, ήσω	探し求める
ζυγόν, οῦ, τό	くびき
ζῷον, τό	動物

η

ἤ	（接）～よりも (than)，或いは (or)
ἡγέομαι, ήσομαι	思う，考える
ἡγεμών, όνος, ὁ	案内人
ἡδέως	(副)甘く，甘美に，喜んで
*ἥδομαι	喜ぶ
ἡδύς, ἡδεῖα, ἡδύ	甘い，甘美な
ἥκιστος, η, ον	μικρός の最上級
ἠλίθιος, α, ον	愚かな
ἡμέρᾱ, ᾱς, ἡ	日，昼
ἡμέτετος, ᾱ, ον	(形)我々の(名)我々の物，味方
ἥνικα	～の時に(when)
ἥρως, ἥρωος, ὁ	英雄
ἡσυχίᾱ, ᾱς, ἡ	静けさ；ἡσυχίαν ἄγειν 静粛にしていること
ἥττων(-σσων), ον	κακός, μικρός の比較級

θ

θάλαμος, ου, ὁ	奥部屋，婦人部屋
θάλαττα, ης, ἡ	海
θάνατος, ου, ὁ	死
*θαυμάζω	驚嘆する，賞賛する，賛嘆する
θεά, ᾶς, ἡ	女神
θεᾱτής, οῦ, ὁ	観客
θέᾱτρον, τό	劇場
Θεμιστοκλῆς, έους, ὁ	サラミスの海戦で勝利を得たアテーナイの将軍，政治家
θεός, οῦ, ὁ, ἡ	神
θεράπαινα, ης, ἡ	侍女
θεραπευτέον	(動形)仕えるべき
θεραπεύω, σω	仕える，世話をする，治療する
θεράπων, οντος, ὁ	従者，召使い
θέρος, εος, τό	夏
θήρ, θηρός, ὁ	野獣
θηρεύω, σω	狩をする
θήρα, ας, ἡ	狩
θηρίον, ου, τό	野獣
*θνῄσκω	死ぬ
θνητός, ή, όν	死すべき運命の
θυγάτηρ, τρός, ἡ	娘
θυσία, ας, ἡ	犠牲（複)犠牲式，祭礼
θῡ́ω, θῡ́σω	犠牲を捧げる
θύρᾱ, ᾱς, ἡ	戸，扉

ι

ἰᾱτρός, οῦ, ὁ	医師
ἱδρώς, ῶτος, ὁ	汗
ἱερεύς, έως, ὁ	神官
ἱερός, ά, όν	神聖な
ἱερόν, οῦ, τό	神殿，聖所
*ἵημι	放つ，送る(p.168)

ἱκανός, ή, όν	充分な，ふさわしい，適当な
ἱκετεύω	嘆願する
ἵλεως, ων	恵み深い，好意を持つ
ἵνα	(接)(〜する，である)ために
ἱππεύς, έως, ὁ	騎兵
ἵππος, ου, ὁ, ἡ	馬
*ἵστημι	立てる，置く(p.162)
Ἰωνικός, ή, όν	イオーニアーの

κ

καθεύδω	眠る
κάθημαι	座る(p.170)
καθίστημι	(或る立場，状態に)置かれる，成る，就く
καί	そして(and)(並列)；〜でさえ(even)(強調)もまた
καινός, ή, όν	新しい，新奇な
καίπερ	〜であるが，とはいえ
καίτοι	そしてまことに，しかも，さらにまた
*καίω	焼く
κάκιστος, η, ον	(κακός の最上級)
κακΐων, ον	(κακός の比較級)
κακόνοια, ας, ἡ	悪意
κακός, ή, όν	悪い，下手な
κακοῦργος, ον	悪事を働く (名)悪人，盗賊
κακόω	虐待する，荒らす，破壊する
κακῶς	(κακός の副詞)悪く，ひどく κακῶς πράσσειν 不幸である
*καλέω	呼ぶ
καλλΐων, ον	(καλός の比較級)
κάλλιστος, η, ον	(καλός の最上級)
καλός, ή, όν	良い，美しい
καλῶς	(副)良く，美しく καλῶς ἔχειν 結構である(to be well)
κάμηλος, ου, ὁ	ラクダ
κάμνω	働く，疲れる，病気になる，苦しむ
καρπός, οῦ, ὁ	果実，成果，収穫
κατά	(前)〜に対して，〜から下へ
κατακόπτω	切り倒す
καταλείπω	後に残す，遺産として残す，遺贈する
καταφρονέω	軽んずる，軽蔑する(＋属格)
κατέχω	控える，抑える
*κεῖμαι	横になる(p.170)
*κελεύω	命令する
κέρδος, ους, τό	利益
κεφαλή, ῆς, ἡ	頭
κινδῡνεύω, σω	危険を冒す
κίνδῡνος, ου, ὁ	危険
κλείω, κλείσω	閉める
*κλέπτω	盗む
κλΐνω, κλινῶ	傾く
κλώψ, κλωπός, ὁ	盗人
κοινός, ή, όν	共通の，公けの
κολάζω, άσω	罰する，叱る
κόλαξ, ακος, ὁ	おべっか使い，追従者(ついしょう)
κόπτω, κοψω	切る，打つ，叩く
κόρη, ης, ἡ	少女
κράτιστος, η, ον	ἀγαθός の最上級，最強の，最良の

κρείττων (-σσων), ον	より良い(ἀγαθός の比較級)
*κρῑ́νω	決める，判断する
κρυπτός, ή, όν	隠された，秘密の
κρύπτω, ψω	隠す
*κτάομαι	得る，獲得する
*κτείνω	殺す
κτίζω, ίσω	建設する，造る
κύων, κυνός, ὁ, ἡ	犬
Κῦρος, ου, ὁ	キューロス，ペルシアの王子，小アジアの太守
κωλύω, ῡ́σω	妨げる，防ぐ
κώμη, ης, ἡ	村

λ

Λακεδαιμόνιος, α, ον	ラケダイモーンの，
Λακεδαιμόνιος, ου, ὁ	ラケダイモーンの人，スパルタ人と同義
Λακεδαίμων, ονος, ἡ	ペロポンネーソスのラコニア地方の首都
*λαμβάνω	取る，捕える，得る
*λανθάνω	こっそり～する，人に知られずに行う
*λέγω	言う，語る
λειμών, ῶνος, ὁ	牧場，牧草地
*λείπω	残す，後に残す，棄てる
λέων, οντος, ὁ	ライオン
ληπτέος, α, ον	(動形)(<λαμβάνω)手に入れられる，受け入れられる
λίθος, ου, ὁ	石
λιμήν, ένος, ὁ	港
λόγος, ου, ὁ	言葉，理性，理由
λοιπός, ή, όν	残りの，他の
λοιπόν	(副)さらに，他に
λυτέον	(動形)解くべき，解散すべき
λυτός, ή, όν	解くことができる
λῡ́ω	解く，解放する，壊す
λῷστος, η, ον	ἀγαθός の最上級
λῴων, ον	ἀγαθός の比較級

μ

μαθητής, οῦ, ὁ	学生
μαίνομαι	怒り狂う，狂う
μακαρίζω	幸せと見なす
μακρός, ᾱ́, όν	長い
μάλιστα	(副)大いに(most)，μάλα(very)の最上級
μᾶλλον	(副)もっと，更に(more)，μάλα(very)の比較級
*μανθάνω	学ぶ，理解する
μαντεύομαι	神託を求める
μαντική, ἡ	占いの術＝ἡ μαντικὴ τέχνη
ματήν	(副)空しく，徒らに
μάχη, ης, ἡ	戦闘；(πόλεμος 戦争)
*μάχομαι	戦う
μέγας, μεγάλη, μέγα	大きな
μέγιστος, η, ον	μέγας の最上級
μείζων, ον	μέγας の比較級
μελᾱ́ς, μέλαινα, μέλαν	黒い
*μέλει	(非人称)～が気がかりである，関心事である(＋与格)
*μέλλω	～しようとする
*μέμνημαι	覚えている(μιμνήσκω 参照)

μέν…δέ　一方では…他方では
μέντοι　だが，しかしながら
μετά　(前)〜の後に，〜と共に(第7課参照)
μεταμέλει　(非人称)後悔する(＋与格，〜が)
μεταπέμπομαι　呼び寄せる
μέχρι　(接)〜する限り(so long as)(前)〜するまで(until)
μή　〜でない，(接)〜でないように
　μηδέ　(否定詞)〜もまた〜ない，(nor)
　μηδείς, μηδεμία　(否定詞)誰も〜ない，(no one)
　μηδέν　(否定詞)何も〜ない，(nothing)
　μηδέποτε　(否定詞)決して〜ない(never)
　μηκέτι　(否定詞)もはや〜ない，(no more)
　μήποτε　(否定詞)決して〜ない，(never)
　μήπω　(否定詞)まだ〜ない，(not yet)
　μήτε…μήτε　(否定詞)〜も〜も〜ない，(neither…nor)
μήτηρ, μητρός, ἡ　母
μηχανάομαι　工夫する，企む，計る
Μιλήσιος, ον　(小アジア，カリア地方の)ミレートス市の
Μιλήσιος, ου, ὁ　ミレートス市民
Μιλτιάδης, ου, ὁ　ミルティアデース，アテーナイの有力政治家
*μιμνήσκω　思い出させる；(中・完)μέμνημαι 覚えている，思い出す
μῑκρός, ᾱ́, όν　小さい
μῑσέω, ήσω　憎む
μισθόω, ώσω　賃貸する；(中)雇う
μνήμων, ον　忘れないで(覚えて)いる，(＋属格)
μόνος, η, ον　ただ一人の，孤独な；μόνον ただ〜だけ(only)
　οὐ μόνον…, ἀλλὰ καί　〜のみならず，〜もまた
μῶρος, α, ον　愚かな

ν

ναύκληρος, ου, ὁ　船主，船長
ναῦς, νεώς, ἡ　船
ναύτης, ου, ὁ　水夫，船乗り
ναυτικός, ή, όν　航海の，海軍の
　ναυτικόν, τό 海軍
νεᾱνίᾱς, ου, ὁ　若者
νέκταρ, αρος, τό　神々の飲物
νέος, νέα, νέον　若い，新らしい
*νέω　泳ぐ
νεώτερος, α, ον　より若い(νεός の比較級)
νῑκάω, ήσω　勝利を得る，勝ち取る，征服する
νῑ́κη, ης, ἡ　勝利
*νομίζω　思う，考える；見なす，認める
νόμος, ου, ὁ　法，法律

νόος (νοῦς), νόου (νοῦ), ὁ	心，知性，理智
νόσος, ου, ἡ	病気 νόσον κάμνειν 病気にかかる

ξ

Ξενίᾱς, ου, ὁ	クセニアース，ギリシア人の将軍，キュロス軍の傭兵隊長
ξένος, ου, ὁ	客人，外国人
Ξέρξης, ου, ὁ	クセルクセース1世，ペルシア王(在位485－465B.C.) 480年にギリシアに侵入し失敗する
ξίφος, εος, τό	剣，刀

ο

ὁ, ἡ, τό	(冠詞)
ὅδε, ἥδε, τόδε	(指示代名詞)これ
ὁδός, οῦ, ἡ	道，方法
ὁδοιπόρος, ου, ὁ	旅人
ὀδούς, όντος, ὁ	歯
ὅθεν	(関副)そこから
*οἶδα	(〈εἴδω 見る，認める〉の現在完了，意味は現在)見た，知っている(p.166)
οἴκαδε	(副)家へ，家に
οἰκέτης, ου, ὁ	家人，家内奴隷
οἰκέω, ήσω	住む
οἰκίᾱ, ᾱς, ἡ	家
οἶνος, ου, ὁ	葡萄酒，ワイン
*οἴομαι	思う，考える
οἰωνός, οῦ, ὁ	(鳥占いなどに使われる鷲などの)猛鳥
ὄλβιος, ον	幸せな，恵まれた
Ὅμηρος, ου, ὁ	古代ギリシア最大の叙事詩人，「イーリアス」「オデュッセイア」の作者
*ὄμνυμι	誓う，誓約する
ὁμοιόω, ώσω	似せる，たとえる
ὁμολογέω, ήσω	同意する，認める
ὀνομάζω, άσω	名づける，～と呼ぶ
ὄνυξ, υχος, ὁ	爪
ὀξύς, εῖα, ύ	鋭い
οξύνω, υνῶ	鋭くする
ὁπηνίκα	(副)その時に(when)
ὁπλίτης, ου, ὁ	重装歩兵
ὅπλον, ου, τό	道具，武器
ὁπόθεν	(副)どこから
ὅποι	(副)どこへ
ὁπόσος, η, ον	～ほどの，～の数の(as many as)
ὁπότε	～の時には(when) ～なので(since)
ὅπως	(接)(～する・である)ために，いかにして
*ὁράω	見る
*ὀργίζω	怒らせる(受)腹を立てる(＋与格，～に)
ὁρίζω, ίσω	区分する，境をする
ὅρκος, ου, ὁ	誓約，誓い
*ὁρμάω	動かす；(中・受)始める，急ぐ
ὄρνῑς, ὄρνῑθος, ὁ, ἡ	鳥
ὄρος, εος, τό	山
ὀρχηστής, οῦ, ὁ	踊り手
ὅς, ἥ, ὅ	(関係代名詞)

ὅσος, η, ον ～ほどの大きさの，～の限りの数の，(τοσοῦτος と相関して)“as much as ; as many as”

ὅστις, ἥτις ὅ τι ～の者は誰でも(whoever)

ὅτε ～の時に(when) ～の故に(since)

ὅτι (接)～であると(that)，(＋最上級，できるだけ～)

οὐ, οὐκ, οὐχ (否定詞)～ではない，(not)(第 8 課参照)

οὐδέ (否定詞)～もまた～ない，(nor)

οὐδείς, οὐδεμία, οὐδέν (否定詞)誰も～ない，(no one)

οὐδέν (否定詞)何も～ない，(nothing)

οὐδέποτε (否定詞)決して～ない(never)

οὐκέτι (否定詞)もはや～ない，(no more)

οὔποτε (否定詞)決して～ない，(never)

οὔπω (否定詞)まだ～ない，(not yet)

οὐσίᾱ, ᾱς, ἡ 本質，財産

οὔτε…οὔτε (否定詞)～も～も～ない，(neither…nor)

οὗτος, αὕτη, τοῦτο (指示代名詞)これ，この(人，物)

οὖν (小辞)さて，そこで，とにかく，まことに，ところで

οὐτιδανός, ή, όν 無価値な，役立たずの

οὕτως, (子音の前では οὕτω) (副)そのように，このように

π

παιδεύω 教育する；(中)教育を受けさせる

παῖς, παιδός, ὁ, ἡ 子供

πάλιν (副)再び

παμπληθής, ές 全軍を挙げて

παρά (前)傍らへ，で，から(第 7 課参照)

παραγγέλλω 通達する，伝達する

παραδοτέος, α, ον (動形)引き渡さるべき

παρασκευάζω 用意させる(中)用意する

πάρειμι, (εἰμί, be) いま傍らにある，手許にある，傍らにいる，居合わせる

πάρεστι (非人称)～できる，～が可能である；(意味上の主語は与格にする)

παρθένος, ου, ἡ 乙女，処女

Παρύσατις, ιδος, ἡ ダーレイオス二世の妃，アルタクセルクセース二世とキューロスの母

πᾶς, πᾶσα, πᾶν 全ての

*πάσχω ～を受ける，蒙る，経験する κακῶς πάσχειν ひどい目にあう

πατήρ, τρός, ὁ 父

πατρίς, ίδος, ἡ 祖国

παύω　止(と)める；(中)止む；止(や)める(＋属格)
πεδίον, ου, τό　野原
πεζῇ　(副)徒歩で
πειράομαι　試みる，努める
πειστέον　(動形)<πείθω 説得すべき，従うべき
*πείθω　説得する；(中)従う(＋与格)
*πέμπω　送る
πέπων, ον　熟した
περί　(前)～のまわりに，まわりで，～について(第7課参照)
περίειμι(εἶμι, go)　回る，時が移る
περικλῆς, έους, ὁ　アテーナイの政治家
Πέρσης, ου, ὁ　ペルシア人
πηγή, ῆς, ἡ　水源，泉
πιέζω, έσω　圧迫する，悩ます
πικρός, ᾱ́, όν　苦い
πῑ́νω, πῑ́ομαι　飲む
πιστεύω　信ずる(＋与格)
πλεῖστος, η, ον　(πολύς 多いの最上級)πλεῖστοι, οἱ 大多数の人々
πλείων(πλέων), ὁ, ἡ; πλεῖον(πλέον) τό　(πολύς 多いの比較級)
πλήν　(前)～を除いて，～以外は(＋属格)
πλήρης, ες　満ちた(＋属格)
πλοῖον, ου, τό　船
πλοῦτος, ου, ὁ　富
ποιέω, ήσω　作る，為す，～させる
ποιητής, οῦ, ὁ　詩人
ποιητός, ή, όν　作られた
πόλις, εως, ἡ　都市，国家
πολῑ́της, ου, ὁ　市民
πολλάκις　しばしば(often)
πολύς, πολλή, πολύ　沢山の，多くの
πολέμιος, ᾱ, ον　敵対する(形)；敵
πόλεμος, ου, ὁ　戦争
πονέω, ήσω　働く，苦労する
πονηρός, ᾱ́, όν　悪い，下劣な
πόνος, ου, ὁ　労苦，労働
πορεύομαι　進む，進軍する
ποταμός, οῦ, ὁ　河，川，流れ
πότερος, α, ον　(二つの中の)どちら　πότερον…ἤ, 或は…，或は
πούς, ποδός, ὁ　足，長さの尺度(foot)
πρᾶγμα, ατος, τό　物，事；(複)πράγματα, τά 事情，状況，困難
πρᾱκτός, ή, όν　為し得る
*πράσσω(ττω)　為す，行う
πρέσβυς, εως, ὁ　長老，大使
πρεσβύτερος, α, ον　年上の
πρίν　(接)～するまで(until)，～する前に(before)
πρό　(前)～の前に(＋属格)
προαγορεύω　前以って言う，公言する，宣言する
πρόβατον, ου, τό　山羊，羊の群(ふつう複数形を用いる，πρόβατα, τά)
πρόγονος, ου, ὁ, ἡ　祖先，先人
προδοσία, ας, ἡ　裏切り，反逆罪
πρόειμι, (εἶμι, go)　先に進む
προκρίνω　～より先に選ぶ，好む(＋属格)

πρός	(前)～に向かって，～のもとで，～のもとから(第７課参照)
προσήκει	(非人称)～にふさわしい
πρότερος, α, ον	前の，先の，早い
προτρέπω	励ます，そそのかす，駆り立てる
*πυνθάνομαι	聞く，聞き知る，学ぶ
*πωλέω	売る，(＋属格)～の値で
πώποτε	これまで οὐ πώποτε これまで～ない
πῶς	(疑問副詞)如何にして，どうして？(how?) πῶς οὐ …?どうしていけないか，いいだろう？

ρ

ῥᾴδιος, ᾱ, ον	容易な，簡単な
ῥᾳδίως	(副)容易に，すぐに
ῥᾴθῡμος, ον	容易な；のん気な，怠惰な
ῥᾷστος, η, ον	ῥᾴδιος の最上級
ῥᾴων	ῥᾴδιος の比較級
ῥητορική, ῆς, ἡ	弁論術，雄弁
ῥήτωρ, ορος, ὁ	弁論家，雄弁家

σ

σάλπιγξ, γγος, ἡ	ラッパ
σατράπης, ου, ὁ	ペルシア属州の総督，太守
σαφής, ές	明らかな
σεαυτοῦ(σαυτοῦ)	(再帰代名詞・属格)あなた自身の
σεμνός, ή, όν	尊厳な，畏怖すべき
σημαίνω, ανῶ	示す，合図・前兆を送る
σιτίον, ου, τό	穀物，食糧
σιωπάω, ήσω	沈黙する，語らない
σοφίᾱ, ᾱς, ἡ	知恵
σοφός, ή, όν	賢い
σπονδή, ῆς, ἡ	(神々に対して)酒を注ぐ儀式 (複)σπονδαί, αἱ 厳かな誓約，盟約，休戦条約
*σπουδάζω	努力する，熱望する
σπουδαῖος, ᾱ, ον	まじめな，熱心な
σπουδαίως	(副)まじめに，熱心に
στάδιον, ου, τό	距離の尺度(約600フィート)
*στέλλω	用意する，遣わす，送る(p.157)
στρατηγέω, ήσω	軍隊を指揮する，将軍となる
στρατεύω, σω	従軍する，遠征する
στρατιᾱ́, ᾶς, ἡ	軍隊；στρατιάν ἄγειν 軍隊を率いる
στρατιώτης, ου, ὁ	兵士
στρατοπεδεύω	野営する，幕営する，(中)同上
στυγέω, ήσω	憎む，嫌う
σύ	(代)あなた，君
σύγγονος, ον	(形)肉親の (名)肉親，兄弟，姉妹
συλλαμβάνω	捕える，つかまえる
συλλέγω, έξω	集める，召集する
συλλογή, ῆς, ἡ	召集
σύμβολον, ου, τό	偶然の一致，符号，前兆
σύμμαχος, ον	同盟者，味方

συμφέρω	役に立つ，有益である(φέρω の変化形を参照)
σύν	(前)〜と共に
σύνειμι(εἰμί, be)	一諸に居る，仲間である οἱ συνόντες 仲間，弟子たち
*σῴζω	救う，助ける
σώφρων, ον	思慮深い，分別のある

τ

τάξις, εως, ἡ	戦列，隊列，持場
τάλαντον, ου, τό	重量単位，貨幣単位(6,000ドラクマ)
τάλᾱς, τάλαινα, τάλαν	哀れな，惨めな
ταχέως	(副)速やかに
τάχιστος, η, ον	最も速い(ταχύς の最上級)
ταχύς, εῖα, ύ	速い
*τείνω	延ばす
τεῖχος, ους, τό	城壁
τελευτάω, ήσω	終える，充たす，(生命を)終える，死ぬ
τέλος, ους, τό	終わり，死
τέτταρες, ρα	(数詞) 4
τηλικοῦτος, αύτη, οῦτον	そのように(年老いた，若い)
*τίθημι	置く，据える(p.160)
τιμάω, ήσω	尊敬する，尊重する
τιμητέος, α, ον	(動形)尊敬さるべき
τιμωρίᾱ, ᾱς, ἡ	報復
τίς, τί	(疑問代名詞)誰，何
τὶς, τὶ	(不定代名詞)ある人，何か
τοιόσδε, τοιᾱ́δε, τοιόνδε	このような，次のような
τοιοῦτος, αύτη, οῦτο	τοῖος の強調形，このような(such)
τοσοῦτος, αύτη, οῦτο	そのように大きい，高い，(複，多い)
τότε	(副)その時，その当時；οἱ τότε ἄνθρωποι 当時の人々
τρεῖς, τρία	(数詞) 3
*τρέχω	走る
τριᾱκόσιοι, αι, α	(数詞)300
τρόπος, ου, ὁ	方法，仕方，性質
*τυγχάνω	たまたま〜する，偶然に行う(+分詞)
τύραννος, ου, ὁ	僭主，独裁者

υ

ὑβρίζω, ιῶ	傲慢にふるまう
υἱός, οῦ, ὁ	息子
ὕλη, ης, ἡ	森，木材
ὑλουργός, ου, ὁ	木こり，木工
ὑπάρχω, ξω	(+与格)始める，在在する；味方する，ひいきする
ὑπέρ	(前)〜を越えて，〜のために(第7課参照)
*ὑπισχνέομαι	約束する
ὑπό	(前)〜の下へ，下で，下から (第7課参照)〜によって
ὑπολαμβάνω	取り上げる，仮定する，疑う
ὑποπτεύω, σω	疑う，心配する
ὑστεραῖος, α, ον	次の，明くる(ἡμέρα，日)
ὑψηλός, ή, όν	高い

φ

*φαίνω 示す；(中)現れる，見える

φανερός, ά, όν 見られている，明らかな

φήμη, ης, ἡ 託宣の声，お告げ，神託

*φημί 言う(p.166)

*φέρω 担う，運ぶ

*φεύγω 逃げる，告訴される，ὁ φεύγων 被告

*φθάνω 先回りして〜する，人より先に行う

φθείρω 破壊する，滅ぼす，堕落させる

φθονερός, ά, όν 嫉妬深い

φιλάνθρωπος, ον 優しい，情け深い

φιλέω, ήσω 愛する

φίλος, η, ον 親しい

φιλοπόλεμος, ον 好戦的な

φιλόσοφος, ου, ὁ 哲学者

φοβερός, ᾱ́, όν 恐ろしい，恐れている

*φοβέω, ήσω 恐れさせる，(中) φοβέομαι 恐れる

φονεύω, σω 殺す

φόνος, ου, ὁ 殺人

φροντίζω, ιῶ 考える，考慮する，配慮する

φρούραχος, ου, ὁ 守備隊長

φυγάς, άδος, ὁ 逃亡者，亡命者

φυλακή, ῆς, ἡ 守備隊

φυλακτέος, α, ον (動形)見張られるべき

φυλάσσω, (-ττω), ξω 守る，用心する，気をつける，(中)防ぐ

φύλαξ, ακος, ὁ 門番，番人，衛兵

φύλλον, ου, τό 木の葉

χ

*χαίρω 喜ぶ

χαλεπός, ή, όν 難しい，つらい

χαρίεις, εσσα, εν 優美な

χάρις, ιτος, ἡ 恵み，恩恵，感謝 χάριν ἔχειν τινί 〜に感謝する

χειμών, ῶνος, ὁ 冬，嵐

χορεύω, σω 踊る

*χράομαι 用いる(use)(＋与格)

χράω, χρήσω (神が)告げる，託宣を与える (中)お告げ・託宣を伺う

*χρή (非人称)〜べきである(ought，またはshould)

χρῆμα, ατος, τό 物，事

χρήματα, των, τά (χρῆμα の複数形)，金銭

χρήσιμος, η, ον 役に立つ，有用な

χρησμός, οῦ, ὁ 神託，お告げ

χρόνος, ου, ὁ 時，時間；時代

χρῡσός, οῦ, ὁ 黄金

χώρᾱ, ᾱς, ἡ 国，地方

χωρέω, ήσω 引き下がる，退く；前進する，進む

ψ

*ψεύδομαι 嘘を吐く，偽る

ψῡχή, ῆς, ἡ 心，魂

ω

ὧδε (副)このようにして，次のように

*ὠνέομαι 買う，取引きする

ὠφελέω, ήσω 助ける，役に立つ

ὠφέλιμος, ον 役に立つ，有用な

ὡς (接)(～する・である)ために，ように(ὡς＋最上級)できるだけ～"as ～as possible" ὡς τάχιστα できるだけ早く

日本語 —— ギリシア語

あ

愛する　φιλέω, ήσω
後に残す　*καταλείπω (λείπω 参照)
あの，かの　ἐκεῖνος, η, ον
言う　*λέγω
家へ　οἴκαδε
牛　βοῦς, βοός, ὁ, ἡ
美しい　καλός, ή, όν
馬　ἵππος, ου, ὁ, ἡ
援助　βοήθεια, ας, ἡ
得る(持つ)　*ἔχω
演説，話　λόγος, ου, ὁ
王　βασιλεύς, έως, ὁ
追い求める　διώκω, ξω
大きな　μέγας, μεγάλη, μέγα
臆病な　δειλός, ή, όν
贈物　δῶρον, ου, τό
送る　*πέμπω
乙女　παρθένος, ου, ἡ
同じ　(第 8 課参照) αὐτός, ή, όν
愚かな　μῶρος, ᾱ, ον
終わる　παύομαι

か

解放する　λῡ́ω
賢い　σοφός, ή, όν
書く　γράφω, ψω
勝つ　νῑκάω, ήσω
かつて(曾て)　ποτέ(後寄辞)
神　θεός, οῦ, ὁ, ἡ
髪　κόμη, ης, ἡ
駆る，駆り立てる　*ἐλαύνω
川，河　ποταμός, οῦ, ὁ
考える　*νομίζω, *οἴομαι
感謝する　χάριν ἔχειν τινί
犠牲，いけにえ　θυσίᾱ, ᾱς, ἡ
犠牲を捧げる　θῡ́ω, θῡ́σω
希望　ἐλπίς, ίδος, ἡ
教師　διδάσκαλος, ου, ὁ, ἡ
兄弟　ἀδελφός, οῦ, ὁ
金銭　χρήματα, των, τά ; ἀργύριον, ου, τό
国(地方)　χώρᾱ, ᾱς, ἡ
軍隊　στρατιᾱ́, ᾶς, ἡ
計画する　βουλεύω, σω
堅実な　βέβαιος, ᾱ(ος), ον
貢納金　φόρος, ου, ὁ
　〜を納める　τὸν φόρον φέρειν
子供　παῖς, παιδός, ὁ, ἡ
壊す(解く)　λῡ́ω

さ

避ける　*φεύγω
妨げる　κωλῡ́ω, ῡ́σω
死　θάνατος, ου, ὁ
詩人　ποιητής, οῦ, ὁ
自身　αὐτός, ή, όν(第 8 課参照)
死すべき(者，人間)　θνητός, ή, όν
(説得に)従う　*πείθομαι
(後に)従う　*ἕπομαι
姉妹　ἀδελφή, ῆς, ἡ
市民　πολίτης, ου, ὁ
自由な　ἐλεύθερος, ᾱ, ον
自由にする　ἐλευθερόω, ώσω
重装兵　ὁπλῑ́της, ου, ὁ
将軍　στρατηγός, οῦ, ὁ

少数の，僅かな	ὀλίγος, η, ον
賞讃する	*θαυμάζω
城壁	τεῖχος, ους, τό
知る，理解する	*ἐπίσταμαι, *γιγνώσκω
進軍する，進む	πορεύομαι
信じる	πιστεύω(＋与格)
真実の	ἀληθής, ές
救う	*σῴζω
進む	πορεύομαι
全ての	πᾶς, πᾶσα, πᾶν
征服する	νῑκάω, ήσω
青年	νεᾱνίᾱς, ου, ὁ
戦争	πόλεμος, ου, ὁ
戦闘	μάχη, ης, ἡ
煽動政治家	δημαγωγός, οῦ, ὁ
ソークラテース	Σωκράτης, ους, ὁ
祖国	πατρίς, ίδος, ἡ
背く	ἀφίστημι
尊敬する	τῑμάω, ήσω
存在する	εἰμί

た

高い	ὑψηλός, ή, όν
沢山の	πολύς, πολλή, πολύ
魂	ψῡχή, ῆς, ἡ
誰	τίς
誰も，何も(〜しない)	οὐδείς, οὐδεμία οὐδέν
知恵	σοφία, ας, ἡ
恥辱	αἰσχύνη, ης, ἡ
爪	ὄνυξ, υχος, ὁ
強い	ἰσχῡρός, ᾱ́, όν
偵察兵，斥候	σκόπος, ου, ὁ
敵	πολέμιος, ου, ὁ
出来ない，不可能な	ἀδύνατος, ον
出来る，可能な	*δύναμαι
哲学者	φιλόσοφος, ου, ὁ
天の，天上の	οὐράνιος, α, ον
同盟者，同盟軍	σύμμαχος, ου, ὁ
徳	ἀρετή, ῆς, ἡ
独裁者	τύραννος, ου, ὁ
留まる	*μένω
鳥	ὄρνῑς, ῑθος, ὁ, ἡ
奴隷にする	δουλόω, ώσω

な

憎む	μῑσέω, ήσω
逃げる	*φεύγω
盗人	κλέπτης, ου, ὁ
農夫	γεωργός, οῦ, ὁ
野原	πεδίον, ου, τό

は

配慮する	φροντίζω, ιῶ, ἐπιμελέομαι
ひどい目にあう	κακῶς πασχειν
卑怯な	δειλός, ή, όν
橋	γέφυρα, ᾱς, ἡ
人の住まない，荒れ果てた	ἔρημος, η(ος), ον
広い，幅広い	εὐρύς, εὐρεῖα, εὐρύ
貧乏人	πένης, ητος, ὁ
不正を行う	ἀδικέω, ήσω
兵士	στρατιώτης, ου, ὁ
ペリクレース	Περικλῆς, έους, ὁ
ペルシア人	Πέρσης, ου, ὁ
欲する	*βούλομαι

ま

見える（思われる）	*φαίνομαι （φαίνω 参照）
貧しく（副）	κακῶς
守る	φυλάττω, άξω
守るべき（動形）	φυλακτέον
	～から（ἀπό＋属格）
味方	ἡμέτεροι, οἱ
皆，全て	πᾶς, πᾶσα, πᾶν
都	πόλις, εως, ἡ
民会	δῆμος, ου, ὁ
女神	θεά, ᾶς, ἡ
命じる	*κελεύω
村	κώμη, ης, ἡ
持つ	*ἔχω
戻る，帰る	ἀπανέρχομαι
門番	φύλαξ, ακος, ὁ

や

止める	παύομαι（＋属格）（παύω 参照）
野獣	θήρ, θηρός, ὁ
優美な	χαρίεις, εσσα, εν
勇敢な	ἀγαθός, ή, όν, ἀνδρεῖος, ᾱ, ον
勇気	ἀνδρεία, ας, ἡ
裕福な	πλούσιος, ᾱ, ον
横切って	διά（＋属格）
喜んで（副）	ἡδέως

ら

立派な	ἀγαθός, ή, όν
離反する，背く	ἀφίστημι
糧食	（〈ἐπιτήδειος, ᾱ, ον, 必要な〉の中性・複数）
老人	γέρων, οντος, ὁ

わ

若者	νεᾱνίᾱς, ου, ὁ
渡る，越す	διαβαίνω （βαίνω 参照）
悪い	πονηρός, ᾱ́, όν

索　引

ア行

カ行

サ行

タ行

ナ行

ハ行

マ行

ヤ行

ラ行

本書は2006年に小社より刊行された。

付属CD

◇ 吹 込 者　明神 聰

アルファベットと練習問題のギリシア語の箇所が収録されています。

著者略歴
池田黎太郎（いけだ　れいたろう）
1939年東京生。1963年国際基督教大学人文科学科卒。1971年東京大学大学院人文科学研究科西洋古典学博士課程満期退学。1971年フルブライト研究員として米国イリノイ大学留学。順天堂大学名誉教授。専攻はギリシア語、ラテン語、言語学、神話学。
主な訳書に、ガレノス『解剖学論集』、『身体諸部分の用途について１』（以上、京都大学学術出版会、共訳）、アイスキュロス「テーバイを攻める七人の将軍」（『ギリシア悲劇全集２』、岩波書店）、エウリーピデース「ヘーラクレイダイ」（『ギリシア悲劇全集５』、岩波書店）。

古典ギリシア語入門（CD付）《新装復刊》

2018年５月25日　第１刷発行
2023年３月30日　第６刷発行

著　者©池　田　黎　太　郎
発行者　岩　堀　雅　己
印刷所　開成印刷株式会社

発行所　101-0052東京都千代田区神田小川町3の24
電話 03-3291-7811（営業部），7821（編集部）
www.hakusuisha.co.jp
株式会社 白水社
乱丁・落丁本は、送料小社負担にてお取り替えいたします。

振替 00190-5-33228　加瀬製本

ISBN978-4-560-08773-2

Printed in Japan